本书受北京市重点建设一流专业(来华留学生汉语言专业)项目资助

汉语本科教育研究

(第三辑)

张　浩　主编

北京语言大学出版社
BEIJING LANGUAGE AND CULTURE
UNIVERSITY PRESS

图书在版编目(CIP)数据

汉语本科教育研究. 第三辑 / 张浩主编. -- 北京 ：
北京语言大学出版社，2022.6（2022.9重印）
ISBN 978-7-5619-6065-3

Ⅰ. ①汉… Ⅱ. ①张… Ⅲ. ①汉语—对外汉语教学—
文集 Ⅳ. ①H195.3-53

中国版本图书馆 CIP 数据核字(2022)第 034457 号

汉语本科教育研究(第三辑)
HANYU BENKE JIAOYU YANJIU (DI-SAN JI)

排版制作：华伦图文制作中心
责任印制：邝　天

出版发行：北京语言大学出版社
社　　址：北京市海淀区学院路 15 号，100083
网　　址：www.blcup.com
电子信箱：service@blcup.com
电　　话：编辑部　8610－82301016
发行部　8610－82303650/3591/3648
北语书店　8610－82303653
网购咨询　8610－82303908
印　　刷：北京鑫丰华彩印有限公司

版　　次：2022 年 6 月第 1 版　　印　　次：2022 年 9 月第 2 次印刷
开　　本：710 毫米×1000 毫米 1/16　　印　　张：22.75
字　　数：346 千字
定　　价：98.00 元

PRINTED IN CHINA
凡有印装质量问题，本社负责调换。售后 QQ 号 1367565611，电话 010-82303590

前　言

《汉语本科教育研究(第三辑)》如期和大家见面了。在本辑中,我们将一如既往地关注汉语本科教育的最新发展动态,提炼汉语本科教育的最新研究成果,不断拓展汉语本科教育研究的学术范围,壮大汉语本科教育研究的学术队伍。

编写本书是为了及时总结汉语本科教育发展过程中遇到的问题、面临的机遇和挑战,进而吸纳汉语本科教育领域最新研究成果,为国际中文教育事业的发展提供一定的参考和借鉴。

本书收录了汉语本科教育领域 30 篇优秀论文,涵盖课堂教学、教学资源、文化传播与跨文化交际、区域/国别述评四个方面,具体关涉专业建设、课程设置、教材编写、教学设计、大纲标准探索、文化教学等研究热点。研究多立足于汉语本科教育发展现状、现代教育改革方向和未来高等教育人才培养目标,以期对汉语本科教育研究有所补充和发展。

第一部分为课堂教学研究。本部分收录 9 篇相关论文,介绍了新文科建设背景下留学生汉语本科专业建设的内涵与路径、分组学习在高级商务汉语会话教学中的应用、来华留学生课程思政教学的设计与实践、北美中文交互式数字教材的设计、线上汉语语音教学遇到的问题及对策分析、面向二语学习者的词汇知识课的实践性练习、本科一年级汉语口语教学的特点、马来西亚学生初级汉语课课前小报告的设计与分析、初级汉语综合课教材练习设计的考察与分析等方面的内容,为新文科建设背景下开展专业建设、思政教学、商务汉语教学、线上语音教学、词汇知识教学、本科一年级口语教学、初级综合课教学等积累了丰富的经验。

第二部分为教学资源研究。众所周知,教学资源在国际中文教育中发挥着至关重要的作用。本部分收录了8篇相关论文,内容涵盖了国际中文教育词语的语义分类、新闻词汇大纲建设的必要性及建设构想、语法示例原则、汉语作为第二语言的中高级语法大纲项目对比考察、《尔雅中文:中级汉语综合教程》中语言点的语体考察与分析、上古假设连词的语体适应性考察、日本学生初级汉语口语偏误分析、汉语学习者对网络语言的态度及网络语言对汉语学习的影响分析等多个方面,为未来的汉语本科教学资源研究提供了新思路,做出了新贡献。

第三部分为文化传播与跨文化交际研究。国际汉语教学实质上是一种跨文化教学。本部分收录了7篇相关论文,内容涉及了文化专题讨论课线上线下混合式教学模式探讨、民俗文化词语的等级划分与对外教学策略、《红楼梦》带给人们的文化思考、成功的中华文化国际传播的特点、韩国汉语学习者文化教学的方法探析,以及跨文化视域下中韩"面子"文化的差异等方面,以期抛砖引玉,促进中华文化传播与跨文化交际研究的进一步发展。

第四部分为区域/国别述评研究。区域/国别研究可以帮助我们整体把握汉语本科教育在某些区域和国家的发展现状。本部分收录了6篇相关论文,分别针对国内商务汉语教学近二十年研究现状、意大利汉语教学研究现状、加勒比地区不同群体汉语学习动机和态度、新冠肺炎疫情下韩国拟来华学生留学意向、新冠肺炎疫情背景下高校国际学生管理者的素养能力,以及新时期孔子学院发展路径等问题进行实证研究和综合述评,为后期相关研究提供了一定的参考。

汉语国际教育是一门综合性、交叉性学科,汉语本科教育作为其中历史悠久、占比较大的一部分,可研究的内容实在太多。如何结合学生的未来职业发展需求为学生提供专业化的学习支持,是汉语本科教育领域需要继续探究的问题。本书只是抛砖引玉,希望能为后续研究者提供一些帮助和指引。

本书受北京市重点建设一流专业(来华留学生汉语言专业)项目资助,是该项目的基础研究成果之一。本书得以付梓,离不开诸多专家学者和广大师友的大力支持，在此深表谢意。本书虽多番易稿，严加审核，但难免有所疏漏，诚挚欢迎大家批评指正。

张　浩

2021 年 12 月

目　录

第一部分　课堂教学研究

第二部分　教学资源研究

第三部分　文化传播与跨文化交际研究

第四部分　区域/国别述评研究

第一部分

课堂教学研究

新文科建设背景下留学生汉语本科专业建设的内涵与路径

张　浩

（北京语言大学汉语学院）

摘　要　新文科背景下，留学生汉语本科专业应创新人才培养模式，不断优化学科理论体系与课程体系，通过注重专业实践、提升师资队伍质量、搭建教学资源平台、强化与国外高校合作培养机制等路径，打造全方位、全过程的创新创业人才培养机制，进而实现厚基础、宽口径、跨学科的应用型、通用型、复合型人才培养目标。

关键词　新文科　留学生汉语本科专业建设　内涵与路径

前　言

2018 年 10 月，教育部决定实施"六卓越一拔尖"[①]计划 2.0，在其中的"基础学科拔尖学生培养计划"中，首次增加了心理学、哲学、中国语言文学、历史学等人文学科，新文科建设的思路初步显现。2019 年 4 月，教育

---

① "六卓越一拔尖"计划 2.0 目的在于建设一批一流的本科专业和人才培养基地，服务于"中国梦"。具体包括："卓越工程师教育培养计划"2.0、"卓越医生教育培养计划"2.0、"卓越农林人才教育培养计划"2.0、"卓越法治人才教育培训计划"2.0、"卓越新闻传播人才教育培养计划"2.0、"卓越教师培养计划"2.0 以及"基础学科拔尖学生培养计划"2.0。

部、科技部等13个部门正式联合启动"六卓越一拔尖"计划2.0,开始全面推进新工科、新医科、新农科、新文科建设,全面实现高等教育内涵式发展。

新文科建设是在新的历史形势下,基于新时代高等教育发展趋势,对传统学科建设和人才培养模式的转型升级。北京语言大学汉语学院的汉语言专业,作为中国语言文学一级学科之下的二级学科,是专门面向来华留学生开设的本科学历教育专业。40余年来,汉语言专业(本文中皆指面向来华留学生的本科专业)教育规模不断扩大,课程体系逐步完善,教学内容日益丰富。近年来,中国经济快速发展,对外交流与合作不断扩大,特别是"一带一路"倡议深入推进,这对汉语言专业的建设提出了更高的要求,也使学科建设面临着前所未有的机遇与挑战。我们只有积极开阔眼界,转变思维,进行教育改革,才能满足现代化、国际化的汉语人才培养需要。新文科建设强调创新与融合,为汉语言专业的改革与发展指明了方向,为实现变革与突破注入了新的理念,提供了新的思路。

一、新文科建设背景下留学生汉语本科专业建设的内涵

1.1 明确应用型、通用型、复合型人才培养目标,创新人才培养模式

建设新文科的核心要义是立足新时代,满足新需求。北京语言大学汉语学院的汉语言专业就是应时代需求而诞生,并随时代发展而不断完善的一个专业。在发展过程中,该专业的培养目标经历了一系列调整。北京语言大学自成立之初[①]就担负着特殊的使命,走上了一条与其他学校不同的道路,即在目的语环境中将目的语作为本科专业来教授,留学生不与所在国学生同堂上课,而是进行单独学历教育。1975年5月,教育

① 北京语言大学成立之初叫作北京语言学院。

部指示当时的北语根据形势发展需要，试办现代汉语本科专业，学制暂定为三年。1976 年 10 月，教育部再次批示将现代汉语专业的学制调整为四年，培养目标定位为："培养汉语翻译和大中学校现代汉语师资，也具有从事现代汉语研究的能力。"①1978 年，北京语言学院开始正式招收来华留学本科生，成为新中国成立后最早从事来华留学本科学历教育的大学。1993 年，国家教委调整专业目录，将面向来华留学生的现代汉语专业更名为汉语言专业。国家对外汉语教学领导小组办公室 2002 年颁布的《高等学校外国留学生汉语言专业教学大纲》中指出，要培养适应现代国际社会需要、具有良好综合素质、全面发展的汉语专门人才。

随着全球一体化的发展以及中国国际地位的提高，全世界学习汉语的人数逐年增加，汉语教学逐步被越来越多的国家纳入国民教育体系中。由于教学对象的特殊性以及汉语在普通语言学层面所独具的特点，面向外国学习者的汉语言专业既不同于国内外中文系或汉学系开设的汉语言文学、中国学专业，也不同于汉语预备教育。语言的工具属性决定了大多数语言学习者并非以掌握语言本身为最终目的。据部分教师反馈，目前来华留学生在学习汉语的目的上专业倾向明显，职业工具目的突出。单纯学习汉语的留学生只占极小的比例，大部分留学生希望在学习汉语的同时，获得经贸、翻译、教育、法律、政治等其他领域的知识和技能，方便毕业后顺利从事相关领域的工作。为了适应国家发展战略需求和国际人才市场需要，满足学生个性化发展的要求，北京语言大学汉语学院将汉语言专业的培养目标调整为："本专业培养适应现代国际社会需要、具备良好综合素质的汉语通用人才。"②专业人才培养目标由培养"汉语师资、研究人才、专门人才"向应用型、通用型、复合型人才转变。

1.2　不断优化学科理论体系与课程体系，彰显自身专业优势

学科专业的交叉融合是高等教育发展的大趋势。从 1996 年起，北京

① 引自 1976 年"北京语言学院现代汉语专业简介"。

② 引自《北京语言大学本科生培养方案》(2019 版)第 790 页。

语言大学汉语学院汉语言专业围绕“语言能力＋专业方向”的复合型人才培养目标，陆续开设了经贸、汉英双语、日汉翻译、韩汉翻译、汉语教学和汉日双语等专业方向，形成了以汉语言方向为主干，以经贸汉语方向、汉外高级翻译方向为两翼的汉语言专业课程体系，丰富了汉语言专业的内涵，进一步完善了来华留学生的知识结构，为培养应用型、复合型汉语言专业人才创设了科学的人才培养架构。来华留学生在完成学业后，将既具备汉语言方面的系统知识和较高的汉语交际能力，又具备基本的中国文化素养和基础的业务素质，能够从事汉语教学、文秘、翻译、涉华贸易和中外文化交流等方面的工作，并具有足够的汉语水平及专业能力继续深造。

在课程设置方面，汉语言专业顺应学科交叉和产业跨界的社会发展趋势，为来华留学生打造专业方向特色鲜明、多元开放的课程体系，夯实专业主干课程，拓展特色课程。从最初的十几门课程发展为现在的上百门课程，汉语言专业已构建起一至四年级由语言技能、语言知识、人文教育、专业知识、专业技能、社会实践六大类课程组成的专业方向特色鲜明、多元开放的课程体系。

融合，是新文科建设的重要关键词之一。学院除了少数专业性极强的课程仅限某个方向的学生修读外，绝大多数课程对所有专业的学生开放，允许学生按照自己的意愿和兴趣选修不同方向的课程。此外，汉语言专业还积极与本校的高级翻译学院、商学院等有关学院合作，为选修全校通选课的学生提供修读的便利。不同学科、不同方向的中外学生同堂上课，体现了新文科多元融合的理念。

目前，学院在课程设置上形成了以“语言＋专业”为主干，文化为侧翼，知识、技能兼顾的复合型汉语言专业课程体系，满足了在学分制体系下学生进行自我完善的需求，保证了应用型、复合型人才培养目标的实现。学院的人才培养模式经历了由“语言”到“语言＋专业”再到“语言＋专业＋人文＋实践”的不同发展阶段，现有阶段更加注重培养人才的特色和综合素质，形成了“一专多能”的面向市场的动态人才培养新模式。

北京语言大学汉语学院的汉语言专业人才培养和专业建设模式，已经成为国内其他院校同类专业仿效的样板，在全国高校同类专业的建设中起到了显著的示范带动作用，在来华留学生汉语本科教育领域产生了广泛影响。

在新文科建设的大背景下，我们还将进一步落实对国家战略、相关领域发展趋势和国际人才市场需求的调研工作，调整专业定位，立足于培养应用型、通用型、复合型的汉语言人才，进一步完善汉语言专业人才培养方案，拓宽选修课范围，拓展来华留学生视野，突出课程体系宽口径、厚基础、跨学科的特色，创新人才培养模式，提高人才培养的质量和就业竞争力，构建适应汉语言专业人才培养新需求的动态专业建设新格局。

二、新文科建设背景下留学生汉语本科专业建设的路径

2.1 注重专业实践能力与综合素质的共同提高，打造全方位、全过程的创新创业人才培养机制

在新文科建设背景下，创新创业能力是每一个学生都应该具备的。根据新文科建设要求，我们需要在提升专业实践能力和培养综合素质两大方面实施有效举措，深化学生的思想和认知，提升学生运用人文知识解决实际问题的能力。

北京语言大学汉语学院一向注重学生专业实践能力与综合素质的共同提高，把创新创业教育融入人才培养体系和课程体系，贯穿人才培养过程的始终。在课堂教学中，教师除了传道授业解惑外，还有意识地培养来华留学生的创新创业意识，并积极挖掘专业课程教育中的创新创业元素，为来华留学生提供实践的机会。例如，三年级的经贸洽谈课程通过模拟洽谈的方式，让来华留学生灵活运用国际贸易实务课程中学习的知识，将一个个孤立的学习单元贯穿起来，提高来华留学生的创新兴趣和组织协调能力。

北京语言大学汉语学院还创立了第一语言课堂和第二实践课堂相互衔接和补充的复合型教学模式，即在第一语言课堂之外开设“校外第二课堂”，加强语言实践环节，强化来华留学生应用能力的培养。从封闭式教学转向开放式教学，并以学生为主体，通过实践教学、案例教学、启发式教学、合作学习、任务式教学、探究式学习等多种模式最大限度地激发和调动学生自身的习得兴趣和潜在的认知资源，对于培养学生的观察与分析问题、社会调查与积极思考、自主学习与创新能力大有益处。在开展第二实践课堂教学活动时，教师非常注重与学科和专业方向的结合。例如，组织非经贸方向的来华留学生参观老舍茶馆、湖广会馆；组织经贸方向三年级的来华留学生到工厂、企业参观，组织四年级的来华留学生前往工商局、税务局等部门咨询开办企业事宜；组织汉语国际教育方向的来华留学生进行课堂教学模拟，加强从教技能培养；邀请自主创业的往届毕业生、成功的民营企业家与来华留学生座谈，向他们传授创新创业经验。另外在毕业论文环节，我们也鼓励来华留学生将毕业论文写作与教师科研项目、创新创业训练项目以及留学生自身的工作实际相结合，鼓励他们深入实践一线进行调查研究，获取第一手资料，锻炼他们的人际交往能力和发现问题并解决问题的能力，提高毕业论文的创新性、实用性。近 10 年来，汉语言专业共有近 200 名学生参加了国家级大学生创新项目。

2.2 提升师资队伍质量，搭建教学资源平台

新文科建设对教师队伍的质量提出了更高的要求。贯彻新文科教育理念，首先要提升教师的观念、能力和素质，这样才能保证新文科教育理念的落实。

40 多年来，北京语言大学汉语学院的汉语言专业已经培养出一支具有丰富的海内外教学经验、广阔的国际化视野和创新精神的专业化师资队伍。教师的专业背景覆盖了文学、教育学、历史学、哲学、经济学、法学等多个学科。2008 年和 2020 年，这支队伍两次荣获“北京市优秀教学团队”的称号。在新文科建设背景下，汉语学院将进一步改革教师培养和使

用机制，加强教师队伍建设，打造名师，完善校内专任教师出国任教和进修机制，加强与国外高校的师资交流，吸引高水平师资，优化师资队伍结构，建设一支以学术带头人为骨干，教学和科研综合水平较高的优秀教师队伍。

汉语学院将以具体措施鼓励教师根据来华留学生人才培养目标积极开展有针对性的教学研究，并将先进的研究成果及时地应用到教学实践当中，促进优秀的汉语本体研究成果转化为可操作的应用性教学成果，改进教学内容和教学方法，通过科研促进教学水平进一步提高，创造条件培养并推出一批教学型专家、专家型教师。同时，学院还会聘请一些优秀的教学和科研专家到学院开办讲座和培训。

贯彻新文科教育理念，还需要搭建理念新、示范性强、科学规范的本科系列教学资源平台。近年来，汉语学院非常重视信息技术与课堂教学的融合，尤其是新冠肺炎疫情的常态化加速了线上教学的培育。线上线下相融合的教学模式必将成为今后教学的趋势。汉语学院今后将继续致力于建设精品慕课，鼓励教师使用智能平台进行授课，探索翻转课堂等新的课程模式，打造线上线下混合金课。

2.3 强化与国外高校的合作培养机制，提升国际化办学品质

随着经济全球化和信息传播网络化的发展，国际化办学已成为提高教学质量、培养国际型人才的重要途径。国际化办学给新文科建设带来了新的视野，也带动了教学理念的深刻变革。

40 多年来，北京语言大学汉语学院的汉语言专业积极与国外大学及教育机构开展合作，推动教育合作国际化，包括设立海外分校、开展双向学生交流、发展国际教育服务贸易以及开展学术人员国际交流等。

目前，我院已经与日本创价大学、关西外国语大学，韩国启明大学、朝鲜大学，葡萄牙雷利亚理工学院，泰国皇太后大学、兰实大学等开展合作，

以“1＋3”[①]或“2＋2”[②]等模式联合培养汉语言专业本科生，已形成较健全的国际联合培养机制。本专业还与国外大学及教育机构合作创办海外分校，联合培养汉语言专业本科生。例如，2002 年，北京语言大学与泰国易三仓大学合作在泰国曼谷创办北京语言大学曼谷学院，以泰国公民为主要对象，主要培养汉语言专业经贸方向本科生；2015 年 4 月，北京语言大学与日本著名教育机构 ISI 联合创办北京语言大学东京学院，以日本公民为主要对象，主要培养汉语言专业汉英双语、经贸、日汉翻译等方向本科生。

除此之外，我们还积极推进课程和课外学术活动的国际化，在教学中增加国际竞争和国际理解教育的内容，推进教学和教材的国际化。例如，广泛开展国际交流合作，选派教师到国外进修访问、开展合作研究，邀请外国教授来华讲学交流，吸引更多国家的留学生来华学习，并通过“1＋3”“2＋2”等多种联合培养模式和机制开发联合学位课程，确立全球化课程理念，培养来华留学生的国际竞争能力。

今后我们将继续加强与国内外大学的合作，进一步强化与国外高校的合作培养机制，开展高水平的汉语人才联合培养，更有针对性地制订特色课程计划，设计出更适应世界主要生源国社会发展和外语教育人才需求的人才培养方案和课程体系，加大双语或多语复合型国际化专业人才的培养力度。

作为革新传统文科教育的一种新理念、新思想，新文科为来华留学生汉语言本科专业的未来发展注入了新的动力，提供了新的思路。北京语言大学汉语学院的汉语言专业在新的历史环境下，将继续发挥已有优势，锐意进取，开拓创新，努力走出一条新文科发展路径，为新时期汉语国际教育创新出新的理论、模式和标准，推出新的人才，将自己打造成汉语国际教育领域内的特色品牌，完成时代赋予的使命。

---

① “1＋3”即在北京语言大学汉语学院学习一年，在原大学学习三年。

② “2＋2”即在北京语言大学汉语学院学习两年，在原大学学习两年。

参考文献

陈凡，何俊．新文科：本质、内涵和建设思路[J]．杭州师范大学学报(社会科学版)，2020(1)．

樊丽明，杨灿明，马骁，等．新文科建设的内涵与发展路径(笔谈)[J]．中国高教研究，2019(10)．

国家对外汉语教学领导小组办公室．高等学校外国留学生汉语言专业教学大纲[S]．北京：北京语言文化大学出版社，2002．

李梦莹．新文科建设背景下政治学专业人才培养方式创新路径研究[J]．黑龙江教育(高教研究与评估)，2020(3)．

赵莹．新文科背景下中文学科革新与发展的几点思考[J]．教育教学论坛，2020(17)．

周毅，李卓卓．新文科建设的理路与设计[J]．中国大学教学，2019(6)．

分组学习在高级商务汉语会话教学中的应用研究

弓月亭

（北京语言大学汉语学院）

摘　要　分组学习模式已经被国际汉语教学界广泛采纳。在高级商务汉语会话教学中应用分组学习，有利于拓展利用教学资料，创设新的教学环境，明晰多重学习任务，强化人际关系互动。同时，分组学习模式要求在教学实践中遵循一定的分组策略，以便更好地发挥分组学习的优势。

关键词　分组学习　商务汉语会话教学　作用　策略

前　言

"'分组学习'教学是指在班级授课的基础上，教师根据教学内容或学生学习的需要，把全班学生分成若干人数较少（一般是 4—6 人）的小组，教师根据各小组特点分别与各小组接触，进行教学或指导他们完成某项学习任务，以求在更大范围内做到因材施教。"[①]在教育领域，分组学习已经受到广泛的关注，不同学科均在探索研究。作为提高教学质量、提升学习效率的有效途径之一，分组学习也被国际汉语教学界所采纳。

商务汉语主要是商务人士在工作中使用的汉语，口头表达是商务环

---

① 曹同国、赵慧、尹占民：《基于分组学习的思维对话式教学研究与实践》，《中小学教师培训》2010 年第 5 期第 54 页。

境中使用最多的汉语表达形式，高级商务汉语会话是商务汉语教学的重要课程之一。如何教授高级商务汉语会话课程，尽可能提高学生的语言能力，也成为国际汉语教师关注的焦点。在高级商务汉语会话教学中，了解分组学习的作用，找到最适合课堂教学的分组规律，合理运用分组策略，这对提高学生的商务汉语口语能力大有裨益。

一、分组学习在高级商务汉语会话教学中的作用

在高级商务汉语会话教学中，分组学习能在教学资料的利用、教学环境的创设、学习任务的明晰、人际互动的强化等不同方面促进教学效果的提升。

1.1 拓展利用教学资料

在实际教学活动中，教师往往需要结合学生的实际情况，科学合理地对教材进行开发利用，而分组学习模式为教师对教材进行二次加工提供了便利。《尔雅中文：高级商务汉语会话教程》[①]为北京语言大学汉语学院汉语言专业经贸方向三年级学生使用的商务口语教材。本教材的每一个教学单元都围绕着特定的商务话题设计了三篇交际场景和交际对象均不同的会话，每篇会话后面都有“问一问”“说一说”“分组表演”等形式不同的练习供教师选择使用。在学完三篇会话后，教师可以根据学生的汉语基础以及对前述内容的掌握情况，通过“分组表演”这一教学环节将三篇课文进行组装，让学生通过分组学习系统、完整地了解本单元的三个学习重点，加深对本单元核心内容的掌握，接触到更丰富的内容，拓展对教材的利用。

① 《尔雅中文：高级商务汉语会话教程》由刘丽瑛编著，分上、中、下三册，其中上册 2012 年由北京语言大学出版社出版，中册和下册 2013 年也由该出版社出版。

1.2 创设新的教学环境

教学活动离不开教学环境，教学环境包括教室设备布置等有形的环境和课堂人际关系、课堂气氛等无形的环境。“所有这些环境条件既然是教学活动必须凭借而无法摆脱的，因此它就必然构成教学活动的一个要素，不管你承认它还是不承认它。”①创设一个有利于学生语言能力提升的教学环境也非常重要。

在分组学习模式下，传统的班级授课方式被打破，学生根据学习任务和学习背景被重新分组，以小组的形式进行学习。分组学习模式为改变原有的教学环境提供了可能。例如，为适应分组学习的要求，座椅的摆放位置发生改变，学生与教师的占位也发生变化，从而形成新的物理学习环境。适宜的新环境对激发学生的学习兴趣有一定的促进作用。另外，分组学习让学生根据不同的任务进行组合，这种带任务的新聚合使得原有班级的教学环境产生了崭新的变化。这里的“变化”主要指师生之间和生生之间的关系、课堂氛围等构成了全新的课堂学习情景。

分组学习模式还为会话训练创设出相对宽松愉悦的学习环境。尤其对于那些生性腼腆的学生来说，不用当着全班同学的面进行会话练习，这大大降低了他们在公众面前发言的紧张感和焦虑感，也更能激发出他们用汉语进行交流的积极性。

当然，分组学习模式下新教学环境的创设必须符合学生的认知状况和生活背景，并且需要将教材中的情景素材与学生的生活实际有机结合。例如，《尔雅中文：高级商务汉语会话教程》上册第三单元围绕话题“商品的价格”展开，其中第二个会话的主要任务是“还价与接受”。针对这一特定任务，教师可以让学生挪动课桌围成相对封闭的圆圈儿，在桌上放上“经理室”的牌子，给小组成员佩戴“经理”“秘书”“进口商”等人物角色名

---

① 李秉德：《对于教学论的回顾与前瞻》，《华东师范大学学报(教育科学版)》1989 年第 3 期第 56 页。

牌，模拟进口商去北京某贸易公司拜访经理，洽谈进口商品的商务谈判场景。

这种模拟真实商务谈判场景的活动有助于营造和谐、开放、新颖的课堂教学环境，让学生尽快接受学习内容，并进入相对持续的语言交流环境中发展语言能力，从而更好地完成学习目标。

1.3 明晰多重学习任务

关于多重任务，一层意思是指商务汉语课程本身所承载的教学任务，如培养学生流利的口头表达能力、对商务信息的组织和重构能力等；另一层意思是指教师要针对教学目标为小组集体与小组个人分配不同的学习任务。

分组学习中的一个重要环节就是教师为学生分配任务。教师发布任务前要根据教材的内容确定自己的教学目标，选择合适的学习任务并赋予任务具体的内容；发布时应明确告诉学生学习的方法和步骤，交代清楚所需的教学材料。因为分组学习的特殊性，教师要综合考虑话题、情景、功能、语法结构、词语等多种因素，所发布的任务应能分出不同的层次，关照不同的个体，做到每一个小组有集体任务，每一个学生有个人任务。例如，《尔雅中文：高级商务汉语会话教程》上册第二单元的课堂任务是“推销与订购”，第一个会话的重心是“参展商的关注点”，第二个会话的重心是“采购商的关注点”，第三个会话的重心是“打造品牌展会”。教师可以根据教材提供的核心任务设计小组任务和个人任务，也就是在布置小组训练任务的同时将任务以复合、多重的形态交代给学生。在模拟国际展销会的训练场景下，教师结合单元教学的重心内容，可将“参展商的关注点”作为问题情景引入，合理分组完成后，设定小组中的角色（包括中国业务经理和外国商人双方），那么小组的集体任务是了解特定商务活动（国际展销会）的行业、文化背景，利用规定的语言表达方式完成双人对话。小组成员的个人任务与集体任务紧密相连，但更详细。在这个模拟场景中，教师可以要求小组个体成员掌握类似场景中常用的表达方式，包括教材中规定的训练词语或者句法结构，学会根据角色身份的不同使用不同的语气等。

在具体教学中，教师可以引导学生根据所布置的单元任务或者班级集体任务制定小组任务，再将小组任务细分到小组各个成员身上，明确个人责任；还可以让学生轮换角色，分别承担不同的任务，以掌握更多的学习内容，得到更充分的训练。

多重任务还体现在各个小组的学习任务可以是相同的，也可以是不同的，关键在于教师设计任务时是要引入竞争和奖励机制，还是要引导学生合作学习。各个成员既分工明确又相互合作，才能一起完成整个任务，达成课堂教学目标。

分组学习模式为教师设计和布置明确清晰的课堂会话训练任务提供了可以实施的载体，能帮助教师彻底落实教学目标。

1.4 强化人际关系的互动

追本溯源，合作学习的理论内核正是人际互动理论，即人们可以为某个共同目标团结在一起，相互依靠，相互扶持，集体为个人提供行为动力，个人之间互助互爱，显示集体的强大力量。基于合作学习理论的分组学习也内嵌了人际互动的原动力，能帮助学生提高人际互动活跃度。

分组学习中的人际交流涉及教师与学生之间、学生与学生之间的互动。“生生互动体现了学生的主体性，也是满足个体内部需要的过程。通过生生互动可以实现互教互学，有助于学生良好个性的形成，而且能形成和谐的课堂气氛，增强集体凝聚力。”①当然，在分组学习中，教师对教学活动的主导作用不容忽视，生生互动也不能脱离师生互动，它们是相互作用、相互统一的。

在课堂教学中，教师利用分组学习模式能更好地关注课堂中的多种

① 张萍、葛明贵：《浅谈课堂教学中的人际互动》，《黑龙江教育（高教研究与评估）》2006 年第 1、2 期第 133 页。

动态因素，引导师生之间、生生之间进行良性人际互动。《尔雅中文：高级商务汉语会话教程》上册第一单元围绕话题“招聘”展开，本单元的交际任务很明确，即招聘、应聘与聘任。第一课《招聘临时雇员》，面试是其中一个典型的人际交往场景。在课堂教学中，教师可以将学生分成若干个二人小组进行会话训练；还可以让每个小组中的“应聘者”与“招聘负责人”互换角色，延展模拟人际交流的广度，拓展个体会话内容，增加训练机会，促进小组中生生之间的交流和合作。

分组学习在强调小组成员相互交流与合作的同时，也注重个人能力在小组合作任务中的发挥。在“招聘”单元的实际训练中，教师也可以允许小组成员依据教材进行自由发挥，让学生在小组中承担新任务，并一起分享关于任务的想法和见解。例如在会话中，教师允许“应聘者”加入更多的与职业能力相关的自我介绍，扩展会话内容，也允许“招聘负责人”针对新增内容进行回应。小组新任务、会话训练中新增加的内容往往会引发人际交往的新动力，这样的合作精神能有效激发学生的参与热情，促使学生寻找更多解决问题的方法，促进学生创造性思维的发展，加速学习进程的深化。

二、分组的实施策略

在分组学习中，进行科学合理的分组是保证教学实施的重要依据，也是教学成功的关键。在高级商务汉语会话教学中应用分组学习模式需要遵从以下分组实施策略：

2.1 组内异质，组间同质

所谓组内异质，简单地说就是同一小组内的组员之间具有一定的差异性。在划分学习小组的时候，教师需要综合考虑学生在汉语水平、学习能力、个性特质、交际能力、文化背景等方面的差异，让同一小组内的学生因存在各方面的差异而产生信息差，引发学生相互沟通的欲望，促使学生之间进行交流互动。组间同质指的是不同小组的整体水平基本一致,每个小组都可以作为全班学生的样本。各小组之间实力均衡,有利于进行组间竞争时保持相对公平,可以避免出现因个别小组表现突出而影响其他小组学习热情的情况。"组内异质、组间同质为互助合作奠定了基础,而组间同质又为保证全班各小组间展开公平竞争创造了条件。"①

需要注意的是,在"组内异质,组间同质"的原则下,教师既要通过问题设计、任务布置等方式充分利用学习能力强、表现突出的学生在分组学习中的带领作用,同时也要多关注那些能力相对较弱的学生,保证他们在小组学习中也能得到充分的训练。

2.2 控制人数,保证小而精

关于小组人数多少更合理,汤宗健、梁革英认为:"在大学教学中,分组时小组的小组人数一般为3～7人,具体人数的多少,由学习任务及学生个人能力决定。"②针对高级商务汉语会话训练的特点,为保证任务分工均衡,每个学生都得到充分练习,小组的规模最好与教材内容设计相对应,控制小组人数,保证小组"小而精"。

《尔雅中文:高级商务汉语会话教程》中大多模拟的是双人会话场景,如涉及招聘的"双向选择"单元、涉及保险的"防患于未然"单元等。在具体的教学实践中,教师根据"组内异质,组间同质"的原则,可以选择不同的形式进行分组,如可以让座位相邻的两个学生组合,可以男女搭配组合,也可以让学生自由结对;甚至在同一堂课上学习同样的内容时,变换不同的分组形式,让小组组合多样化。这样一来,在"小而精"的双人模拟情景中,学生能与其他组员反复多次地就同一类型的学习材料展开训练,接受更多信息刺激,同时增加会话频率。

《尔雅中文:高级商务汉语会话教程》中某些单元设定了三人或四人

① 王坦:《论合作学习的基本理念》,《教育研究》2002年第2期第71页。

② 汤宗健、梁革英:《协同学习分组策略分析》,《高教论坛》2012年第7期第42页。

会话场景，如“价格”单元中的《知己知彼》一课和“装运”单元中的《三思而后行》一课出现了多人对话的场景。在多人对话场景中，某些角色的对话内容相对较少，教师在训练中最好要求学生互换角色展开对话，让每个学生获得公平的开口机会。

2.3 相对固定，不定期重组

在《尔雅中文：高级商务汉语会话教程》中，每个单元都有一个核心任务。分组学习模式下各个小组需要承担一定的集体任务，保证合作时间内小组成员的相对固定能让小组中的个体有足够的时间熟悉自己模拟的角色，并与其他小组成员相互配合、相互支持、相互鼓励，共同完成会话训练任务。

但长时间不调整小组成员，有可能造成小组成员之间角色固化，某些不太积极的成员会更不愿意独立思考和解决问题，不愿意承担个体任务，过分依赖其他成员，影响小组的交流氛围和学习效果。因此，小组的成员构成也不能一成不变。在出现新任务时，教师可以根据任务的难易程度以及前段时间学生分组学习的具体情况对小组进行重组。不定期的重组，能有效激发学生的学习兴趣，营造积极的学习气氛，增强学生的交流的热情，促进教学目标的达成。

三、结语

分组学习能帮助教师更好地利用教学资源、创设学习环境，能加强学生之间的沟通交流，促进学生合作精神的培养和学习能力的提高。但分组学习的实施需要依托适当的分组策略。本文仅从作用与策略角度对分组学习在高级商务汉语会话教学中的应用进行了初探，在汉语学习热度高涨、教育技术飞速发展的今天，关于分组学习还有很多内容值得继续挖掘。

参考文献

曹同国，赵慧，尹占民. 基于分组学习的思维对话式教学研究与实践[J]. 中小学教师培训，2010(5).

李秉德. 对于教学论的回顾与前瞻 [J]. 华东师范大学学报(教育科学版)，1989(3).

汤宗健，梁革英. 协同学习分组策略分析[J]. 高教论坛，2012(7).

王坦. 论合作学习的基本理念[J]. 教育研究，2002(2).

张萍，葛明贵. 浅谈课堂教学中的人际互动[J]. 黑龙江教育(高教研究与评估)，2006(1、2).

中国国家汉语国际推广领导小组办公室，北京大学商务汉语考试研发办公室. 商务汉语考试大纲[S]. 北京：北京大学出版社，2006.

来华留学生课程思政教学设计与实践

——以商务汉语综合课为例

冯传强

（北京语言大学汉语学院）

摘　要　自2014年课程思政概念提出到现在，课程思政已成为国内学者关注的焦点，也是实现立德树人教育目标的重要一环。课程思政作为一种教育理念和思维方式，理应融入来华留学生课程教学和课程改革的各个环节和方面。本文在调研来华留学生课程思政教学现状的基础上，具体探讨商务汉语综合课课程思政教学的设计和开展，从而助力培养具有中国情怀和国际视野且知华友华的复合型商务汉语人才。

关键词　课程思政　商务汉语综合课　教学设计

前　言

2014年，上海市相关高校对思想政治教育进行专题研究，为解决高等教育阶段思想政治教育和专业教育"两张皮"的问题，创造性地提出在全学科教学中融入思政教育元素，以"润物细无声"的方式实现渗透式思

* 本成果受北京语言大学院级项目资助（中央高校基本科研业务费专项资金），项目批准号21YJ010109。

政教学。这一理念引起众多高校的关注，教育部随即发布相关通知和文件，多次提到课程思政概念，鼓励各高校积极推进课程思政项目，合力探索可复制、可推广的思想政治教育方案。最近几年，课程思政研究已经成为国内学者关注的焦点之一。由于课程思政概念从提出到教学实践推进都是面向中国学生的，那面向国际学生的汉语教学是否有必要进行课程思政教学以及如何进行课程思政教学就成为我们需要进一步研究的问题。

一、来华留学生课程思政教学的必要性

发展对外汉语教学事业，对于向世界推广汉语，传播中华民族的优秀文化，增进中国和世界各国人民的相互了解和友谊，培养更多的对华友好人士，扩大中国与世界各国的经济、文化、语言等各方面的交流与合作，提高汉语在国际上的影响具有重要的战略意义。2017 年 2 月，中共中央、国务院印发的《关于加强和改进新形势下高校思想政治工作的意见》提出，坚持全员全过程全方位育人。高校要落实立德树人的教育目标，发挥思想政治教育的三全育人功能。两者结合，我们就会发现，培养知华友华人才是来华留学生教育实现立德树人目标的根本。除此之外，与中国学生相比，来华留学生来自世界各地，他们的价值观、世界观、人生观受自身教育背景、成长环境和国家制度等的影响，更具复杂性。因此除了专业知识教育之外，让来华留学生全方位了解中国、认识中国并理解中国文化是来华留学生教育的核心目标，而针对来华留学生开展思想政治教育是实现上述目标的根本途径。

二、来华留学生课程思政教学的实施路径与原则

高校育人目标的实现是学校各部门通力协作的结果，课堂教学是实现育人目标的主战场。习近平总书记在全国高校思想政治工作会议上明

确指出："要用好课堂教学这个主渠道，思想政治理论课要坚持在改进中加强，提升思想政治教育亲和力和针对性，满足学生成长发展需求和期待，其他各门课都要守好一段渠、种好责任田，使各类课程与思想政治理论课同向同行，形成协同效应。"①既然课堂教学是思想政治教学的主渠道和主战场，那么教师就成为实现课程思政教育目标的关键和核心。

2.1 教师必须明确课程思政理念

国际汉语教师要不断强化学习，深入领会习近平新时代中国特色社会主义思想；积极参加课程思政教育系列教学研究，不断提升课程思政教育能力，明确课程思政是实现育人目标的必要教学手段，是教学内容的有机组成部分。国际汉语教师不仅是语言知识和文化知识的传播者，更是中国形象的展示者、中国正能量的宣扬者，是学生了解、认识和理解中国的领路者。

2.2 教师要充分挖掘课程中的思政元素并创造性地运用到教学中

国际汉语教师在平时的教学过程中要善于挖掘课程中隐含的文化因素和育人点。这是对留学生进行课程思政教学的首要条件。在充分挖掘课程思政元素的基础上，如何创造性地将其运用到教学中，是国际汉语教师更应该深入研究的问题。运用恰当的方式，"润物细无声"地完成对学生的思政教育，是课程思政教学效果得到保证的根本。

2.3 教师应建立科学有效的课程思政考核体系

既然课程思政是课程教学内容的有机组成部分，那么如何检验课程思政的教学效果就变得非常有必要。在课堂教学中，国际汉语教师要注意考查和检验学生课程思政学习的效果，把课程思政作为教学内容的有

---

① 韩宪洲：《课程思政：新时代中国特色社会主义高等教育的理论创新与实践创新》，《中国高等教育》2020 年第 22 期第 15 页。

机组成部分，实现教学、考查、评价的有机结合，从而把课程思政的教学效果落到实处。

三、“商务汉语综合课”的课程思政教学设计与实践

基于上述的来华留学生课程思政教学的实施路径与原则，笔者在自己任教的课程中开展了课程思政教学实践，下面就结合笔者的教学实践具体谈谈课程思政教学的设计理念和模式。

“商务汉语综合课”是北京语言大学汉语学院汉语言专业经贸方向学生的必修课程和核心课程，一般在本科三、四年级开设。四年级上学期的“商务汉语综合课”教学内容主要涵盖中国宏观经济、文化产业、房地产市场、股票市场、中国高铁、华为、联想、汇率改革等方面。根据该课程的教学目标和教学内容，笔者的课程思政教学设计主要从以下几个方面进行：

3.1 明确课程的思政目标

课程的思政目标是让学生深入了解中国经济领域内取得的伟大成就并向学生展示中国特色社会主义制度的优越性，弘扬社会主义核心价值观，培养知华友华的汉语人才。在“商务汉语综合课”上，我们把最能展示中国经济领域内取得的伟大成就和最能体现中国特色社会主义制度优越性的内容作为课程思政教学的重点。例如：在《中国经济的十年之痒》一课中，我们引导学生思考中国经济飞速发展的原因并展开讨论，让学生感受到改革开放国策的正确性和中国特色社会主义制度的优越性；在《“中国制造”新名片——中国高铁》一课中，我们引导学生思考并讨论中国高铁飞速发展的原因，让学生了解中国举国之力办大事和中国科技体制创新是中国高铁飞速发展的根本原因；在《华为与围棋》一课中，我们通过学习华为的营销策略，让学生了解华为不断创新、追求卓越、逆境奋进的企业精神，而这些精神也是中国人民一直以来崇尚的思想品德。

3.2 选择恰当的教学方法

在教学方法上，我们主要采用潜移默化、“润物细无声”的方式，让学生在教师的引导下，自己探究发现，而不是采用直接灌输的方式。“商务汉语综合课”是首批国家级线上线下式一流本科课程，我们充分利用混合式教学的优势，让学生在北语慕课平台进行相关话题的讨论。每个学生的发言大家都能够看到，教师和学生都可以随时加入讨论。以学生为主体的讨论，不仅激发了学生对中国经济的深入思考，也提高了学生运用汉语的能力，取得了很好的课程思政教学效果。

除了发挥教师的主导作用之外，我们还充分发挥了学生的主体价值，强化了外国人讲中国故事的作用。具体而言，就是充分挖掘学生提问、课堂发言或课后作业中的课程思政元素，并将其创造性地运用到教学中。在我们的混合式教学模式中，学生的作业都提交到平台。为了充分利用平台提交作业的优势并激发学生之间互相学习的动力，我们将学生的优秀作业进行整理然后发布到平台，供学生互相学习和借鉴。例如，新冠肺炎疫情暴发之后的线上教学中，在学习了“莫不如是”这个成语之后，学生提交了这样的作业：“一带一路”倡议带动了很多国家经济发展，巴基斯坦、阿尔及利亚、越南，莫不如是。我们就在课堂教学中展示了这个例句，并引导学生对中国提出的“一带一路”倡议进行讨论，要求学生查阅“一带一路”倡议的相关资料，思考“一带一路”倡议对他们国家带来的影响并将答案提交到平台讨论区。充分利用学生提出的观点、所做的报告或提交的作业进行课程思政教学是非常值得推广的教学策略。

3.3 组织合适的教学实践活动

研究表明，一个人的知识80%是由亲身体验得到的。因此，在做中学，学中做是课程思政教学设计的核心理念。除了在课堂教学中大量使用任务型教学法、同伴学习法和探究式学习法，我们还为学生提供丰富的语言实践机会，为他们创建从语言到能力再到素质的转化通道。通过组织合适的教学实践活动，学生可以更真切地感受到改革开放以来中国各领域取得的伟大成就，可以切身体会到中国的发展和进步。根据课程教学内容，充分利用北京的首都优势，我们每学期都会组织学生参观在北京举行的各种大型展会并赴北京周边企业实地考察。例如，2018 年北京国家博物馆举办了“伟大的变革——庆祝改革开放 40 周年大型展览”，我们专门组织学生进行参观，要求学生撰写参观报告并在班级上进行汇报。外国人讲中国故事的形式比教师讲给学生听能够起到更好的教育效果。再如，利用很多企业在北京设有总部的优势，我们组织学生赴华为、字节跳动等公司参观和实地考察。这些实践活动让学生对中国社会和企业的发展有了更切实的感受，加深了对中国的感情，也加快了对中国特色社会主义发展道路的认同。

3.4 建立公正、科学的考核体系

为了更好地落实课程思政教学，我们结合课程内容设计出相应的考核体系，对每一个学生的课程思政学习效果进行公正、科学的评价。我们将课程思政的学习效果作为学生平时成绩的构成部分，给学生布置相关的作业，根据作业的完成情况给予学生客观、公正的评价。具体而言，我们将学生参与相应讨论、完成相应作业的情况进行量化打分，在期中、期末等考试中也加入相应的考查题目，从而形成一套完整的课程思政考核体系。例如，在《拨开迷雾看股市》一课中有关于股市法律的内容，我们设计了法治中国的作业，让学生了解中国法律制度的发展历史，充分认识到遵守中国法律的重要性，同时认同自由、平等、公正、法治的社会主义核心价值观。

为了更好地了解学生对课程思政教学的满意度，笔者专门对上课学生进行了访谈和调查。结果显示，超过 90%的学生对这种教学方式表示认同，认为这些教学内容让他们对中国的发展和制度有了更充分的了解和更进一步的认识。由此可见，我们所设计的课程思政教学模式得到了学生的高度认可。

四、结语

在全球化背景之下，我们的国际汉语教学一定要向世界展示中国自信，这种自信来源于五千年文明的历史积淀，来源于中国当下的社会、经济的巨大发展。作为国际汉语教师，我们直接面对来自世界各地的留学生。只有让留学生全方位地了解中国，才能让他们认同中国文化和中国制度。因此，我们必须以习近平新时代中国特色社会主义思想为指导，在教学中融入思想政治教育，构建课程思政教学模式，从而更好地满足教育服务国家的需求和人才培养需求。课程思政教学是来华留学生教育面临的重大课题，也是国际汉语教师义不容辞的责任。

参考文献

陈峥.“课程思政”在对外汉语教学中的应用考察[J].汉字文化，2020(17).

傅荣琳.《大学英语》课程思政实践途径探究[J].才智，2018(36).

韩宪洲.课程思政：新时代中国特色社会主义高等教育的理论创新与实践创新[J].中国高等教育，2020(22).

习近平.用新时代中国特色社会主义思想铸魂育人，贯彻党的教育方针落实立德树人根本任务[N/OL].中国青年报，2019-03-19[2022-05-09]. https://baijiahao.baidu.com/s?id=1628382900853298715&wfr=spider&for=pc.

邢瑞雪.来华留学生“中国文化”课程思政教学设计与研究——以挖掘课程思政元素为例[J].北京印刷学院学报，2021(8).

张俊玲.将“课程思政”理念基因式融入专业课堂教学的探索[J].教育教学论坛，2018(46).

北美中文交互式数字教材设计研究

—— 以《中文听说读写·WebApp》为例

黄 梅

（北京语言大学汉语学院）

摘 要 交互式数字教材是当今数字教材的新宠。本文研究了北美中文交互式数字教材《中文听说读写·WebApp》的设计，肯定了其强大的融合设计功能和低廉的成本优势。它把多种纸版教学材料完美地融于一个独立的数字平台，实现了测评、教学辅助和学生信息管理三大功能，而且价格只有传统教材的一半。但它在实际线下课的使用满意度和普及度却不尽如人意。这是因为该教材虽然在设计上侧重线下课堂，但它所设计的三大功能在线下课中都不实用。所以本文建议交互式数字教材的设计思路应该转为以线上教学为重点，突出“交互”和“数字”两个优势。

关键词 交互式数字教材 教学设计 数字教材 中文教材

前 言

数字教材（digital textbook）又称“电子化学习教材”（electronic-learning textbook）、“E 学习教材”（e-learning textbook）和“E 教材”（e-textbooks/e-texts），其类型和内容随着日新月异的科技一直在变化。它曾一度成为纸

版教材数字化(digitalization)("纸书电子化"[①]或"纸电同步"[②])的代名词。如今,交互式数字教材(interactive digital textbook)逐渐成为数字教材发展的新焦点。可见,数字教材的内容和类型随着科技变化在不断更新,所以 Golshani 提出最好把数字教材的概念描述为用任何数字化的内容来增强学习的教学材料。数字化内容的范围包括从纸版教材的电子化/数字化到基于计算机或网页的数字化。其中,"基于计算机或网页的数字化"指的就是交互式数字教材,又称"互动电子书"(interactive e-book)和"在线教育平台"(online education platform)。它在纸书电子化基础上增加了多点触控等交互式科技手段,具有强大的交互功能和明显的成本优势。

针对交互式数字教材的研究从 20 世纪初就已经蓬勃开始了(Garcia and Heck, 1999;Choi et al., 2011;Gonzälez et al., 2013),各种科目的交互式数字教材也陆续在欧美课堂中使用。培生教育(MyLab)、圣智(CengageNow)、威立(WileyPlus)等世界大型教育出版商都有了官方的数字教育平台(digital education platform),并在平台上推出了各类交互式数字教材。就中文教材而言,美国的 BetterChinese 出版社、EMC 出版社、Cheng&Tsui 出版社、eChinese 公司和香港的 Mandarin Matrix 出版社都在各自的教育平台上推出了不同的中文交互式数字教材。以 Cheng &Tsui 出版社为例,它目前所用的交互教育平台是 www.chengtsui. com/webapp,上面共有两部中文交互式数字教材:一部是面向大学生的、以《中文听说读写》第四版为基础设计的《中文听说读写 · WebApp》(*Integrated Chinese · WebApp*)(第四版),共四册;一部是面向中学生(初中生和高中生,即 K6—K12 学生)的《趣学中文 · WebApp》(*Go Far With Chinese · Web App*),共三册。

与此相比,虽然国内商业性质的互动图书层出不穷,中文视频教学也

① "纸书电子化"是将那些出版了的纸质书的排版母文件进行转码,重新编辑制作成符合行业和平台发行规范的电子文件。

② "纸电同步"是指纸版书籍排版设计与电子书设计的过程同步。

做得风生水起，但中文交互式数字教材还不普遍，大、中、小学也用得不多。国内针对交互式数字教材的研究正在兴起，但主要侧重的是数字出版行业的现状和发展、数字教材设计和总体特征等宏观问题（田悦红，2016；李晓雅，2019；杨德军等，2019；钟启泉，2019；赵中平，2020）。对广大学生和一线教师来说，了解交互式数字教材的具体功能和教学设计以及它们在实际教学中的应用，可能会更有实践意义。所以本文以此为题，以《中文听说读写·WebApp》为例，研究交互式数字教材的设计。本文希望弄清楚这部交互式数字教材在实际教学应用中的两个问题：交互式数字教材是如何设计以满足教师和学生的个性化需求的？（或者说：它的设计可以实现什么功能？）它对设计国际汉语教学交互式数字教材有什么启示？

一、教材设计介绍

1.1 教材背景介绍

《中文听说读写》自 1997 年出版以来，一直是北美地区使用最广泛的中文教材之一。据 Li 等（2014）对 170 余所北美大专院校的调查，其初级教材使用率占 62.9%（107 所学校），中高级教材使用率占 59.8%（102 所学校）。它是北美使用率最高的中文教材，代表了北美现有中文纸版教材的主流设计理念（梁霞，2017）。

该教材从 1997 年至今一共出过四版。第一版是 1997 年，第二版是 2005 年。两版差别不大，练习题稍有不同。第三版是 2008 年，在目录、课文和练习上都有改变。第四版是 2016 年，最大变化是对版面进行了整体调整，并以此为基础，设计了 WebApp 交互式数字版本。

WebApp 是用 H5 语言编写、基于网页（Web）的应用平台（App）。它跟智能手机的原生应用软件（Native App）相比，最大的区别是 WebApp 无须下载安装，用户可以直接在电脑网页上使用，所以也被称作“在线教育平台”。

1.2 教学设计思路

《中文听说读写》纸版教材在北美非常有代表性，它的交互式数字教材是在成熟的纸版教材基础上开发的，因此对这部交互式数字教材进行研究有重要的参考价值。下面本文将对比纸版教材和交互式数字教材的异同，并在此基础上归纳后者的设计思路。

《中文听说读写》(第四版)纸版教材共四册，相关教学材料有七类：课本(textbook)及其 E-book(纸版电子化课本)、配套音频和视频(DVD)、纸版学生练习册(workbook)、纸版练字本(character workbook)、教师指导用书(teaching manual/teacher's handbook)和网络资源(teaching resources，如课文 PPT、课堂设计、活动游戏参考等)。学生练习册和练字本供学生使用，教师指导用书和网络资源供教师使用，课本及其 E-book、配套音频和视频供教师和学生共同使用。由此可见，这些教学材料面向的使用群体不同。为了把这些教学材料融入一个平台系统，并满足教师和学生的不同需求，WebApp 区别了两种账户，分别提供不同功能。表 1 展示了两种账户分别具有的功能。

表 1 《中文听说读写 · WebApp》功能列表①

项目	学生账户		教师账户
订阅类型	基本版 basic	升级版 essential	教师版 educator
互动课本(interactive textbook)	有	有	有
课文录音(streaming audio)	有	有	有
课文视频(streaming video)	有	有	有
做笔记(note-taking tools)	有	有	有

① 表 1 是在《中文听说读写 · WebApp》官网提供的功能列表的基础上修改而成。

续表

项目	学生账户		教师账户
订阅类型	基本版 basic	升级版 essential	教师版 educator
(可自动测评的)互动练习题(extra interactive exercises)	有	有	有
互动练习册(interactive workbook)	无	有	有
可打印的汉字练习册(printable character workbook)	无	有	有
查看自动测评的成绩报告(access to score report)	无	有	有
点名等班级管理工具(rostering tools)	无	无	有
留(自创)作业的工具(assignment creating tools)	无	无	有
情景化教学技巧(contextualized teaching tips)	无	无	有
提供网络教学资源(access to the teaching resources)	无	无	有

以上就是《中文听说读写·WebApp》交互式数字教材提供的所有个性化服务。

学生通过交互平台阅读课文文本、观看视频、听录音和做笔记,部分语言点配有在线练习,有的带自动测评,这部分整合的是传统课本、音频和视频的内容。订阅升级版账户的学生可以使用在线互动练习册,可以在线做练习,有的练习带自动测评,这部分整合的是传统学生练习册的内容。汉字练习册可以下载打印,这整合的是传统纸版练字本的内容。"查看自动测评的成绩报告"是系统新加的功能,纸版教材没有这项功能。

学生有基本版(basic)和升级版(essential)两种订阅方式,区别主要在于有无互动练习册、能否打印汉字练习册和查看自动测评的成绩报告这三项功能。这与传统教学材料的定价规律相吻合,因为在传统教材销售中,学生只买课本与同时买课本、学生练习册和练字本的费用是不同的。

教师既拥有学生账户的所有功能,又可以看到每个章节的情景化教学技巧和网络教学资源。这部分整合了教师指导用书和网络资源的内容，并将其有针对性地放在了各章节之下。除此之外，教师还能借助交互平台完成点名、管理学习进度、布置作业、增加自创练习题等教学任务。这几项功能是传统教材无法提供的。

上述所有功能可以归纳为三点：学习结果的测评功能、帮助教师教学的辅助功能和学生考勤成绩的管理功能。它把纸版教学材料近乎完美地设计到一个独立的系统中，还提供学生信息管理等功能，利用高科技手段大大提升了教材的生动性，减少了教师的工作量。

同时，它的市场定价比传统教学材料低很多。《中文听说读写》（第四版）纸版教材共四册，旨在满足大学两年[①]的中文学习。这样推算，每册使用时间为半年（6 个月）。如果教师和学生能够在半年内完成一册的学习，那么以《中文听说读写》第一册为例，学生购买一套完整的传统学习材料（包括课本、学生练习册和练字本）的总价是＄123.97（课本＄62.99＋学生练习册＄32.99＋练字本＄27.99），但相应的交互式数字教材的半年订阅价是＄65.99，只有纸版价格的 53.2％，相当于打了个五三折；教师购买一套完整的纸版学习材料需要＄213.96（学生学习材料＄123.97＋教师学习材料＄89.99），但相应的交互式数字教材的半年订阅价仅是＄93.99，只有纸版价格的 43.9％。[②] 而且传统学习材料还有边际成本、运输成本、制造成本等，相较之下，交互式数字教材在理论上有明显的成本优势。功能强大、成本低廉，这些都是交互式数字教材让人感到耳目一新的原因，也是它被称为教材未来发展方向的理由。

---

① 学习时长的介绍以官网介绍为依据，https://www.cheng－tsui.com/browse/integrated－chinese－4th－edition/integrated－chinese－4e－vol－1－chengtsui－web－app?id＝21227，访问日期：2022 年 5 月 20 日。

② 需要说明的是，根据官网信息，该 WebApp 交互式数字教材也提供全年订阅价和两年订阅价。以《中文听说读写》第一册为例，WebApp 的全年订阅价分别是学生基本版（basic）＄79.99，升级版（essential）＄115.99，教师版＄169.99；两年订阅价分别是学生基本版（basic）＄99.99，升级版（essential）＄135.99，教师版＄209.99。这样来看的话，教师和学生使用每册课本的时间越长，那么订阅交互式数字教材的成本也就越高。

二、交互式数字教材在实际使用中的局限

如果仅从以上论述看，交互式数字教材应该凭借其无比明显的优势迅速取代传统教材。但是在许多线下课调查中，教师和学生都强烈倾向于使用传统教材（Choi et al.，2011；Greenfield，2013；Howard，2013；Engbrecht，2018）。就《中文听说读写·WebApp》这部交互式数字教材而言，线下课堂也有类似反馈[①]。那么是什么导致了这个问题的产生呢？排除硬件限制和教师、学生固有习惯的影响等外在因素，我们认为，这和交互式数字教材在设计上的局限有关。

我们知道，教学有三种形式：线下教学、线上教学和混合式教学。线下教学（或叫"面授课堂"）是指教师和学生根据教学安排在固定时间和固定教室中进行的传统的面对面教学。线上教学是指教师利用互联网或线上平台进行的远程教学。线上教学模式包括同步课堂（教师直播，学生在线同步互动）和异步课堂（学生只在线完成网课）两种形式。混合式教学则结合了线上教学和线下教学的优势。（Liu，2018）

上文说的交互式数字教材在设计上的问题，准确地讲，指的是它在线下课堂的使用问题。这部数字教材在线下课使用中反响平平，主要是因为它引以为傲的三大功能（学习结果的测评功能、帮助教师教学的辅助功能和学生考勤成绩的管理功能）无法真正让面授式中文教学受益，更无法替代现有线下课的教学模式。

首先，这部交互式数字教材的测评功能都不方便线下课使用。该数字教材的测评有七类：听力（Listening）、拼音 & 声调（Pinyin & Tone）、口语（Speaking）、认读（Reading）、语法 & 写作（Grammar & Writing）、笔顺

① 感谢 Hotchkiss 学校潘蕾老师提供的使用体验反馈。她的班级多数学生喜欢纸版教材，主要原因是语法和写作部分的练习标准答案太死板。有时学生提交的答案也说得通，但系统自动测评会直接判错，这样的反馈让学生用户感到非常沮丧。还有，学生觉得把字写在纸上更方便有效且更有成就感，在屏幕和键盘上操作不如书写汉字体验好。

(Stroke Order)和综合测评(Bringing It Together)。这些测评的内容多数是教师曾在线下课里用过的练习题。它们曾是线下面授课堂中师生互动环节最有意思的内容。当把师生之间的这些有趣沟通变成冷冰冰的人机对话时,它的趣味性就会大打折扣。所以,这些测评功能在线下课里很多时候用不到。例如认读、听力和口语测评,线下课教师直接让学生大声朗读出来就可以了,没有必要让学生通过网络平台上传音频资料。再如语法 & 写作和笔顺测评,线下课上白纸黑字地写在纸上更直接一些。而且有些写汉字的功能在交互平台上需要用平板电脑和电子笔,这就让其使用变得更不方便了。综合测评更是如此,这些练习都是线下课的考试内容。这些考试如果能在线下课完成,教师就不会选择在网络平台上完成。所以交互平台中的很多测评功能在线下课甚至混合课里都用得不是很方便。

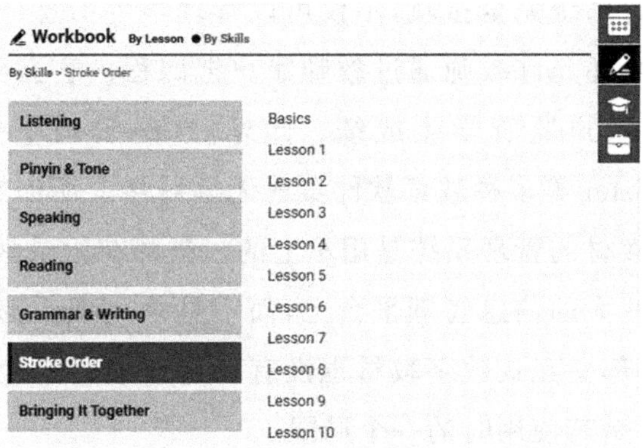

图 1 测评功能举例

再次,虽说交互式数字教材中的教学辅助材料是针对每个课文设计的,省去了教师翻书和查阅资料的环节,理论上会节省教师的备课时间,但这个功能也没有完全替代传统线下课教师的备课方式。相比纸版教材,多数教师都不习惯使用电子教辅材料,有些甚至可能会觉得,与其看电子教辅材料,还不如翻书方便。

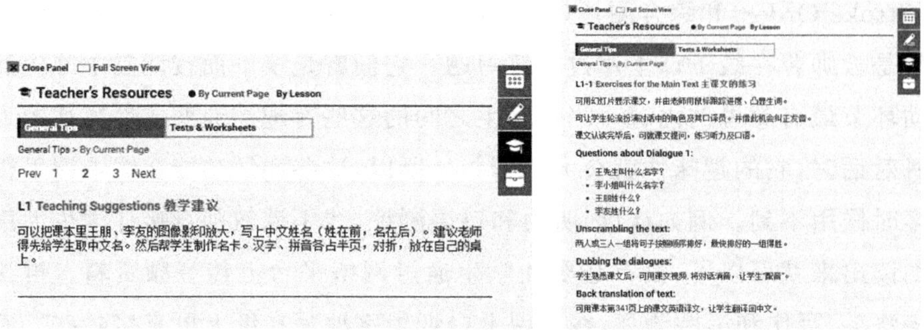

图 2　辅助功能举例

最后，学生考勤成绩管理功能原本是彰显交互式数字教材强大优势的亮点，是纸版教材无法比拟的功能，但在实际线下使用时，它却完全无用武之地。因为北美的中小学和大学课堂已经有了非常成熟的学生信息管理平台，如 PowerSchool 和 Canvas 等。这些管理平台已经和各个中小学和大学的教育系统完全接轨，不仅可以管理学生信息(考勤、成绩和学生个人情况等)，还允许教师通过教师账户把课程内容搬到平台上，允许家长通过家长账户监管学生成绩。此外，这些管理平台还与 Google Classroom、Quizlet 等多种教育软件实现无缝对接。所以在线下课上，这部交互式数字教材的管理系统是用不上的。教师在记录学生成绩时肯定是把其录入这些大的信息管理平台上，而不是录入到一部交互式教材平台上。另外，这部交互式数字教材也没有和这些大的学生信息管理平台实现对接，这也是其使用时的一个局限。

由此可见，《中文听说读写 · WebApp》在线下课使用中反响平平，并不完全是因为教师和学生固有的学习习惯，更多的还是因为其设计的三大功能在线下课中都不实用，没法让教师和学生真正受益。

三、交互式数字教材设计开发的启示

《中文听说读写 · WebApp》这部交互式数字教材代表了未来教材发展的方向，但令人遗憾的是，整个教学设计的侧重点是线下课堂教学，而设计的功能在线下课堂教学中又不实用，所以它在实际使用中反响平平。本文认为，交互式数字教材的新颖之处应该是“交互”和“数字”。作为一线教师，我们更希望交互式数字教材突出“交互”的优势，让它的教学设计能够撑起线上教学（同步课堂和异步课堂）或者混合式教学的线上学习部分，而不是停留在线下教学。

解析《中文听说读写·WebApp》的优势和局限，我们得到以下两点启示：

3.1 教学设计要侧重线上课程

教材是整体教学设计中的重要一环，交互式数字教材也是如此。它的数字形式虽然突破了纸版教材的缺陷，但它在教学设计中所起的作用不应该发生实质变化。也就是说，交互式数字教材仍然必须依据特定的教学理念和课程标准编写，并通过系统地设计学科内容辅助教学目标完成。

我们从《中文听说读写·WebApp》中看到了交互式数字教材的强大融合功能，也确信交互式数字教材必定会凭借这一优势成为数字教材的未来。但同时我们也应该清楚地认识到，如果只是单纯地把为线下教学服务的教学材料搬到线上，那这样的教学设计肯定会让交互式数字教材的实际应用价值大打折扣。在设计交互式数字教材之前，我们首先应该认识到它的真正优势是在线上，它需要依托一个完整的线上教学设计体系。如果我们能够以这样的思路在已有教学内容的基础上进行设计，或许交互式数字教材就能既凸显其“交互”和“数字”的强大优势，又不脱离已有的线下教学经验和成果。

3.2 有独立而鲜明的教学法支持

交互式数字教材设计要以独立而鲜明的教学法为支撑。这一教学法应根据具体教学对象及其所在国家的外语教学政策而改变，而不需要完全照抄其他交互式数字教材的设计形式。

《中文听说读写·WebApp》设计背后有着独立而鲜明的教学法，这也是这部教材成功的原因之一。该教材的编写人员姚道中、刘月华等都曾是印第安纳大学暑期班的任课教师，他们依据美国《21世纪外语学习标准》[①]设计出来的教材体现的是美国外语中心5C[②]能力框架下的中文综合教学（正如书名*Integrated Chinese*所说）。该教学法适用于美国大学中文课（课时长度3～5课时/周），其最主要的特点是以词句操练为手段，以实现中文交际为教学目的。这些特点和课时安排也体现在其交互式数字教材中。

来华留学生学习中文的课时更为充足，课型设置也不一样。从综合课到听、说、读、写技能课，每门课都有自己的课型特点和教学法，因此相应的交互式数字教材在教学设计上不必雷同，在交互功能的设计上也应各有侧重，以服务线上教学为主要目的。

四、结语

《中文听说读写·WebApp》以其强大的融合功能和低廉的成本优势成为数字教材未来发展的重要方向。交互式数字教材需要依托合适的教学设计，以推动它在融合原来已有教学内容的同时发挥其真正的优势。作为一线教师，我们希望看到各种中文交互式数字教材不断推陈出新，更好地为教学服务。

---

① 美国《21世纪外语学习标准》（*Standards for Foreign Language Learning: Preparing for the 21st Century*）于1996年出台，经过1999年和2007年两次修订，涵盖了汉语、法语、德语等多种语言，成为目前美国使用最广泛、最具权威性的外语学习标准。

② 5C代表的是Communication（交际）、Culture（文化）、Connection（联系）、Comparison（比较）和Community（社区）。

参考文献

李晓雅.数字教材促进“互联网＋”时代教与学的变革[J].中小学数字化教学,2019(17).

梁霞.美国大学中文教材的发展历程对教材编写的启示[C].张旺熹.汉语国际教育学报(第二辑).北京:科学出版社,2017.

刘士娟.在线中文教学:什么和为什么?(英文)[J].国际汉语教育(中英文),2018(2).

孙克争,汤丽娟,戴长春.基于移动互联网的云模式数字教材的设计[J].电脑知识与技术,2016(3).

田悦红.交互式数字教材——新媒体时代的图书编辑及应用浅析[J].科教导刊(下旬),2016(12).

杨德军,王凯,乐进军,等.北京市数字教材开发及其实践思考[J].中小学数字化教学,2019(12).

乐进军.从纸质教材到电子教材——教材数字化变革研究[M].北京:北京师范大学出版社,2017.

赵中平.从数字出版到融合发展——疫情下的数字出版思考[J].北语高教研究,2020(1).

钟启泉.从“纸质教材”到“数字教材”——网络时代教材研究的课题与展望[J].教育发展研究,2019(6).

CHOI J I, HEO H, LIM K Y, et al. The development of an interactive digital textbook in middle school english[R]. Berlin: International Conference on Future Generation Information Technology, 2011.

ENGBRECHT J R. Digital textbooks versus print textbooks[J]. Culminating projects in teacher development, 2018(35).

GARCIA R C, Heck B S. Enhancing classical controls education via interactive GUI design[J]. IEEE control System,1999(3).

GOLSHANI F. Digital textbooks[J]. IEEE multimedia, 2008(15).

GONZÄLEZ J C, GUZMÄN J L, DORMIDO S, et al. Development of interactive books for control education[J]. IFAC proceedings volumes, 2013(17).

GREENFIELD J. Students, professors still not yet ready for digital textbooks[OL]. (2013) [2022-05-20]. http://www. digitalbookworld. com/2013/students－professors－still－not－yet－ready－fordigital－textbooks.

HOWARD J. For many students, print is still king[OL]. (2013-01-27)[2022-05-20]. http://chronicle. com/article/For — Many — Students — Print — Is/136829/cid = at&utm_source.

LI Y, WEN X T, XIE T. CLTA 2012 survey of college — level Chinese language programs in north America[J]. Journal of the Chinese language teachers association, 2014 (1).

LIU S. Teaching and learning Chinese language online: what and why [J]. International Chinese language education, 2018(2).

线上汉语语音教学遇到的问题及对策分析

王安红

（北京语言大学汉语学院）

摘　要　本文主要基于笔者两年来线上汉语语音教学的经验，对教学中存在的问题进行分析，并以北京语言大学汉语学院留学生本科二年级上的现代汉语语音课为例，进行对策探讨。传统的汉语语音教学在某种程度上是口耳之学，教师和学生可以面对面地练习和纠正发音，然而线上教学改变了这种传统的语音教学模式。另外，由于学生个人学习环境及网络质量的差异，课堂上学生练习发音的机会变少，且效率变低。现代汉语语音课为应对这些问题，积极进行多种变革。

关键词　线上　汉语语音教学　问题　对策

前　言

语音教学是第二语言教学的基础，学生语音面貌的好坏决定着第二语言交际的顺畅程度，同时，良好的语音面貌也会给学生带来更多的学习

* 本文系国家社会科学基金一般项目“智能化汉语语音学习平台的标准建设及应用”的成果之一，项目编号20BYY124。

信心。赵元任(1980)曾指出:“学习外国语的内容分成发音、语法跟词汇三个主要的部分,学习的次序当然是也应该照这三样按步进行。发音的部分最难,也最要紧。”[①]国际汉语教学中“最难”也“最要紧”的语音教学在近两年遇到了很大的挑战。

自2020年春季学期开始,国际汉语课堂教学因新冠肺炎疫情全球暴发全面转为线上教学,至今已有两年的时间。在此期间,与线上教学相关的种种问题以文章、讲座、论坛等形式被广泛地探讨,任课教师也经历了从仓促上阵到在教学中磨合,在磨合中思考,最终在思考中改变的教学转型之路,教学场所从线下教室转到线上会议室,教学过程从以课件为辅转为以课件为主,交流方式从面对面交流转为线上互动。笔者所讲授的留学生本科二年级上现代汉语语音课已进入第四个学期了,但笔者同样经历了磨合、思考、改变、转型等种种过程。

本文将介绍线上教学以来语音教学所遇到的主要困难,并以现代汉语语音课为例,探讨各种应对措施,最后对汉语语音教学的发展趋势和未来进行展望。

一、线上语音教学所遇到的问题

语音教学一般被定义为口耳之学。在传统的语音课堂上,教师经常会走到学生跟前,借助口形、手势、道具等多种演示手段,提供正确发音示范和有效指导,实现面对面纠音。线上教学完全改变了这种传统的语音教学模式。

在线上教学中,每个学生的个人学习条件和环境都不尽相同。师生之间不仅存在时间差异,还有学习地点和网络质量等差异。例如,北京时间的上午课堂,对欧洲学生来说是凌晨,直播课上他们很难保持专注力,也很难积极参与课堂互动;再如,学生的上课地点从床上、车里到田野上

① 赵元任:《语言问题》,商务印书馆,1980,第156页。

千差万别，直播课上学生在打开麦克风回答问题时，时常伴有鸡叫声、犬吠声、汽车鸣笛声等等；又如，网络更是常常出现卡顿和延迟，一些国家和地区的网络信号很难满足学生听直播课的需求，更不用说让他们打开摄像头和麦克风了。综上所述，教师在线上语音教学中不仅很难调动起学生学习的积极性，还因为无法实时观察学生发音时的口腔状态，导致纠音活动的科学性和有效性难以贯彻；更有甚之，课堂上的纠音活动还常常因学生的网络卡顿而不得不中止。

学生对于线上教学模式的反馈主要集中在：缺少使用汉语进行交际的环境，直播课上进入学习状态慢，课堂上师生、生生之间的互动偏少，学生练习汉语发音的机会变少且效率变低。这主要是因为一些学生的个人学习条件有限，如网络不够通畅，缺少安静的学习环境。[①] 在这种情况下，教师很难控制整个课堂并确保每个学生的开口率。

总之，教师纠音活动明显受限以及学生开口机会减少或开口欲望降低是线上汉语语音教学遇到的最突出问题。

二、线上语音教学对策案例分析

笔者在两年的现代汉语语音课教学中总结出一些有针对性的教学对策。下面就以此课程为案例，进行线上语音教学的对策分析。

2.1 营造轻松愉快的学习氛围，增加师生、生生互动

教师要积极营造接近线下教学的课堂气氛，增进师生了解，拉近师生之间、生生之间的心理距离，为语音教学营造一个轻松愉快的课堂氛围。

新学期的第一堂课[②]，首要任务是让师生、生生之间互相认识。教师可以要求每个学生尽量打开摄像头和麦克风，网络信号差的学生要把自

---

① 来自现代汉语语音课堂上对线上教学存在问题的小调查。

② 现代汉语语音课教学采用了腾讯会议直播＋微信教学群日常交流＋学习通平台发放学习资料(包括教师为每次课专门录制的短视频)及收发作业等混合式教学模式。

己的照片发送到微信教学群里。这样，将腾讯会议截图和微信教学群里的照片拼合在一起，就有了班级的第一张全家福，从此班里的学生不再是一个个静止的头像或冷冰冰的名字，而是一群个性纷呈的年轻人。学生做自我介绍时，教师应想办法缓解大家第一次线上相识时的紧张情绪，对学生参差不齐的线上学习条件要抱有充分的理解和包容。教师的宽容和幽默是营造轻松课堂氛围的基础。

在学生自我介绍和教师课程介绍之后，教师可以组织全班开展一次话题讨论，如线上学习有哪些优点，引导大家以积极的心态对待线上教学。一般来说，学生可以总结出以下线上教学的优点：可以跟家里人在一起生活，不用忍受分离之苦；上课时可以有自己心爱的宠物陪伴，心情愉悦；跳下床就可以上课，省去了去教室的时间；上不了直播课的话，还有录播视频可以反复观看，有助于培养自己的学习自主性，学习安排更自由；在家里生活，不用担心没钱花，吃得好睡得好。① 刚开始学生发言可能会比较拘谨，后面会渐入佳境。

每次课的组织教学环节，教师都要尽量轮番跟学生打招呼，进行简单的问候和聊天儿。教师还要鼓励学生之间多交流，除了课堂讨论以外，在课堂纠音和课后作业批改环节也要安排生生互动。例如，教师鼓励学生发现并主动报告自己的发音偏误，并请老师和其他同学帮忙纠音。实践证明，确实有教师未能成功纠音而其他同学帮忙成功纠音的例子。再如，教师在学习通上布置作业时可以根据作业的难度对某些作业设定“生生互评”，每个学生都有批改他人作业的机会，他们会留下一些充满鼓励和赞美的评语，让人看着暖心。教师在“生生互评”环节之后会检查所有人的作业和批改情况，所以有的学生对于拿不准的问题会附上说明：“这只是我的观点和想法，如果不对的话，请老师纠正我的错误。”有些认真又热情的学生除了写文字评语以外，还会主动发语音和图片与他人互动。

① 这里总结了 2021 年秋季学期开学第一课关于线上教学优点的讨论结果。

2.2 调整教学方式和教学材料

语音教学需要教师讲解简洁清晰，教学重点突出，内容趣味性强，而线上语音教学需要教师讲解得更加简洁清晰，教学重点更加突出，教学内容更加富有趣味性。

传统语音课堂教学以板书为主，课件为辅，而线上语音课堂教学则以课件为主，批注为辅。教师需要提供更全面、更富有表现力的课件，每次课上所用课件都要环节完整、重点突出，教学讲解部分辅以发音器官图片或者发音过程动画，朗读练习部分辅以音频或视频赏析，语音练习部分设计内容针对性强、互动手段多样的练习形式。教师还要根据线上教学的特点调整相关教学内容，例如扩充更多的单音节和双音节听辨练习以及易混淆音节辨别练习。

线上教学以来，语音课的教学材料题材更加广泛多样，内容更加重视趣味性。除了线下课堂教学常用的古代和现代诗歌朗诵以外，线上课堂教学还扩充了绕口令的数量，包括教师自编和改编的绕口令；增加了大量的影视剧配音练习，如《疯狂动物城》《哪吒之魔童降世》《七月与安生》《快把我哥带走》等影视剧中的视频片段[①]。学生参与发音练习的积极性有了明显提升，不少学生期末口试时可以熟练背诵和表演某些影视剧片段。

2.3 教学活动多渠道、多模态交互，充分发挥线上教学优势

跟线下语音教学相比，线上语音教学也有着自己的优势，如可以轻松实现多渠道和多模态的交互。

首先，线上语音教学活动可以多渠道进行。腾讯会议作为直播平台，班级微信教学群作为日常教学交流平台，超星公司的学习通作为学习资料的发放平台和作业批改平台。学生如果不方便在微信教学群里沟通，

① 2021年春季学期，现代汉语语音课助教田溪为影视剧的选择、剪辑及教学设计做出了大量工作，在此表示感谢。

还可以在学习通里直接跟任课教师对话。另外，如果教师愿意，师生双方也可以在微信里互添好友。总之，线上教学活动可以实现多渠道交互，满足了基本教学活动的需求。便捷而充分的线上互动，在一定程度上弥补了师生、生生之间不能面对面交流的不足。

其次，线上语音教学活动可以实现多模态交互，包括文本、图片、音频和视频等，充分调动学生的听觉感知和视觉感知。具体如下：

教师可以在学习通相关章节下发布课件文档(包括文本和图片)，另外还可以专门录制教学短视频，提供给不能上直播课的学生观看或供上直播课的学生进行预习和复习。教师还可以把这些短视频作为任务点①放在章节里，借此了解学生的学习情况。

教师通过学习通布置作业时，可以录制示范音频供学生模仿，要求学生除了完成填空、选择、问答等传统题型外，还要提交画图照片、音频及视频。直播课上，教师也可以向学生展示影视剧及经典诗歌朗诵的视频片段，供学生赏析和模仿。

课堂上的师生交互，除了语音和视频交互，还有画笔和打字交互。教师利用教学课件和腾讯会议所提供的交互功能，可以大大增加与学生的互动，让教学更有趣味。例如课件放映下的画笔功能，教师可以使用画笔在课件空白处自由板书和批注。再如腾讯会议的聊天窗口和互动批注功能，学生可以通过聊天窗口进行拼音听写，使用互动批注功能进行语音辨析。当学生争先恐后地用画笔在屏幕上圈出所听到的发音时，教师可以看到做出标识的每个学生的名字，从而发现学生的听辨错误，之后再进行有针对性的练习。

根据学生的反馈，我们发现线上教学模式的另一个优点是增强了学生的自主学习能力。

首先，学生可以自主反复观看教师的讲解视频，掌握汉语声、韵、调的发音要点。之前线下教学时有不少学生反映语音知识很难掌握，就算课

① 学习通的一种为了跟踪学生学习情况的功能设计。

堂上理解了，下课之后很快又模棱两可、似是而非起来。线上教学以来，因为有了专门录制的教学短视频，学生可以随时随地反复回看。总体来看，他们对语音知识的掌握比线下教学时更好。

其次，虽然线上语音教学存在一些纠音上的局限，但学生可以利用视频、小镜子以及作业录音功能进行自助式纠音。课堂上，学生可以通过对比自己的口形和视频里教师的口形进行自助式纠音；课堂外，学生可以在理解声、韵、调发音要点的基础上，借助小镜子观察自己的开口度和舌位变化，及时调整自己的发音方法；另外，由于经常提交音频和视频作业，学生也逐渐养成了对比听辨自己和他人录音，找出问题并重复录制的习惯。

最后，线上语音教学为学生提供了更多可供选择的学习方式，有助于培养学生的自主学习能力。例如：学生可以选择课前观看短视频预习，也可以选择课后观看短视频复习；可以选择只提交一次作业，也可以选择重复提交作业；网络条件太差的学生，可以选择不参加直播课，只通过观看学习通里的教学短视频及相关资料自学。学生可以根据自己的实际条件及个人喜好选择适合自己的学习方式，这在无形中培养了他们的自主学习能力。

三、未来与展望

通过连续几个学期的线上教学，我们意识到国际汉语教学正在由传统课堂教学向混合式教学转变。将来全面恢复线下教学之后，基于互联网的多种学习资源也势必会成为传统课堂教学的有力补充。学生的学习自主性更强，教师需要积极调整自己的角色，为学生的自主学习提供便利并给予引导。

线上语音教学以及未来的混合式教学对汉语语音学习资源提出了更高的要求，汉语声母、韵母、声调发音要点的系列讲解视频亟待建设，具有发音诊断功能的汉语语音学习 App 也急需开发和推广。近年来，大批汉语教学 App 在海内外应用市场上不断涌现，其中就不乏与汉语语音教学相关的App;但跟国内比较成熟的英语发音App[①]相比,汉语发音App与之还有不小的差距。例如缺少制作精良的发音讲解视频;缺少自适应学习内容的推送;发音偏误诊断功能尚属研发阶段,未普遍应用于市场。

我们可以预测,未来的汉语语音教学应该会以混合式教学为主,线上教学的一些优点将会和线下课堂教学有机结合,如文本、图片、音频、视频等形式的资料发放和作业交互模块会保留在混合式教学模式中。未来的汉语语音教学一定会有种类丰富且制作精良的语音学习资源作为辅助,学生的自主学习能力也会更强。

参考文献

李宇明,李秉震,宋晖,等.“新冠疫情下的汉语国际教育:挑战与对策”大家谈(上)[J].语言教学与研究,2020(4).

赵菁.汉语朗读教学的必要性与教学策略[J].国际汉语教学研究,2015(3).

赵元任.语言问题[M].北京:商务印书馆,1980.

① 例如英语流利说公司推出的“流利说·发音”。

面向二语学习者的词汇知识课的实践性练习

唐 伶

（北京语言大学汉语学院）

摘　要　学界对于面向二语学习者的词汇知识课的定位及特点有所探讨，但对于词汇知识课的练习讨论较少。根据语言知识课兼具知识性和实践性的特点，词汇知识课的练习应该包括词汇学知识练习和词语运用练习两部分，本文着重讨论与词语运用有关的练习问题。首先，本文对面向二语学习者的词汇知识课教材进行比较，选定适用于本文讨论的教材；其次，在选定的教材范围内，分析说明词汇知识和实践练习之间的关系；最后，以词的语体色彩为例，说明如何在教授词汇知识的基础上设计相关的实践性练习。

关键词　二语学习者　词汇知识课　实践性练习　语体色彩　练习设计

〇、前言

0.1　语言知识课的特点

面向留学生的语言知识课既注重知识性，又注重技能培养。孙德金（1999）、万艺玲（2005）、潘先军（2008）等学者都先后论述过这个观点，其体现在练习的设计上，就应该兼顾知识性和实践性。本文主要讨论词汇知识课的练习如何体现实践性的问题，暂不涉及知识性练习。

0.2 实践性练习的重要性

汉语教学的基本原则“精讲多练”以及知识课教学提倡的“讲透练够”都十分强调实践性练习的重要性。赵金铭(1997)曾指出：“要达到我们预期的教学目的，使学生能将所学到的语言知识，转换成语言技能，只有通过大量的练习才能完成。”①虽然这是从教材编写的角度说明练习设计的重要性，强调教材的练习在某种程度上可以成为教材的主体部分，但这个观点也完全适用于课堂教学和课后作业的实践性练习中。

0.3 词汇知识课实践性练习的现状

国际汉语教学界关于练习的研究成果虽丰，但多是针对各种技能课，专门探讨语言知识课练习的研究明显不足。已表现出来的问题一是研究数量少，现有的关于语言知识课的研究多集中在课程性质、教学内容、教学方法等方面，鲜有关于语言知识课练习的讨论；二是研究内容匮乏，少有从练习设计的原则、练习范围、练习题型等方面针对语言知识课展开讨论的。

一、词汇知识课教材分析

练习设计与教学内容直接相关，因此，我们有必要先了解一下词汇知识课教材中的教学内容。

1.1 教材使用的基本情况

就笔者搜集的材料看，现在国内使用的针对留学生的汉语词汇教材

---

① 赵金铭:《对外汉语教材创新略论》,《世界汉语教学》1997 年第 2 期第 59 页。

很多，但公开出版的知识性词汇教材数量有限。根据教材出版的年份排列，这些教材主要有《汉语词汇教程》（万艺玲，2000）、《现代汉语词汇学》（卢惠惠，2011）、《实用对外汉语词汇》（胡培安、王飞华，2014）和《对外汉语词汇教程》（娄秀荣，2018）。

1.2 教材的分类与比较

综合编排依据、教学内容、适用课程三方面看，我们可以将上述四部教材分为两类，其中异同参见表1。

表1 四部汉语知识性词汇教材的比较

<table>
<tr><th>教材名称</th><th>编排依据</th><th colspan="2">教学内容</th><th>适用课程</th></tr>
<tr><td rowspan="7">《汉语词汇教程》</td><td rowspan="18">词汇学知识体系</td><td>第一章 词和词汇</td><td>第八章 同义词</td><td rowspan="18">专业知识课教学</td></tr>
<tr><td>第二章 汉语词汇的构成</td><td>第九章 反义词</td></tr>
<tr><td>第三章 汉语词汇的特点</td><td>第十章 同音词</td></tr>
<tr><td>第四章 词的性质</td><td>第十一章 同素词</td></tr>
<tr><td>第五章 词的构造</td><td>第十二章 熟语</td></tr>
<tr><td>第六章 词的意义（上）</td><td>第十三章 词汇和文化</td></tr>
<tr><td>第七章 词的意义（下）</td><td></td></tr>
<tr><td rowspan="4">《现代汉语词汇学》</td><td>第一章 汉语词汇概况</td><td>第五章 熟语</td></tr>
<tr><td>第二章 词、语素、构词法</td><td>第六章 词语的选择与运用</td></tr>
<tr><td>第三章 词义（上）</td><td>第七章 词汇和汉民族文化</td></tr>
<tr><td>第四章 词义（下）</td><td></td></tr>
<tr><td rowspan="4">《实用对外汉语词汇》</td><td>第一章 现代汉语词汇概说</td><td>第五章 词和词的关系</td></tr>
<tr><td>第二章 词汇的构成</td><td>第六章 熟语</td></tr>
<tr><td>第三章 词的构造</td><td>第七章 词汇与文化</td></tr>
<tr><td>第四章 词义分析</td><td></td></tr>
</table>

续表

教材名称	编排依据	教学内容		适用课程
《对外汉语词汇教程》	词汇知识专题	第一课 数字词教学	第十一课 方言词教学	非专业知识课教学
		第二课 颜色词教学	第十二课 外来词教学	
		第三课 动物词教学	第十三课 缩略语教学	
		第四课 “吃”类词教学	第十四课 新词语教学(1)	
		第五课 味道词教学	第十五课 新词语教学(2)	
		第六课 “身体”类词教学	第十六课 网络词语教学	
		第七课 语素教学	第十七课 人名词语教学	
		第八课 词缀教学	第十八课 惯用语教学	
		第九课 量词教学	第十九课 俗语教学	
		第十课 离合词教学	第二十课 谚语教学	

说明：①为呈现原教材的教学内容和体系，“教学内容”一栏全部摘自原教材的目录；②《汉语词汇教程》的目录实际排列为“甲篇 概论”(含第一至第三章)、“乙篇 词形和词义”(含第四至第七章)、“丙篇 词和词的关系”(含第八至第十一章)、“丁篇 熟语”(含第十二章)、“戊篇 词汇和文化”(含第十三章)，受篇幅所限，也为了和其他教材统一，表中隐去了上述五篇的分类标题。

由表1可见，从编排依据看，《汉语词汇教程》《现代汉语词汇学》《实用对外汉语词汇》三部教材更注重词汇知识的系统性，教学内容大同小异；《对外汉语词汇教程》虽然也有语素教学、词缀教学、外来词教学等关乎词汇知识的教学内容，但更注重文化因素的渗透，不注重词汇知识的系统性。从适用课程看，《汉语词汇教程》等三部教材适用于专业知识课教学，《对外汉语词汇教程》更适用于非专业知识课的教学。

根据陈绂(2001)的观点，作为专业知识课，词汇知识课应该有系统性的介绍和讲解。本文据此拟以《汉语词汇教程》《现代汉语词汇学》《实用对外汉语词汇》三部教材为例，讨论词汇知识课的练习。另外，鉴于《汉语词汇教程》等三部教材的练习在题型设计等方面基本相似，因此，下文我们将以《汉语词汇教程》为主要对象展开讨论，必要时参考其他两部教材。

二、词汇知识的练习范围

对于课程学习来说，教学内容与练习内容的容量往往并不等同，一般教学内容应略大于练习内容。在既定的教学范围内，如何确定词汇知识课的练习范围是首先要考虑的问题。

2.1 确定练习范围的理论依据

根据《高等学校外国留学生汉语言专业教学大纲》(国家对外汉语教学领导小组办公室，2002)规定，该专业学生应“具备扎实的汉语言语能力与言语交际能力”，“掌握系统的汉语基础理论与基本知识”，词汇知识课的教学目标也应与此保持一致。因此，词汇知识课除了讲授汉语词汇的基础理论与基本知识外，也要努力提高学生的言语交际能力。

关于交际能力，国内外学者先后提出过不同的观点。据文秋芳(1999)所述，卡内尔和斯维恩、巴克曼、李筱菊等先后提出了不同的交际能力模式。这些交际能力模式虽有区别，但都认为语言能力、语用能力是交际能力的重要组成部分。因此，词汇知识课不仅要教给学生词汇知识，以使学生掌握基本的语言知识和技能，同时要提高学生在语境中组织、运用词语的能力。

2.2 适合进行实践性练习的词汇知识点例析

张博(2018)提出，汉语作为第二语言词汇教学应以“时间—效益原则”为基本原则，以提高词汇教学效率为目标，因为“词汇的系统性和规律性较差，词汇知识零散庞杂，更需要根据时间—效益原则来择定哪些词汇知识对于学习者更重要，更应当作为教学内容或重点”[①]。由此可见，对于学习者来说，词汇知识教学需要基于汉语词汇的主要特征和二语词汇

① 张博：《提高汉语第二语言词汇教学效率的两个前提》，《世界汉语教学》2018 年第 2 期第 242 页。

的习得规律选择教学内容及其练习形式。

从表1我们可以看出,目前的词汇知识课对汉语词汇的特征把握较好,与二语词汇习得规律的结合程度还有待进一步验证,但这不影响教材使用者在既定的教学框架内挖掘所涉及的词汇学知识所具有的实践性意义。

以《汉语词汇教程》为例,学习"词汇的系统性"有助于学生在词汇学习中树立联系的思想,注重词与词之间的关系,避免孤立地学习某一个词;学习"汉语词汇的特点"有助于学生认识到母语词汇与汉语词汇的区别,避免直接将母语的词汇特点套用到汉语词汇学习上;学习"词的特点"可使学生认识到语言单位能否扩展并不是随意的,"立功"可以不扩展,也可以扩展为"立了大功",而"夸奖"则不能这样类推;学习"构词单位——语素"有助于学生更好地理解或猜测词义;学习词的"感情色彩"既能帮助学生准确地表情达意,也能丰富学生的表达形式;学习词的"语体色彩"有助于学生在不同场合自如得体地运用汉语;学习"同义词"不是为了辨析某几组具体的同义词,而是为了培养辨析同义词的思路,形成思考问题的方向,以更好地使用同义词;学习"同音词"可以帮助学生了解谐音双关的表达手段,进而帮助学生理解汉语中某些特殊的表达形式。

在词汇知识的学习中,"词的结构"是一个重点和难点,这与它具有语法性质有关,也与其抽象程度较高有关。但是,张博(2018)以动宾式复合词语义结构知识的教学为例,着力分析了如何面向二语学习者展开教学并加强练习。

本文不准备对词汇知识进行系统的整理和分析并一一讨论其中的教学重点及练习形式,仅以"词的语体色彩"为例,分析其进行实践性练习的可行性。

三、语体色彩的实践性练习设计

由于缺乏不同课型、不同教师对词的语体色彩进行操练的资料,本节暂且以《汉语词汇教程》的课后练习题作为参考进行实践性练习设计。

3.1 现有练习形式分析

一般情况下，学生在词汇知识课上能够得到较好的听、读训练。这一方面是因为知识课的教学特点使得课堂讲授不再是精讲多练，而是讲透练够，所以学生有更多的时间接受输入性训练；另一方面，知识课的学习内容不再以语言点为主，而是强调对知识的理解，这就对学生的阅读能力有更高的要求。相较于听、读，学生在说、写两方面的技能训练上要弱一些，因为学生在词汇知识课上的表达无论是口语的还是书面语的多以词、短语或句子为单位，成段表达较少。《汉语词汇教程》课后练习题部分有关词的语体色彩的练习设计也在一定程度上反映了上述问题。

表 2 《汉语词汇教程》词的语体色彩的练习分布情况

题型	题干	练习示例
分辨练习	1. 找出句子中的口语词（共 5 个句子）	墙上贴着花花绿绿的年画。
	2. 请分别说明各组词的语体色彩（共 4 组词）	醉鬼、烟鬼、酒鬼
	3. 分析下列词语的语体色彩，并将同义而语体色彩不同的词写在同一横行（共 16 个词）	童年、日头、日子、孩提、老家、妈咪、吓唬、小时候、太阳、故乡、压根儿、根本……
替换练习	1. 用指定的词语改写下列句子（共 10 个句子）	损坏公物要照原价赔。（赔偿）
纠错练习	1. 改正下列病句，并说明原因（共 2 个句子）	我到他房间的时候，看见他正在跟他的女朋友商谈有关暑假旅游的问题。

说明：①题干的顺序根据其在教材课后练习题中出现的顺序排列，标序的阿拉伯数字和括号内的数量统计均为笔者所加；②纠错练习在原题中共有 10 个句子，但只有 2 例是语体色彩的误用，其余为感情色彩的误用。

由表 2 可见，分辨练习占比最多，包括独立词语语体色彩的分辨和句中词语语体色彩的分辨;替换练习和纠错练习都止于句子层面,缺乏语段或语篇层面的练习。那么,这些练习形式是否有助于学生在理解语体色彩的基础上正确地使用不同的语体色彩词,已有的练习是否体现了语体教学的效益就成为进一步值得思考的问题。

3.2 实践性练习的改进设计

词汇知识课的练习该如何设计虽然学界少有讨论,但结合词汇知识课的定位和特点来说,词汇知识课的练习设计应秉承理论知识应用于语言实践的原则。

李熙宗(2005)曾提出,"语体是在长期的语言运用过程中历史地形成的与由场合、目的、对象等因素所组成的功能分化的语境类型形成适应关系的全民语言的功能变异类型,具体表现为受语境类型制约选择语音、词语、句式、辞式等语言材料、手段所构成的语言运用特点体系及其所显现的风格基调"①。词的语体色彩不是孤立地存在的,因此,对其进行实践性练习时也不能仅限于词、句子层面,还需从系统的角度做出层级性的设计。我们可以从以下三个层级展开:

3.2.1 分辨练习

分辨练习作为基础的练习形式,可以让学生加强对词语体色彩的理解。但是,分辨练习应尽量避免让词独立出现,需提供一定的语境,因为词的语体色彩具有相对性,同一个词在不同的语境中可具有不同的语体色彩。例如:

(1)读我文字者,盼你我会心,尽在不言中。

(2)他们一直巴巴盼着他回来。

同一个"盼"在两个句子中的语体色彩分别是书面语语体和口语语体。

---

① 李熙宗:《关于语体的定义问题》,《复旦学报(社会科学版)》2005年第3期第186页。

3.2.2 转换练习

转换练习不同于替换练习，是指不同表达形式之间的转换。这类练习可以是在不同语体的句子之间完成转换，也可以是在不同语体的段落之间完成转换，还可以是把一段对话转换为一个语段，或者反之，等等。句子之间的转换，例如：

(3)拉倒吧，我才不信你刚才的话呢！(来自生活语言)

(4)我并不认同你刚才所说。

例(3)和例(4)两句话在一定语境下同义。在提供语境的前提下让学生做转换练习，可使学生更好地理解口语语体和书面语语体的区别。

3.2.3 写作练习

在分辨练习和转换练习的基础上，我们可以增加一些写作练习。写作练习的篇幅不宜过长，主题应有所限定，并根据练习的需要提出更多具体的要求，如在规定的字数范围内至少出现几个典型的语体词等。

上述练习设计的实践性效果还需在实际教学中进一步验证。词汇知识课的实践性练习需要根据具体的学习内容进行规划，不同的学习内容练习形式不尽相同，但设计的原则、理念等应该是一致的。

四、余论

本文所讨论的实践性练习在一定程度上更加侧重于交际方面，但对于知识课来说，实践性不应只限于交际性练习，还要宏观衡量其在专业建设和人才培养中发挥的作用。例如，如果留学生选择了汉语国际教育专业或汉语言专业，那就要考虑到语言知识的实践性对于他们来说不仅仅限于能得体地交际，还要为他们成为本土汉语教师或进行基础的汉语研究打基础。

参考文献

陈绂.汉语言专业的本科教学必须把语言本体课列为必修课——对汉语言专业课程设置的一点看法[J].语言文字应用,2001(2).

国家对外汉语教学领导小组办公室.高等学校外国留学生汉语言专业教学大纲[S].北京:北京语言文化大学出版社,2002.

胡培安,王飞华.实用对外汉语词汇[M].武汉:华中科技大学出版社,2014.

李熙宗.关于语体的定义问题[J].复旦学报(社会科学版),2005(3).

刘智伟.含同一语素的同义单双音节动词语体色彩对比研究[J].语言文字应用,2007(2).

娄秀荣.对外汉语词汇教程[M].延吉:延边大学出版社,2018.

卢惠惠.现代汉语词汇学[M].上海:学林出版社,2011.

陆俭明.汉语二语教学要为构建人类命运共同体出力做贡献[J].国际汉语教学研究,2019(4).

吕军伟,陈丽斯.近二十年对外汉语教材练习研究现状与改进对策[J].淮北师范大学学报(哲学社会科学版),2019(1).

潘先军.对外汉语分类教学实践[M].北京:北京语言大学出版社,2008.

孙德金.对外汉语专业教育中语言知识课的定位问题[J].语言教学与研究,1999(1).

田艳.关于国际汉语教材交际性练习的设计[J].国际汉语教育(中英文),2019(3).

万艺玲.汉语词汇教程[M].北京:北京语言文化大学出版社,2000.

万艺玲.留学生汉语词汇课的性质和定位[J].中国大学教学,2005(4).

文秋芳.英语口语测试与教学[M].上海:上海外语教育出版社,1999.

杨晓黎.语素分析与汉语词汇教学[M]//黄德宽.安徽大学汉语言文字研究丛书·杨晓黎卷.合肥:安徽大学出版社,2013.

杨翼.汉语教材练习题设计与编制的内在有效性[J].国际汉语教育(中英文),2019(3).

曾立英.关于对外汉语词汇教学系统性的探讨[J].民族教育研究,2010(2).

张博.提高汉语第二语言词汇教学效率的两个前提[J].世界汉语教学,2018(2).

赵金铭.对外汉语教材创新略论[J].世界汉语教学,1997(2).

浅谈本科一年级汉语口语教学的特点

——兼与初级汉语口语课比较

胡孝斌

（北京语言大学汉语学院）

摘　要　任何教学活动都会涉及“教谁”“教什么”和“怎么教”的问题，教学对象决定教学内容和教学方法。由于教学对象汉语水平的差异，以中文为专业教学语言的来华留学生本科一年级汉语口语教学跟针对初学者的初级汉语口语教学应该存在一些差异，这些差异主要体现在哪些方面？本科一年级汉语口语教学从教学目标到教材编写、教学法再到课堂教学中各种语言要素的处理到底应该具备什么样的特点？本文拟从这些方面做简单探讨。

关键词　本科一年级　初级汉语　口语　教学

前　言

口语课虽然属于分技能训练课，但是课堂训练涉及面广，常常包括语言技能训练中的听、说、读等方面，一直以来在国际汉语课堂教学中占有十分重要的位置，也贯穿学生汉语学习的各个阶段。以北京语言大学汉语学院为例，汉语口语课的设置贯穿本科教学的前三年，一年级为初级，二年级为中级，三年级为高级。同时，汉语口语教学直接影响二语学习者全面提高汉语水平和综合交际能力，因此一直受到学界的广泛关注，相关研究成果颇丰，但针对初级汉语口语课的教学研究相对薄弱，针对本科一年级汉语口语教学的研究更是寥寥无几。

教育部2018年来华留学生入学标准中对来华留学生语言能力的要求规定，“以中文为专业教学语言的学科、专业的中文能力要求应当至少达到《国际汉语能力标准》四级水平”[①]，即通过HSK四级。随着该标准的实行，一年级本科生的汉语水平实际上已超越了初级，原来的初级口语课的教学要求、教学内容乃至教学方法也都明显地表现出各种不适。这要求我们要对本科一年级汉语口语课重新进行审视和定位，重新思考本科一年级汉语口语课和针对初学者的初级汉语口语课到底有哪些异同，以便在教学中做出相应的调整和改变。

汉语口语课的教学研究涉及教学对象、教学目标、教材、教学法等诸多方面，下面我们尝试以汉语言专业和汉语国际教育专业为例，依据《国际中文教育中文水平等级标准》(2021，下文简称为《等级标准》)，从上述方面对本科一年级汉语口语教学和针对初学者的初级口语教学做简单的比较，以期找出本科一年级汉语口语教学的特点。

一、教学对象和培养目标

口语教学的总体目标是提高学生的口语交际能力。交际的过程是信息传递的过程，是交际双方在特定的语言环境里，为实现特定的目的运用特定的语言手段和适当的表达方式而进行的思想和情感的交流。然而，针对不同汉语水平的教学对象，口语教学的阶段性目标也应该存在一定的差异。

---

① 教育部：《来华留学生高等教育质量规范（试行）》，2018，第4—5页。https://view.officeapps.live.com/op/view.aspx?src=http%3A%2F%2Fwww.moe.gov.cn%2Fsrcsite%2FA20%2Fmoe_850%2F201810%2FW020181015369336301731.doc&wdOrigin=BROWSELINK，访问日期：2022年5月17日。

1.1 教学对象

骆健飞等(2019)依据《国际汉语教学通用课程大纲》(孔子学院总部/国家汉办,2014)把初级阶段学生的汉语水平界定为“掌握了1200个左右汉语常用词语”。但是依据HSK口语考试大纲的规定,HSK的初级包括一级和二级。二级的词汇量为300个,相对应的国际汉语能力标准也是二级。因此,我们把初级汉语口语课的教学对象规定为汉语为极低水平甚至零基础的非汉语母语者,他们掌握的词汇量非常有限,语法知识储备不足,会话能力很低甚至完全不具备会话能力,相对应的HSK口试等级和国际汉语能力标准为二级及二级以下。骆健飞等(2019)所说的“初级阶段”则相当于我们下文所说的本科一年级。

根据汉语考试服务网的信息,HSK四级等级为中级,主要是“面向按每周2—4课时进度学习汉语四个学期(两学年),掌握1200个常用词语的考生”[①]。通过HSK四级的考生词汇量为1200个,相对应的国际汉语能力标准为四级。因此,以中文为专业教学语言的本科一年级来华留学生的汉语口语水平其实略相当于国际汉语能力标准的四级或四级以上水平。但同时我们也应看到,很多进入本科一年级学习的来华留学生,他们的实际汉语口语水平往往低于上述标准。这是因为,无论是在国外院校还是在国内的预科班学习,这些学生进入本科以前所接受的汉语口语教学都存在着一些不容忽视的问题,例如为了达到进入大学本科专业必须满足的要求,即通过HSK四级考试,他们前期的汉语课一般会侧重语法点的讲解和词汇的操练而忽视实际应用,注重应试口语训练而忽视综合口语能力的提升。这直接导致部分学生的读写能力明显优于听说能力,造成严重的语言技能不平衡现象。

---

① 汉语考试服务网(chinesetest.cn)—考试介绍—HSK四级介绍。http://www.chinesetest.cn/gosign.do?id=1&lid=0#,访问日期:2022年5月17日。

1.2 培养目标

我们认为,针对初学者的口语课(以每周 4 课时,每学期 15 周左右)的培养目标可以设定为《等级标准》的"初等"二级,即达到《等级标准》规定的"能够就较熟悉的话题进行简短的交流,完成简单的社会交际"①。具体来说:这一阶段的培养目标应该定位于打好汉语的基础;这一阶段的教学应该参照《等级标准》"初等"一级和二级的目标要求,以最基础的语音、词汇、语法点和简单对话为主要教学内容,培养学生掌握正确的汉语发音方法、声韵拼读和声调变化,掌握一定数量的基本词汇,了解汉语最基础的语法特点并掌握最常用的语法结构,具备初步的汉语口语表达能力,如用简单句进行简短的会话、自我陈述等。

根据《等级标准》,"初等"分为三级,其中一级词语 500 个,二级词语 772 个。我们认为,进入汉语言专业和汉语国际教育专业的一年级本科生应该已经达到或接近上述《等级标准》的"初等"二级目标,因此针对他们的口语课培养目标至少应该从"初等"的第三级开始,在一年级达到《等级标准》的"初等"三级或"中等"四级的目标,即能够使用本级所涉及的词汇和语法,完成相关的话题表达和交际任务;同时还应该具备初步的成段表达能力,能够使用一些比较复杂的句式叙述事件发展、描述较为复杂的情景、简要陈述观点和表达感情,进行一般性交谈,表达比较流利,用词比较准确。

二、教材和教学法

2.1 教材

针对初学者的口语教材应该以打基础、在短期内帮助学生建立对汉

① 教育部中外语言交流合作中心编、刘英林等主编《国际中文教育中文水平等级标准(国家标准·应用解读本)第一分册:等级描述、音节、汉字》,北京语言大学出版社,2021,第 3—4 页。

语的基本认识并培养学生对汉语的兴趣为基本目标。教学应该具有速成、高效的特点，注重实效和趣味的平衡，能够让学生在汉语学习中快速获得满足感和成就感，进而培养出对汉语学习的兴趣，为下一步的学习打下良好的基础。

本科汉语口语教材应更加注重系统性、科学性和专业性。口语课是一门技能训练课，它的主要教学目的是引导学生将所学语音、词汇、语法、文化等内容和素材有效、流利地说出来。根据《等级标准》和《高等学校外国留学生汉语言专业教学大纲》(国家对外汉语教学领导小组办公室，2002)的要求，学生在完成初级阶段的学习后，应该具备初步的小语段表达能力。一般来说，语段是指“大于复句、小于语篇的语言单位，由两个或两个以上前后连贯并有明晰的中心意思的句子组成”①。为实现《等级标准》三级和四级的口语教学目标，本科一年级汉语口语教材应该更加重视复杂句式的训练和语段的表达，李小丽(2001)、李海燕(2001)、方绪军(2002)、陈晨(2007)、骆健飞等(2019)都谈到了初级口语教学阶段培养成段表达能力的重要性。成段表达能力不仅是一种语言能力，也是学生用目的语思维的能力体现。我们认为，注重叙述性表达应该是本科一年级汉语口语教材的一个特点。

另外，本科一年级汉语口语教材也应该适当注意语言语体的区别。按照冯胜利(2018)给出的定义，语言的“语体”是实现人类直接交际中最原始、最本质属性(亦即确定彼此间关系距离)的语言手段和机制。语言的语体分为口语语体、正式语体和庄典语体等多种形式。冯胜利(2018)指出，一年级的教材应该以“让学生接触语体的概念为度”②，但“只需略知汉语有语体的区别与不同即可”③。我们认为，初级汉语口语教材应尽量避免正式语体和庄典语体的出现，而本科一年级汉语口语教材可以在

---

① 骆健飞、丁险峰、李婷、牟世荣:《初级汉语语段教学——理论与实践研究》，中国书籍出版社，2019，第2页。

② 冯胜利:《汉语语体语法概论》，北京语言大学出版社，2018，第193页。

③ 同上。

口语语体文本的基础上，适当增加正式语体的词语和材料，其主要目的是让学生进一步了解汉语语体方面的差异及其对汉语表达的影响，但我们不提倡在本科一年级汉语口语教材中出现庄典语体和带有地方特色的俗语和习语。

2.2 教学法

汉语口语教学法虽然至今还没有形成较为统一、完整的体系，但随着国际汉语教学方法的不断丰富和发展，目前已经呈现出听说法、任务型教学法、情景创设法、话题功能教学法等多种教学方法并存的繁荣景象。哪些方法适用于初级汉语口语教学？哪些方法适用于本科一年级汉语口语教学？这些问题还有待于进行更加深入的研究。下面我们以任务型教学法为例做简单的探讨。

任务型教学法起源于交际法，兴起于 20 世纪 80 年代，是一种以学生为中心的教学法，其基本的教学理念是在“做中学”和“用中学”。任务型教学法的实现需要教师和学生通力配合，学生之间也需要积极合作。教师需要布置任务、解释任务，学生需要提前自主学习的部分较多。这些“任务”对于汉语水平处于基础阶段甚至零基础的初学者来说是非常困难的。因此，任务型教学法并不适用于针对初学者的汉语教学。针对初学者的口语课训练应该以语音、词汇、语法点和基本句型的操练为主。当然，任何语言教学都离不开互动，包括师生互动和学生之间的互动。这一阶段口语课上的互动主要表现为课堂上的师生问答、处理课文和练习时学生之间的小组问答、分角色朗读或者模仿会话等活动。总的来说，受语言水平和表达能力的限制，初级阶段的口语教学还需依赖于大量的机械操练和模仿练习，能让学生自主发挥或者扩展的活动相对较少。因此，以高效实用著称的听说法显然更适合这一阶段，这已经成为国际汉语教学界的共识。

对于一年级本科生来说，他们已经通过了 HSK 四级或四级以上的考试，具备一定的语言基础。自主完成预习以及跟同学进行小组合作等学习任务对他们来说并不是太大的障碍。相反，学生很乐于在“做中学”和“用中学”。提前布置任务能够充分调动学生自主学习的兴趣，小组分工合作能够帮助他们厘清各自的学习任务，找准自己的定位。这一时期的语言训练应以训练语段表达为主，课堂报告、演讲、辩论等都是很好的语段表达练习，还能极大地激发学生的成就感并进一步提升他们的学习积极性。因此我们认为，本科一年级汉语口语教学更适合采用任务型教学法。

三、课堂教学内容的处理方法

这里所说的课堂教学内容的处理方法是指课堂上语言要素的处理方法。郑艳群、陆凯英(2020)运用内容分析和信息处理的方法，进一步证明“组织教学”“复习旧课”“导入话题”“讲练生词、语言点、课文”“综合练习”“总结”和“布置作业”等是初级口语课汉语课堂教学的重要构件。我们认为，上述口语课的各个教学环节环环相扣，其中最核心的部分是新课教学中对语言要素的处理，包括语音、词汇、语法、语段表达、文化元素等方面。

3.1 语音、词汇和语法

语音是任何一种语言的基础。语音教学不仅是初级阶段的重点，同时也贯穿于整个语言教学阶段。对于零基础的汉语初学者来说，语音教学是口语教学的开端。在汉语学习的最初阶段，声母、韵母、声调、声韵拼合规律以及以此为内容的发音操练是语音教学的重点。而对于已经具备一定语音基础的一年级本科生来说，他们大多已了解和掌握汉语的拼读、声调、变调等语音知识，但由于基础各异，存在各种各样的不良发音习惯和顽固性偏误。因此，对他们来说，口语教学中发音不是重点，正音才是。声调、重音、轻声、语调、语流音变等都是本科一年级口语课语音教学的重点。

教学对象的汉语水平不同，词汇教学的等级也不同。《汉语水平词汇与汉字等级大纲》(国家对外汉语教学领导小组办公室,1992)中甲级词为1033个,《等级标准》共收录初等词2245个,其中一级词汇500个,二级词汇772个。《等级标准》中初等词的一级和二级数量之和大致相当于《汉语水平词汇与汉字等级大纲》中甲级词的数量。

我们认为,针对初学者的口语课词汇教学范围应该是《等级标准》中的一级和二级词。按照现在通行的做法,一般的初级汉语口语课会作为复练课配合主讲课和其他语言技能课(比如听力课)同时进行。初级汉语口语课每周一般是4学时,以每课出现20个生词计算,每周学习2课,每学期实际教学周为16周左右,加上其他课学习的生词,学完1200词大约需要一学年的时间,差不多相当于HSK四级的词汇量,对应国际汉语能力标准四级。这一阶段的词汇教学内容常包括词语认读、了解词义、词语扩展训练等,例如进行词语搭配、选词填空、完成句子等练习,以实现学生可以利用所学词语组词造句并进行简单会话表达的目标。

针对一年级本科生的口语课词汇教学应该从《等级标准》中的三级词,相当于《汉语水平词汇与汉字等级大纲》的乙级词开始。具体教学内容应包括在理解词义的基础上进行词语搭配、词语扩展、组词造句等训练,还可以增加用汉语进行词语释义、近义词辨析、选词填空、完成叙述性语篇等练习。

口语课属于单项语言技能训练课,语法不是口语课的教学重点,但是任何语言技能课都无法回避语法教学的问题。根据杨德峰(2019)对20世纪80年代至今不同时期影响比较大或有代表性的11部初级口语长期进修教材(共20本)所进行的统计,现存口语教材中的语法教材模式主要有"讲—展""展—讲""讲""展""练"五大类。如何实现口语教学与语法展示、讲解以及练习的有机结合?"讲"与"展"的比例如何分配?这都是需要进一步研究的课题。

我们主张口语课以训练学生的口头表达能力为主,课堂上不做专门的语法讲解。国际汉语教学界一直提倡精讲多练,不管是针对零起点初学者的初级汉语口语教学还是针对一年级本科生的口语教学,精讲多练和以练为主都应该是语法教学必须遵循的教学原则。当然，不同层级的口语课教学所包含的语法项目数量和难度有所差异，教学中应根据教学对象灵活处理，按照《等级大纲》的分级要求进行教学。总的原则是把语法点的教学融入口语表达的教学中，通过“说”来帮助学生理解和运用所学的语法点。初级汉语口语课可以以语法点的练习带动表达；而对于一年级本科生来说，口语课还要在精讲多练的基础上，结合语段的练习，加强语法点的得体性运用和表达。

3.2 语段表达

初级汉语口语教学和本科一年级汉语口语教学在表达方面的一个显性区别是语言材料的篇幅长短不同，叙述表达层次的多少不同。

目前一般的做法是，初级阶段的口语教学以会话和小语段教学为主。我们大致考察了《初级汉语口语》(第 1、2 册)[①]、《汉语口语速成·入门篇》(上、下册)[②]等针对汉语初学者的口语课教材，其中的对话长度一般不超过 20 句，成段表达一般不超过 100 字。我们同意陈晨(2007)提出的观点，即初级阶段的口语课也应进行成段表达的训练，但教学重点应以教材中的课文为主，具体表现在经过反复朗读、问答、模仿练习，要求学生能够完成复述；还可以根据课文内容将所学词汇、语法点加以整合，然后让学生模拟会话。初级阶段的成段表达在语段长度、句子复杂度、表达范围等方面都应受到很大的限制。

前文说过，我们认为本科一年级的汉语口语教学更适合采用任务型教学法。我们同意陈晨(2007)的观点，认同在完成语言交际任务训练的过程中，以“语篇”(discourse)为单位的训练和表达比起“句型本位”的操练更具有交际的实际价值和真实性。完成交际任务不能把语法或功能项目各自分离，而是要把这些内容与其他交际要素交织在一起为交际活动服

---

① 戴桂芙、刘立新、李海燕:《初级汉语口语》(第 1、2 册)(第三版)，北京大学出版社，2014 年。

② 马箭飞主编《汉语口语速成·入门篇》(上、下册)，北京语言大学出版社，2000 年。

务，使之成为言语交际活动的一个相对完整的片段。吴中伟(2004)也指出，“任务”应该通过“语篇”来实现，“语篇”则体现着特定的“任务”。因此，本科一年级的汉语口语教学应该在完成课文会话或叙述内容的基础上，更多地进行拓展训练，包括根据关键词和语段表达框架进行叙述的练习以及对课文内容或课文中出现的观点和现象发表评论或进行讨论的练习。

汉语是话题优先的语言。本科一年级的汉语口语教学应更加重视话题结构，即会话或叙述段落的框架，包括其中的话语标记、连接词、叙述逻辑、表达层次等，让学生能够用课文中学到的词汇、语法点以及语段框架进行模仿和扩展，以实现能进行较为复杂的语段表达的目标。

长期以来的汉语口语教学实践证明，就课文内容进行的复述、模仿等听述性表达，扩展式表达，看图说话式的描述性表达，根据教师提供的关键词和语段框架进行的讲述性表达，就一个话题展开的讨论式表达以及根据所给话题进行的演讲报告式表达对提高一年级本科生的口语表达能力都有非常有效的作用。

3.3 文化元素

“文化”有“广义”和“狭义”之分，前者是指人类创造的一切物质产品和精神产品，后者专指包括语言、文学、艺术及一切意识形态在内的精神产品。赵金铭(2014)更是直接指出，文化就是语言习惯、生活习惯和风俗习惯。但是对于汉语口语教学而言，文化应该有知识文化和交际文化之分。语言是文化的载体，许多文化现象都会在语言中得到体现，例如汉语词汇、语法结构、表达角度和方式、日常交际的习惯用语等都包含文化的因素。李泉、丁秋怀(2017)主张“汉语作为第二语言教学中的文化教学应以交际文化为主，即以直接影响语言理解和运用的文化现象、文化因素和文化观念的教学为主”①。我们认为这在初级汉语口语教学中尤为重要。

① 李泉、丁秋怀:《中国文化教学与传播:当代视角与内涵》,《语言文字应用》2017 年第 1 期第 120 页。

除了所指范围“广”“狭”的不同，文化还有“显”“隐”之分、“古”“今”之别，这些因素在教学中都应加以重视。

作为普通进修生的初学者往往年龄跨度较大，身份各有不同，学习时间和学习目的也各不相同，他们对汉语教学中文化教学的需求也会因各自的身份、学习目的而不同。一般来说，由于在华学习时间有限，他们更希望利用有限的时间多、快、好地了解中国当代社会。但鉴于他们的语言水平较低，文化教学应以“隐”为主，以“今”为主。具体而言就是以体验感受为主，结合语言教学开展丰富多彩的文化体验活动，例如参观博物馆、游览名胜古迹、品尝中华美食、欣赏京剧等。这些活动既是对语言教学的有益补充，又能丰富学生的课余生活。

而本科生在华学习时间较长，语言水平更高，文化教学更适合结合课堂教学的内容，促进他们对中国社会和文化的全面了解。教育部对来华留学本科生的培养目标也要求通过教学能使学生系统地了解中国社会和文化。因此，本科生的文化教学不但要满足学生成功实现跨文化交际的需求，也承担着将学生培养成“知华、友华、爱华”的中外友好交流使者的任务。但口语课不是文化课，教师不能在课堂上系统地讲解中国文化知识，本科一年级口语课上的文化教学依然应该以“隐”为主，但是可以把文化元素和内容有机地融入教材和教学中。这种融合既要系统，又要全面，为以后二年级和三年级的文化教学打好基础；既要包括中国优秀的传统文化，又要体现当代中国日新月异的发展面貌和建设成就。在口语教学中，教师可以充分利用图片、视频、故事等各种文化材料，结合教学实际，以口语训练的方式帮助学生深入地了解当代中国和中国传统文化，加深他们对汉语以及对中国和中国人民的感情。

参考文献

陈晨．培养成段表达能力的交际任务型初级口语教学模式初探[J]．海外华文教育，2007(2)．

陈晨．对外汉语语篇教学研究：回眸与思考[J]．海外华文教育，2008(2)．

方绪军.初级口语教学运用复述手段对输入材料的要求例析[J].海外华文教育,2002(2).
冯胜利.论汉语书面正式语体的特征与教学[J].世界汉语教学,2006(4).
冯胜利.汉语语体语法概论[M].北京:北京语言大学出版社,2018.
国家对外汉语教学领导小组办公室.高等学校外国留学生汉语言专业教学大纲[S].北京:北京语言文化大学出版社,2002.
国家对外汉语教学领导小组办公室汉语水平考试部.汉语水平词汇与汉字等级大纲[S].北京:北京语言学院出版社,1992.
教育部中外语言交流合作中心.国际中文教育中文水平等级标准(国家标准·应用解读本)第一分册:等级描述、音节、汉字[S].北京:北京语言大学出版社,2021.
孔子学院总部/国家汉办.国际汉语教学通用课程大纲(修订版)[S].北京:北京语言大学出版社,2014.
李畅.初级对外汉语口语教学法研究[D].西安:西安外国语大学,2015.
李海燕.从教学法看对外汉语初级口语教材的语料编写[J].语言教学与研究,2001(4).
李泉,丁秋怀.中国文化教学与传播:当代视角与内涵[J].语言文字应用,2017(1).
李小丽.初级阶段口语教学应重视成段表达能力的训练[J].语言文字应用,2001(3).
李燕.任务型教学法与对外汉语初级口语教学[J].云南师范大学学报(对外汉语教学与研究版),2006(3).
吕玥.对外汉语初级阶段口语教学浅析[J].语文学刊,2010(6).
骆健飞,丁险峰,李婷,等.初级汉语语段教学——理论与实践研究[M].北京:中国书籍出版社,2019.
马箭飞.任务式大纲与汉语交际任务[J].语言教学与研究,2002(4).
吴中伟.浅谈基于交际任务的教学法——兼论口语教学的新思路[C].《第七届国际汉语教学讨论会论文选》编辑委员会.第七届国际汉语教学讨论会论文选.北京:北京大学出版社,2004.
杨德峰.初级口语教材语法教学模式考察及分析[J].汉语学习,2019(5).
赵金铭.对外汉语教学概论[M].北京:商务印书馆,2004.
赵金铭.国际汉语教育中的跨文化思考[J].语言教学与研究,2014(6).
郑艳群,陆凯英.初级汉语口语课教学结构和过程理论模型研究[J].云南师范大学学报(对外汉语教学与研究版),2020(5).

马来西亚学生初级汉语课课前小报告的设计与分析

全　军　陈克禄　徐京梅　刘敬华
（北京语言大学汉语学院）

摘　要　新时期国际中文教育的一大特点是本土化，本土师资培养是其中的一项重要内容。马来西亚本土教师培养（2011—2021）是北京语言大学汉语学院近年承接的一项重要教学任务，本文作者都曾担任该项目的任课教师，第一作者主持该项目多年。文章对马来西亚项目进行了简要介绍，重点报告了马来西亚学生初级汉语课课前成段表达的运行情况，详细介绍了课前小报告的形式，分析了它的特点，论证了它的价值，并对其推广前景做了预测。

关键词　本土师资　马来西亚学生　初级汉语　课前小报告

前　言

国际中文教育事业已经走过70多年的时间。1950年，"东欧交换生中国语文专修班"在清华大学开班，揭开了新中国来华留学汉语教育的序

* 本成果受北京语言大学院级项目资助（中央高校基本科研业务费专项资金），项目批准号21YJ010101。

幕。李宇明、翟艳(2021)将此后我国来华留学汉语教育划分为三大阶段：第一阶段，1950—1977年，以对外汉语教学发端始，以改革开放为转换节点，教学类型以汉语预备教育为主；第二阶段，1978—2010年，以改革开放初年始，以教育部发布《留学中国计划》[①]为转换节点，为对外汉语教学从复苏到蓬勃发展的时期；第三阶段，2010年后，学历生渐成留学生主体，留学汉语教育与国内高等教育逐渐趋同。

新时期国际中文教育的一大特点是本土化。古川裕(2014)，周小兵、陈楠(2014)，周小兵、陈楠、梁珊珊(2014)，王建军(2015)，朱怀(2017)，张新生、李明芳(2018)，王海峰(2021)等都对此问题进行了讨论，教育部也强调了国际中文教育本土化的发展方向[②]。目前的基本认识是：要大力培养本土中文教育师资人才，提高本土师资中文教育水平；要加强学科建设，协助本土教师编写高质量的教材，完善本土化教学模式。

北京语言大学汉语学院是从事来华留学生本科学历教育的单位，近年来开设汉语国际教育专业，致力于培养国际中文教育本土师资。(张浩，2020)马来西亚本土师资项目是近年汉语学院承接的马来西亚政府奖学金项目，已持续10余年时间。(全军，2020)作为未来的师资，该项目的学习者均是马来西亚政府选拔的优质生源，学习能力强，学习动机也很强烈。为了做好这项本土汉语师资培养工作，学院各级领导和一线任课教师做了大量的文献查阅和分析工作。从现有的关于马来西亚汉语教学的文献研究看，针对马来西亚学习者(包括来华学习者和本土学习者)的汉语综合课教学方法的讨论并不多见，可资参考的经验不多。本文尝试介绍在马来西亚项目中实施多年的初级汉语课课前小报告活动，分析其形式、特点、价值，以总结经验，推动马来西亚本土师资的培养、培训工作。

① 教育部：《留学中国计划》，2010年9月，http://www.gov.cn/zwgk/2010-09/28/content_1711971.htm，访问日期：2022年5月17日。

② 教育部"关于政协第十三届全国委员会第四次会议第2624号(教育类091号)提案答复的函"，http://www.moe.gov.cn/jyb_xxgk/xxgk_jyta/yuhe/202111/t20211104_577702.html，访问日期：2021年11月10日。

一、马来西亚项目学生情况简介

马来西亚项目系马来西亚单方政府奖学金项目，继北京外国语大学之后，2011 年北京语言大学也开始接收马来西亚政府奖学金生。该项目学生系马来西亚政府选拔的优质生源，在本国经过考试选拔后进入北京语言大学汉语学院学习汉语国际教育专业。学时五年，其中预科一年，本科四年。毕业后，学生还需要在马来西亚接受一年的教育学培训，然后再分配到马来西亚各华文小学教授汉语。马来西亚学生在预科和一年级阶段单独编班，学院安排教学实力强的教师负责马来项目班的教学。一年级结束后，这些学生进入混合班，与来自世界各国的留学生同堂上课。

马来西亚学生五年学习期间主要修读的课程如下：

预科：初级汉语综合、初级汉语听力、初级汉语口语、初级汉语阅读、朗读与正音。

一年级：初级汉语综合、初级汉语听力、初级汉语口语、初级汉语阅读、汉字读写。

二年级：中级汉语综合、中级汉语听力、中级汉语口语、中级汉语阅读、汉语写作基础、现代汉语语音、成语选讲、英汉翻译基础、现代汉字概论、中国文化基础。

三年级：高级汉语综合、文化专题讨论、现代汉语词汇、汉语教学原理、英汉翻译实践、高级英语综合、现代汉语语法、汉语教学实践。

四年级：高级汉语综合、当代中国话题、中国民俗、中国艺术史、词汇语法教学、语音汉字教学。

马来西亚学生在校学习期间总体成绩优异。在初级阶段，他们学习主动，反应灵敏，对汉语各项基本技能接受极快；汉字书写整齐美观，认读记忆无太大困难；语音面貌在教师的引领下整体优良；有极强的自学能力，语法掌握及成文能力极高。进入中高级阶段，他们在各班基本都名列前茅。可以说，在汉语学院，马来西亚学生是生源质量最为优秀的那批。

二、马来西亚学生课前小报告的形式、特点、价值

2.1 课前小报告的形式

考虑到马来西亚学生的优异表现和较高的学能素质，我们认为只教授他们课本上的固定内容无法最大限度地发挥他们学习上的优势。因此，我们在2015年将课堂自由说，也就是课前小报告活动引入课堂，鼓励并要求学生在每天正式课程开始之前轮流用汉语讲述一段话，时间掌控在5～20分钟。报告内容不限，给予学生极大的自由度，希望他们用汉语讲述自己感兴趣的话题，以此来丰富教学内容，烘托课堂气氛，并培养学生的自学能力。

经过五六年的实践与观察，我们将马来西亚学生课前小报告的形式归纳为以下几类：

2.1.1 身边事情类

学生在北语学习，会接触到中国社会的方方面面。诸如交通出行、外出参观、参加文化活动等都是他们感兴趣并愿意表达的话题。另外，发生在自己和周围人身上的点滴故事，他们也愿意通过课前小报告的形式分享给老师和同学。

2.1.2 美食制作类

马来西亚学生喜欢烘焙和做饭，学校公寓的公共厨房为他们提供了极大的便利。很多马来西亚女生自己动手制作各式糕点，并在同学之间进行售卖，这既丰富了她们自己的饮食种类，也使得她们在同学间广受欢迎。她们非常愿意在课前小报告环节为同学们讲解糕点的制作过程，并配以精美的图片和动态的视频。可以说，课堂小报告为她们提供了宣传自己能力的平台。

2.1.3 影视观感类

马来西亚学生喜欢看影视剧，每遇到发人深省或感人至深的故事，他

们都愿意分享给同学们,并与其他同学共同讨论,以期找到共鸣。

2.1.4 历史地理类

每个留学生都希望同伴了解自己的家乡,并以此结交到新朋友,因此介绍自己家乡的地理、历史、文化、风土人情和美食是他们的首选。在此基础上,教师还有意识地引导学生做中国34省级行政区及省级各大主要城市的历史地理专题介绍。2021年3月,最后一届马来西亚学生的课前小报告环节开始全面介绍东北三省、河北、安徽、上海、北京、天津、黑龙江、浙江、广西、江苏、山东、贵州等地。报告内容丰富、全面、系统,极大地展示了马来西亚学生的学能,让授课教师为之惊叹。

2.1.5 教材内容补充类

一年级下学期有很多教材内容涉及名人和社会广泛关注的热点,例如《名人与高考》这一课涉及张艺谋、韩寒和俞敏洪。教师让学生分别对张艺谋、韩寒和俞敏洪进行调查研究,最后学生做出来的小报告精彩纷呈。可以说,一个学生的小报告就可以带动全班学生全面了解这几位名人奋斗的历史,给予他们极大的鼓励。

2.2 课前小报告的特点

通过观察,我们发现马来西亚学生的课前小报告有如下特点:

2.2.1 自由开放,形式多样

教师允许学生任选话题,给予了学生极大的展现自己喜好和个人能力的空间。因为自由,学生可以信马由缰,任意驰骋。因为开放,学生可以放眼世界,知无不言,言无不尽。因为形式多样,学生不需千篇一律,畏手畏脚,可以全面彰显个性。

2.2.2 以学生为主体,教师为主导

课前小报告以学生为主体,教师在学生做小报告的同时,可给予适当的讲解、肯定和补充。课前小报告弥补了课本的不足,极大地丰富了课堂内容。可以说,课前小报告在教师的有效引导下,发展成了第二套课本。

教师在学生做报告时及时记录相关的内容信息和语言结构，并在全体学生听完小报告之后着重讲解内容中的主干部分和重要鲜活的词汇、语法结构及用法，并让学生记录下来作为自己语言的补充，这是课堂教学的有益延伸。同时，教师也可以根据报告内容对学生进行检查性提问，探查学生听懂的内容和比例，并以此引起讨论，活跃课堂气氛，开阔学生眼界，促进师生、生生之间的互动。

2.2.3 分阶段按水平递进

根据马来西亚学生较强的学习能力和活泼的性格特点，我们认为，课前小报告在零起点阶段也是可以进行的。在零起点阶段，学生可在教师的引领下，从每日一句到每日一段，从拼音书写展示到汉字书写展示，围绕身边事情逐步过渡。学习半年后，教师可将课前小报告的主题选择权交给学生，由学生自己决定。

2.3 课前小报告的价值

本文认为，课前小报告有如下价值：

2.3.1 弥补了课本内容死板和严格的缺陷

课前小报告跟生活接轨，且超前涉及了常用的生活表达，内容宽松活泼，弥补了课本内容死板和严格的缺陷，学生想说的内容能够得到即刻表达，易产生成就感，在初级阶段具有相当高的推广价值。另外，PPT 的展示和教师的补充讲解，极大地扩展了学生的词汇量，使学生能够学以致用，灵活表达。这同时也给教师提供了发现并纠正学生语音、词汇、语法错误的机会。在发言的过程中，学生也在时刻检查自己语言运用能力的高低，这极易激发学生的学习动力。

2.3.2 丰富了课堂内容，开阔了学生眼界

课前小报告内容涉及广泛，小到身边事，大到全世界，极大地开阔了学生的眼界。学生之间、师生之间每天都可以就课前小报告的话题进行信息传递与交换，在语言输出和输入的过程中，彼此增进了解和友谊，促

进了班级的和谐发展。

2.3.3　帮助学生自我认知，找到自我归属感

课前小报告给予了所有人极大的自由空间，每个学生都可以在属于自己的20分钟内最大限度地展现自己。十八九岁正是人一生中最愿意彰显自我个性的阶段。课前小报告给他们提供了展示自我的平台，使每个人都愿意成为一名优秀的演员。同学们通过互相表达、互相分享这种横向了解，使自我认识更加清晰，因为他们在看到别人的过程中也能发现自己，找到更适合自己的学习途径和努力目标。可以说，这种开放式学习使学生更愿意生成语言，也离自然语言习得越来越近。

2.3.4　培养学生自学的兴趣和习惯

每一轮课前小报告的成功，都会使学生更加习惯于自己去探索、搜寻、查找要准备的话题。教师的肯定加强了学生的信心，同学之间无形的竞争使课前小报告完成得越发出色。学生在准备小报告时不但更加关注内容的完整性、形式的鲜明性，还越发注重语言组织的准确性与周密性，这些都在潜移默化地培养学生的自学兴趣和习惯。可以说，课前小报告从根本上改变了语言教学满堂灌的弊端。

三、结语

国际中文教育事业发展进入了新阶段，本土师资培养和培训逐渐成为学界关注的焦点之一。相较于其他学习者，马来西亚的政府奖学金生目的性、动机性更强，这对我们的教学工作提出了新的、更高的要求。本文介绍了近年来在汉语学院马来西亚师资班上推行的课前小报告活动，分析了它的形式、特点和价值。

瞻望这种教学形式的发展和推广前景，本文也清醒地意识到，在推广使用的过程中还有不少需要完善之处。例如，需要提醒学生在查阅资料时勿原封照搬，应鼓励并要求其内化成自己的语言。又如，要鼓励学生将

自己叙述的内容形成文字，教师在批改后可以传阅给全班同学进行二次学习。

参考文献

边致韵. 马来西亚国防大学初级汉语综合课课堂教学设计——以《你怎么了》为例[D]. 北京:北京外国语大学,2016.

范乃瑜. 马来西亚彭亨大学初级汉语综合课教学案例分析[D]. 长春:吉林大学,2020.

古川裕."本土化"和"相对化"[J]. 国际汉语教学研究,2014(1).

李晨曦. 马来西亚玛拉工艺大学汉语初级综合课课堂教学设计——以"酒店"为例[D]. 太原:山西大学,2018.

李宇明,翟艳. 来华留学汉语教育 70 年:回顾与展望[J]. 语言教学与研究,2021(4).

全军. 马来西亚学生预科阶段与本科阶段文化适应情况对比[C]//张浩. 汉语本科教育研究(第一辑). 北京:时事出版社,2020.

王海峰. 国际中文教育的国际化与本土化[J]. 汉字文化,2021(9).

王建军. 汉语国际教育师资本土化的基本内涵、培养模式与未来走向[J]. 云南师范大学学报(对外汉语教学与研究版),2015(3).

王英杰. 马来西亚玛拉工艺大学马樟分校初级汉语综合课教学案例分析[D]. 长春:吉林大学,2019.

张浩. 留学生汉语国际教育专业本科教育情况调研报告[C]//张浩. 汉语本科教育研究(第一辑). 北京:时事出版社,2020.

张新生,李明芳. 汉语国际教育的终极目标与本土化[J]. 语言战略研究,2018(6).

周小兵. 汉语教材需要本土化吗[J]. 国际汉语教学研究,2014(1).

周小兵,陈楠. 基于教材库的海内外汉语教材词汇考察和本土性研究[J]. 国际汉语教学研究,2014(3).

周小兵,陈楠,梁珊珊. 汉语教材本土化方式及分级研究[J]. 华南师范大学学报(社会科学版),2014(5).

朱怀. 一带一路建设需要汉语国际教育本土化[N]. 中国社会科学报,2017-09-05.

初级汉语综合课教材练习设计考察与分析

葛 娟

（北京语言大学汉语学院）

摘 要 练习作为教材的重要组成部分，是学生将语言知识转化成言语技能的重要手段，是检测课堂教学效果的风向标，是获得学生反馈信息的有效途径。初级汉语综合课作为初级阶段的核心课程，其教材练习设计的科学性与合理性就显得尤为重要了。本文从题量、题型、内容三个方面对三套有代表性的初级汉语综合课教材进行考察与分析，找出其值得借鉴的优点，同时发现其存在的一些问题，并提出自己的建议，以供教材编写者参考。

关键词 初级 综合课 教材 练习设计

前 言

作为初级阶段核心课程的综合课，不仅要教授外国学生语言要素知识，更要训练他们听、说、读、写的言语技能。教师的“教”，于学生而言，只是接触和吸收语言知识的过程，而“练”是学习的一种强化，有巩固和保持信息的作用，是使学生消化所学知识，将语言知识转化为言语技能的关键。对学生而言，在教师指导下进行高效的、科学的、定量的“练”，是必需且必要的；对教师而言，定量的语言练习不只是课堂教学的重要组成部分，还是获得学生课堂学习效果反馈的有效途径。

吕必松指出“练习是第二语言教材最重要的组成部分之一”①，赵金铭强调“教材中的练习部分，绝不是附属或点缀”②。行为主义心理学所提到的“刺激—反应—强化”理论也强调了练习的重要性，强化越多，学习效果越好。从认知心理学角度看，练习其实是一种记忆策略，有助于将输入的信息从短时记忆迁移至长时记忆。

练习的设计与编写在教材中具有极其重要的地位，不容小觑。本文拟从教材的课堂练习题量、题型及内容三个方面着手，将在国内外汉语课堂教学中使用广泛且接受度高的《新实用汉语课本》(第1、2册)、《发展汉语》(初级上、下册)、《成功之路》(入门篇，起步篇第1、2册，顺利篇第1、2册)三套初级汉语综合课教材中的练习部分作为研究对象，考察这三套教材的练习设计，找出其中值得借鉴的优点，同时发现其存在的一些问题，并提出一些建议，以供教材编写者参考。

一、对三套初级汉语综合课教材的练习设计考察与分析

1.1 教材课堂练习题量考察与分析

现在的汉语综合课教材编写者越来越意识到在第二语言输入的同时进行大量的练习是强化语言学习的必要手段。那么在初级阶段，综合课教材中到底安排多少练习才是合适的呢？目前并没有统一的衡量标准。我们不赞成不加筛选地随意进行练习，也不认为题海战术就是最佳的练习方案。前一种的练习设计太过随意且不科学，后一种的练习策略极易引起学生学习热情下降。对于学生曾经出现的偏误，如果没有通过讲解让学生真正弄清楚、搞明白，而只是增加练习量，那么练习的结果必然是

① 吕必松：《对外汉语教学概论(讲义)》(内部资料)，1996，第101页。

② 赵金铭：《对外汉语教材创新略论》，《世界汉语教学》1997年第2期第59页。

偏误率降不下去,学生的学习积极性反而被挫伤。因此练习题量到底多少合适这个问题是需要研究的,题量的大小能直接影响练习的效果,是衡量练习设计好坏的重要标准。

1.1.1 统计内容及统计方法说明

当前,一些综合课教材把课堂练习题和课后练习题分开。本文只针对课堂练习题进行考察与分析,对由学生独立完成的课后练习题不做探讨。不同的教材划分练习的标准不同,笔者在本文中所采取的统计标准如下:

语音练习以完成一次独立的语音训练作为统计单位。例如多音节朗读、词或短语朗读、绕口令朗读等,都以一个具体的练习单位为计量单位;而辨音辨调练习,则以一对完整的对比关系为计量单位。

词或短语练习以独立的词或短语个数为统计单位。例如替换练习,以一个完整的句式表达为计量单位。若题目是给出多个词或短语进行对比最后选出唯一选项,那么该类题目算作一个计量单位。

语法练习以练习标号为准。例如“组句”大题下标有五个小题,则以五道练习题计算。

汉字练习以一个具体的书写单位作为统计单位。

写作或口语交际表达以一个具体的话题为单位进行统计。

语段练习以语段为单位进行统计。例如阅读短文后回答问题,无论问题数量多少,都以一道练习题计算。

对于包含两项或两项以上知识的复合型练习,我们以其主要练习项目进行统计,不再拆分并重复记录练习量。例如朗读类练习一般计入语音练习。

1.1.2 练习题量对比

表1 三套初级汉语综合课教材课堂练习总量统计表

<table>
<tr><th colspan="2">教材</th><th>课数</th><th>总课数</th><th>总练习量</th><th>总量</th></tr>
<tr><td rowspan="2">《新实用汉语课本》</td><td>第1册</td><td>14</td><td rowspan="2">26</td><td>1547</td><td rowspan="2">3040</td></tr>
<tr><td>第2册</td><td>12</td><td>1493</td></tr>
</table>

续表

教材		课数		总课数	总练习量		总量
《发展汉语》	初级上册	35		62	2556		3823
	初级下册	27			1267		
《成功之路》	入门篇	8		60	898		3906
	起步篇 1	12	28		898	1752	
	起步篇 2	16			854		
	顺利篇 1	12	24		631	1256	
	顺利篇 2	12			625		

表 2　三套初级汉语综合课教材每课练习均量统计表

教材		均量		合计
《新实用汉语课本》	第 1 册	110.5		116.92
	第 2 册	124.42		
《发展汉语》	初级上册	73.03		61.66
	初级上册	46.93		
《成功之路》	入门篇	112.25		65.1
	起步篇 1	74.83	62.57	
	起步篇 2	53.38		
	顺利篇 1	52.58	52.33	
	顺利篇 2	52.08		

通过表 1 我们可以看出，这三套教材的课堂练习总量单纯从数值上看，对于零基础的学生来说都是充足的。从系列教材的角度看，《新实用汉语课本》第 1 册和第 2 册的练习量数值差距为 54，差别不大；《成功之路·起步篇》第 1 册和第 2 册的练习量数值差距为 44，《顺利篇》第 1 册和第 2 册的练习量数值差距为 6，差别都不大；《发展汉语》初级上、下册的练习量数值差距为 1289，差别还是很大的。作为同系列教材，上、下两册练习量的数值浮动不宜过大，以免造成学生使用过程中的不适应。下册教材

的练习量需要参考上册教材的练习量，以使全套教材在练习量上具有延续性。

从表 2 我们可以看出，作为语音阶段使用的教材，《新实用汉语课本》第 1 册和《成功之路 · 入门篇》每课的练习均量都达到了 110，这两套教材都重视运用大量课堂训练巩固学生的语音学习效果。进入词汇和语法阶段，《成功之路》和《发展汉语》的练习量都较语音阶段有所下降，可以看出教材练习已经根据教学内容和学生水平的变化做出了比较大的调整。而《新实用汉语课本》第 1 册和第 2 册的练习量上下浮动不大，可以看出这套教材的练习量更趋于稳定。通过每课练习均量的对比，我们会发现《新实用汉语课本》的练习均量几乎是另外两套教材的两倍。

"提供足量的练习对于学生把汉语的规则知识转化为汉语的表达技能起着关键性的作用"①。"课堂上的练习应是需要即时复习巩固的、能对教学效果获得及时反馈的那部分内容"②。但是，练习量的大小与练习最终带来的效果并不是成正比的。除了关注练习的质与量以外，我们还需要关注使用者对教材的实际使用情况，例如是否有目的语环境、班级学生数量等等，这些客观条件都会直接影响教材的实际使用效果。

1.2 教材练习题型及内容设置的对比与分析

初级汉语综合课既要向学生讲授语言要素知识，同时还需要在听、说、读、写四个方面对学生的言语技能进行训练。这就要求综合课教材设计的练习题必须种类丰富，既要涉及语音、词汇、语法、汉字的练习，又要涉及以提升学生言语技能为目标的语篇训练。练习题型的多样化不仅拓展了教材知识点的覆盖面，同时也更利于学生保持学习热情。

---

① 周健、唐玲:《对汉语教材练习设计的考察与思考》,《语言教学与研究》2004 年第 4 期第 68 页。

② 同上。

表 3　三套初级汉语综合课教材语音练习题型对比表

序号	题型	《新实用汉语课本》第 1 册（第 1 课—第 6 课）	《发展汉语》	《成功之路·入门篇》
1	朗读（音节/词语/数字/短语/句子）	√	√	√
2	辨音辨调	√	√	
3	双音节/多音节连读	√	√	
4	语流音变（三声、一、不）	√	√	√
5	儿化韵	√	√	
6	轻声	√	√	√
7	朗读唐诗/绕口令	√		
8	写拼音/声母/韵母		√	√
9	标声调		√	
10	听后判断/选择/朗读			√
11	听述	√		

从表 3 我们可以看出，语音练习的大部分题型《新实用汉语课本》第 1 册与《发展汉语》都有涉及，这两套教材更注重语音的集中训练。特别是《新实用汉语课本》第 1 册，将语音训练集中在前 6 课完成，使学生能够在较短的时间内系统地了解汉语语音知识。《成功之路·入门篇》更关注语音的听读训练，所设计的练习大部分为复合型练习，即把语音和汉字关联起来一起练习，但是整本教材中语音要素的呈现缺乏系统性。

笔者认为，对于汉语学习者而言，语音的学习应该是贯穿汉语学习的全过程的，而不应仅仅集中于汉语学习的入门阶段。特别是语调、声调的学习，对外国学生来说始终是一个难点。因此在教材的内容编排上，编写者应适当增加这部分的训练比重。同时我们也应看到，将语音的听、辨、读、写结合起来训练要比单纯的某项训练效果好得多，这种复合型训练方式既可以消除学生语音训练时的枯燥感与疲倦感，也可减轻教师在语音专项教学中的疲劳度。

表 4　三套初级汉语综合课教材词汇练习题型对比表

序号	题型	《新实用汉语课本》	《发展汉语》	《成功之路》
1	朗读	√	√	√
2	选词填空		√	√
3	用给出的汉字组词		√	√
4	根据课文内容填空		√	√
5	词语搭配连线		√	√
6	写出反义词		√	
7	解释词语含义		√	
8	不同词类分组		√	
9	选择词语位置		√	
10	词语游戏		√	

词汇教学一直是初级汉语综合课教学的重点，其中词汇用法的教学更是重中之重。只有设计足够多的词汇输出练习，才能使学生掌握词汇的用法，进而达到熟练应用。练习题按照从易到难的原则一般可分为三种形式：机械记忆型、理解运用型和任务交际型。

从表 4 的统计数据我们可以看出，《发展汉语》设计的词汇练习题是非常丰富的，既包含机械记忆型练习，又含有理解运用型和任务交际型练习；《成功之路》次之；《新实用汉语课本》只设计了“朗读”这一种形式，题型设置虽稳定，但过于单调，学生学习时容易感到枯燥。“朗读”类练习属于机械记忆型练习，虽然有助于学生熟悉和记忆词汇的发音与用法，但无法保证学生达到灵活运用的程度。

在设计词汇练习题型时，我们需要有意识地增加理解运用型和任务交际型练习的数量。例如：“解释词语含义”“根据课文内容填空”“写出反义词”“不同词类分组”等，这类题目考查学生对词义与词性的掌握；“词语搭配连线”“选择词语位置”等，则考查学生对词汇用法的掌握。其中，“根据课文内容填空"这类题型在实际的教学中效果是比较好的。把词汇练习放到语篇中进行,既能使学生结合相关语境更好地熟悉并掌握词汇的词义与用法,又能帮助学生熟悉教材中的课文或对话内容,提高了词汇学习的效率。

表 5　三套初级汉语综合课教材语法练习题型对比表

序号	题型	《新实用汉语课本》	《发展汉语》	《成功之路》
1	朗读	√		
2	替换练习	√	√	√
3	改写句子/句式变换练习	√	√	√
4	判断/修改病句		√	√
5	看图造句/说话	√	√	√
6	看图会话/会话练习	√		√
7	完成对话	√	√	√
8	根据给出的词语或句型完成句子		√	√
9	造句		√	
10	扩展句子		√	
11	组句/连词成句		√	
12	游戏		√	
13	为所给词选择正确位置		√	

语法教学也一直是初级汉语综合课教学的重点,语法练习在很多综合课教材中都占据着相当大的篇幅。语法练习题型主要分两种:一种是句子训练,常见题型有"组句""改错句""改写句子""造句""扩展句子""修改病句"等;另外一种是会话练习,即把语法训练放到交际环境中进行,常见的题型有"看图说话""看图对话""完成对话"等。从表 5 的数据我们可以看出,三套教材对于语法训练都非常重视,所设计的题型也是比较全面的,其中《发展汉语》题型更为多样。

"替换练习"为机械记忆型练习,三套教材都有涉及,《新实用汉语课本》中这类练习的量非常大。这类练习虽然有助于学生快速熟悉并记忆语法点及相关句型，但如果训练量过大，反而容易加重学生训练过程中的疲惫感。在初级阶段，学生所掌握的词汇和语法数量有限，让学生灵活运用语法点并不是一件容易的事情。含有语法点的情境练习，如“看图会话”“完成会话”，更容易使学生掌握语法点的用法，因此这类题型的数量可以适当增加。而对于“造句”这类题型，因为没有创设情境，初级阶段的学习者完成起来是比较困难的。例如让学生用“太……了”造句，学生很可能会直接造出“我太好了”“他太好了”“我们太好了”这样的句子。单看句子，我们不能说存在语法问题，但是没有上下文语境的辅助，这样的句子就会显得很奇怪。“组句”(有的教材称为“整理句子”)是指要求学生把已打乱顺序的词语按照一定的顺序组合成单句或复句的一种练习。这类练习既包含语料的输入，又包含语料的输出。学生必须认得汉字、懂得所给词语的语义并对汉语的语序、词序、语法规则有一定的了解，才能着手完成这类练习。这种探究性练习对于学生来说既具有挑战性又具有较强的吸引力，还可以激发学生学习的能动性。因此，这种题型的练习量在设计语法练习时可以适当增加。

表 6　三套初级汉语综合课教材汉字练习题型对比表

序号	题型	《新实用汉语课本》	《发展汉语》	《成功之路》
1	写汉字/认写汉字	√	√	√
2	根据偏旁认读或写汉字		√	√
3	填汉字		√	√
4	用给出的部件组合汉字/找出每对字的相同部件/列举偏旁相同的部件		√	√
5	指出所给汉字的相同部分并说明该部分的意思		√	
6	将汉字与对应结构连线			√
7	听后认读汉字			√
8	汉字加笔画组字		√	
9	改错别字		√	

汉字对于汉语学习者来说一直是一个学习难点，特别是对欧美国家的学生来说。在初级阶段，学生需要把更多的时间和精力投入汉字的认知和读写中来，因此如何帮助他们更快、更好地记忆汉字就成为初级汉语综合课教材编写者一直关注的问题。从表6我们可以看出，三套教材对汉字都给予了不同程度的关注。从练习题型的角度看，《发展汉语》和《成功之路》不只关注汉字的书写，还重视对汉字偏旁、部件的归纳总结，题型设计也更为丰富。《成功之路》还将汉字的认知与听读结合起来，以复合题型的模式设计练习，这样能更好地提升学生听、读、写的技能。《发展汉语》设计了"改错别字"的题型，让学生在练习过程中更容易注意到自己汉字书写中出现的偏误，这样可以更好地引导学生认知汉字。相较而言，《新实用汉语课本》设计的汉字练习题型相对单一，且每课练习书写的汉字达25个，量比较大，对于零起点的学生来说有一定难度。我们在学习者入门阶段更需要激发的是他们认知汉字和书写汉字的兴趣，题型设计的多样性、书写练习量的适宜度等都是教材编写者需要考量的因素。过分追求汉字书写的量，反而易使学生产生畏难情绪，进而影响其汉字学习的积极性和主动性。

表7　三套初级汉语综合课教材语篇练习题型对比表

序号	题型	《新实用汉语课本》	《发展汉语》	《成功之路》
1	情景会话(模仿课文进行对话练习/交际练习)	√	√	√
2	成段表达(说一说/写一写)	√	√	√
3	看图说话/写话	√	√	√
4	回答问题/提问并回答	√	√	√
5	连句成段		√	
6	调查并记录/话题讨论/采访	√	√	√
7	写小作文		√	
8	听述	√		√
9	阅读短文并复述	√		
10	阅读短文并做练习		√	√
11	复述课文			√

从表7我们可以看出，三套教材对学生语篇能力的训练都给予了足够的重视，所设计的题型也呈现多样化的特点。其中，“情景会话”“成段表达”“看图说话”“回答问题”等传统题型在三套教材中都有涉及。这类练习一般围绕着本课所学词汇和语法点展开，虽然具有一定的限制性，但是可以使学习者更好地了解所学的词汇和语法点在具体语境中是如何使用的，是一种比较好的复合型练习。《新实用汉语课本》中的“听述”“阅读短文并复述”两种题型将听与说或读与说两项技能结合起来，训练了学生的口头表达能力与概括总结能力，也是一种比较实用的复合型练习，难度系数也不算太高。《发展汉语》与《成功之路》中的“阅读短文并做练习”这一题型的难度系数明显高于“复述”类题型，因为前者着重训练学习者的阅读理解能力，这对学习者来说一直是一个难点。因此，在语篇练习设计中，我们可以循序渐进地增加这类题型在每课中的篇幅。

同时我们也可以看到，任务型课堂活动如“话题讨论”“采访”“调查并记录”在三套教材中都有涉及。这类活动形式灵活，话题明确实用，一般需要以小组为单位开展。此类活动更多地考查学习者的汉语综合运用能力和团队合作能力，对学习者来说既是挑战又具有很强的吸引力，很受学习者喜爱，因此我们可以在练习设计中加大这类练习的比重。

“写小作文”这类题型训练的是学生的书面表达能力，但是学生在有限的课堂时间内很难完成，因此这类题型更适合放到课后练习中去，这样学习者才有更多独立思考和写作的时间。

二、对初级汉语综合课教材练习设计的几点建议

2.1 题型的固定化与多样化

“教材的练习样式也应该相对固定，有很高的重现率，要变化的只是练习样式所包含的具体内容”[①]。“练习设计应把贯穿全书的主干题型与

① 李绍林：《对外汉语教材练习编写的思考》，《云南师范大学学报（对外汉语教学与研究版）》2003年第3期第38页。

针对每课具体教学内容的分散题型结合起来”[①]。在设计教材练习时，每课需要有 4～5 种固定的题型，即主干题型，让学习者在做每课练习时感觉有规律可循，形成练习的可操作性；同时需要注意每课练习的多样性，针对不同教学内容设计分散题型，使练习富于变化，增加学生学习的兴趣与新鲜感，并使分散题型在教材中达到一定的重现率。如果分散题型在一本教材中只出现一两次，这会使整套教材的练习设计显得凌乱无序，学生做练习时也无法获得持续性效果。另外，即使是同一类型的练习，我们在设计时也需要逐步增加练习的难度系数，使学生的言语技能得到逐步提升。

2.2 提高复合型练习的占比

初级汉语综合课教材的练习设计不应只关注语音、词汇、语法这些单项语素的操练，还应把这些语言要素的练习融为一个整体，放到一定的情境中进行综合性训练，加大复合型练习在教材中的占比，使学习者的听、说、读、写四项言语技能同时得到提升。教材编写者可以从听说结合、读写结合、听说写结合的角度设计练习，把纯粹的“语言”的练习升级到一定情境下的“语篇”的练习，从个人练习升级到团队练习，从知识性练习升级到交际性练习。

2.3 将信息技术应用到练习设计中

信息技术的高速发展为汉语教学开辟了更为广阔的天地，初级汉语综合课教材的练习设计可以适当地吸收和利用信息技术所具有的优势。例如，传统的以纸为媒介的练习可以从视频、音频、动画等多媒体形式中获取有用资源，以使学习者通过多种感官的刺激获得更好的学习效果。

---

① 周健、唐玲:《对汉语教材练习设计的考察与思考》,《语言教学与研究》2004 年第 4 期第 69 页。

参考文献

陈媛.《成功之路》与《新实用汉语课本》初级汉语教材的练习研究[D].镇江:江苏大学,2020.

姜丽萍.汉语教材编写的继承、发展与创新[J].华文教学与研究,2018(4).

李绍林.对外汉语教材练习编写的思考[J].云南师范大学学报(对外汉语教学与研究版),2003(3).

刘若云,郝伟.三套初级汉语综合课教材练习方式考察[J].吉林省教育学院学报(学科版),2010(11).

刘颂浩.对外汉语教学中练习的目的、方法和编写原则[J].世界汉语教学,2009(1).

罗英.对外汉语初级综合课教材练习研究[D].桂林:广西师范大学,2015.

王欣.基于交际能力培养的初级汉语综合课教材练习研究——以《新实用汉语课本 1》为例[D].杭州:浙江大学,2010.

杨翼.国际汉语教学综合课与信息技术的整合设计[J].中国教育信息化,2016(6).

杨翼,孙岩.对外汉语教材练习题的题型功能及题目编制——以“整理句子”为例[J].国际汉语教育,2010(4).

周健.语块在对外汉语教学中的价值与作用[J].暨南学报(哲学社会科学版),2007(1).

周健,唐玲.对汉语教材练习设计的考察与思考[J].语言教学与研究,2004(4).

周欣.初级汉语综合课教材练习设计研究——以《汉语教程》和《发展汉语》为例[D].武汉:华中科技大学,2014.

第二部分

教学资源研究

国际中文教育词语的语义分类

刘敬华

（北京语言大学汉语学院/语言科学学院）

摘　要　词汇在国际中文教育中占有重要地位，词义是词汇的重要属性。词汇可以按照不同的标准进行分类，合理的分类对于研究和教学都有帮助。按语义对词语进行分类，兼具理论价值和应用价值，在第二语言学习和教学中有很大的应用潜力。本文主张国际中文教育词汇研究可以借鉴中文信息处理领域的相关研究成果。文章首先梳理了汉语词汇研究中词语的语义分类方法——上下位关系分类和整体—部分关系分类；在此基础上，结合相关工具书，讨论适合国际中文教育词语的语义分类标准，最终认为应将上下位分类和整体—部分分类结合起来。

关键词　国际中文教育　词语　语义分类　上下位关系　整体—部分关系

* 本成果受北京语言大学院级项目资助（中央高校基本科研业务费专项资金），项目批准号20YJ140003，亦为北京语言大学梧桐创新平台（中央高校基本科研业务费专项资金）的阶段性成果，项目编号17PT03。

前 言

词汇在语言表达中具有重要作用，如何提高国际中文教育中词汇教学的效率是研究者关注的重点内容（张博，2018）。在词语的形、音、义等属性中，词义既是重点，又是难点。

自然语言的语义系统具有多层次、多类型、多关系、多变化的特点。这一系统包括语素义、词汇义、词组义、句子义、篇章义、语境义等不同的层次，其中词汇义是整个语义系统的基础，语言的静态语义网即建筑于词汇义层级上。静态语义网是由“结点”（义位）和“弧线”（义位关系）组成的。义位关系具有分类性、有序性、同一性、相关性等不同的性质，不同的性质构成了不同的语义场。例如，“生物—动物—鸟—鸵鸟”具有分类性，“春—夏—秋—冬”具有有序性，“计算机—电脑”具有同一性，“丈夫—妻子—夫妻”具有相关性（张普，1991）。在中文信息处理领域，分类并进行属性描述的语义词典是语言知识库的重要组成部分（孙宏林，1993；陈群秀，1998）。作为与中文信息处理领域并列的另一个应用语言学重要领域，国际中文教育中词语的义位关系同样值得重视和研究。

本文首先从理论层面梳理词语的语义分类方法，在此基础上结合已有工具书，讨论适用于国际中文教育的词语语义分类方法。

一、词汇研究中词语的语义分类

传统语文学很早就开始了对词的分类，中国汉代就出现了按词语的语义分类编排的辞书《尔雅》。该书由汉初学者缀辑先秦诸书旧文增益而成，现存 19 篇。前 3 篇为《释诂》《释言》《释训》，所收录的为一般词语，将古书中的同义词分别归并为条，每条用一个通用词做解释。其余的《释亲》《释宫》《释器》等各篇则是关于各种名物的解释。英语系统的语义分类词典最早的是 Roget 于 1852 年编纂出版的 *Roget's Thesaurus of*

English Words and Phrases。

20世纪初，结构主义语义学提出语义场理论（theory of semantic field），认为一种语言的词汇是一个意义间互相联系的整体系统，语言中的某些词可以在一个共同概念的支配下组成一个语义场。在此基础上，研究者开始探讨词与词之间的同义、反义、上下位、整体—部分等关系。

在不同的语义关系中，上下位关系和整体—部分关系是核心，同义关系和反义关系可以在上下位关系中找到自己的位置。一般来说，按照上下位关系分出的类，最下一层是同义词集合，倒数第二层有的情况下可以构成反义关系。词语语义的上下位关系和整体—部分关系也是中文信息处理领域关注的重点，张普（1991）将这两种关系定义为分类义场和构件义场。

上下位关系反映了词汇里的层级结构，上位词（hypernym）在词义的层级关系中对应于属概念，下位词（hyponym）则对应于种概念。例如，“蔬菜”是“白菜”“黄瓜”的上位词，“电视”“冰箱”是“家电”的下位词。（语言学名词审定委员会，2011）从另一个角度看，上位和下位的本质是一般和个别的关系，例如“食品＞面食＞饺子”之间的关系。上一层级语义类对下一层级语义类有统辖作用，下一层级语义类是对上一层级语义类义域的切分。这一关系常用于词典的定义式释义，并在构词中有重要作用。（符淮青，2004）

整体—部分关系和上下位关系相似但不同（符淮青，2004）。举例来说，“房子”和“屋顶”“门”“窗户”“墙壁”之间是整体—部分关系，“房子”是整体，“屋顶”“墙壁”等是组成整体的各个构成部分。几个部分相加等于整体，单个部分不能体现整体。

二、国际中文教育中词语的语义分类

国际中文教育经历了70余年的发展，已经迈向资源体系建设的重要阶段。资源体系包括两方面：中文知识体系，是为“体”；中文赋能体系，是为“用”。(赵金铭,2021)词语资源建设是这一资源体系建设的重要组成部分。

2.1 国际中文教育词汇大纲的发展

国际中文教育词表经历了长时间的探索和发展。2001 年修订的《汉语水平词汇与汉字等级大纲》确立了以词汇为中心、汉字跟着词汇走的原则(刘英林等,2020),其中初等词语包括甲级词 1033 个、乙级词 2018 个;2002 年,《高等学校外国留学生汉语言专业教学大纲》规定,一年级需要掌握的词语为 2704 个(993+1711)①;2010 年颁布的《汉语国际教育用音节汉字词汇等级划分》(GF 0015—2010)将行业大纲列入国家语言文字规范标准序列,并对词汇总量进行了扩充,扩充后的词语总数为 11092 个,其中初级 2245 个;2021 年,《国际中文教育中文水平等级标准》(GF 0025—2021)颁布,在继承之前的《汉语国际教育用音节汉字词汇等级划分》的基础上,建构了国际中文教育“3+5”新路径(刘英林,2021),并对词语分级进行了细化,最终定为三等九级(见表 1)。

表 1 《国际中文教育中文水平等级标准》“四维”量化表

等次	级别	音节	汉字	词汇	语法
初等	一级	269	300	500	48
	二级	199/468	300/600	772/1272	81/129
	三级	140/608	300/900	973/2245	81/210
中等	四级	116/724	300/1200	1000/3245	76/286
	五级	98/822	300/1500	1071/4316	71/357
	六级	86/908	300/1800	1140/5456	67/424
高等	七至九级	202/1110	1200/3000	5636/11092	148/572
总计		1110	3000	11092	572

① 这一大纲的重要举措是对常见的多义词的义项进行了筛选,列出在本级需要掌握的义项。例如初级第 1170 个词“传”,《现代汉语词典》(第 7 版)中有 7 个义项,但在此大纲里只列出如下义项:(1)[动]由一方交给另一方;由上代交给下代。(2)[动]传播。(3)[动]传导。

国际中文教育词语教学应该以义项(义位)[①]为单位。初等词语在语言中的使用频率高,而词的义项多少与使用频率成正比(王惠,2009)。历次修订的国际中文教育词汇大纲中,只有《高等学校外国留学生汉语言专业教学大纲》对义项进行了筛选。本文认为,我们应该在《高等学校外国留学生汉语言专业教学大纲》的基础上,依据《现代汉语词典》(第7版)对《国际中文教育中文水平等级标准》中初等2245个词语的义项进行筛选(将另外讨论)。确定了初等词语需要掌握的义项后,我们还需要对这些义项进行归类。归类需要依据两个原则:上下位关系原则和整体—部分关系原则。

2.2 基于上下位关系的语义分类

现代汉语首部基于上下位关系的分类词典是《同义词词林》[②]。它开创了按词的概念义分类编排的先河,中文信息处理领域较早意识到它在语言学方面的价值(王惠等,2006)。此后陆续有《简明汉语义类词典》[③]、《写作语库》[④]、《现代汉语分类词典》[⑤](下文简称《分类词典》)、《新编同义词词林》[⑥]等问世,其中《分类词典》最具代表性。

《分类词典》收词条83146个(按义项计算,一个义项等于一个词条),采用五级语义层分类体系,其中一级9类,二级62类,三级514类,四级2069类,五级12623类。一至四级的类名主要是概括本类意义范围的代表词。在五级分类体系中,一至五级之间的语义关系是上下位关系,五级内部主要是同义、近义关系。

---

① 义位(sememe)是词义系统中可以独立运用的最小意义单位,是最基本的词义单位,是义素(semantic component)的集合体。义项(sense item, meaning item)是字典、词典中按照一个词意义数量分列的项目,它可以分为两类:一类是可以独立运用的词义,也就是义位;一类是不能独立运用、只作为构成词或固定短语的语素义。

② 梅家驹、竺一鸣、高蕴琦、殷鸿翔:《同义词词林》,上海辞书出版社,1983年。

③ 林杏光、菲白:《简明汉语义类词典》,商务印书馆,1987年。

④ 梅家驹主编《写作语库》,上海辞书出版社,1999年。

⑤ 苏新春主编《现代汉语分类词典》,商务印书馆,2013年。

⑥ 亢世勇主编《新编同义词词林》,上海辞书出版社,2015年。

《分类词典》显示，面向语言使用者的词语意义分类受3个条件制约：语义类别、语法词类和事物科学类别。（张志毅，2014）大类、中类更多地显现出科学和语法特点，小类则更多地显现出语义特点。根据意义分出的词类和根据语法功能分出的词类存在对应关系。例如：一级一至四类，生物、具体物、抽象事物、时空，对应名词义类；五至七类，生物活动、社会活动、运动与变化，对应动词义类；八类，性质与状态，对应形容词义类；九类，辅助词，对应虚词。既重视词义，又重视词性，显示出《分类词典》的严格分类。

《义务教育常用词表（草案）》[①]也是依据同一原则研制的。该词表列出中小学阶段应掌握的15114个常用词语，并提供了这些词语的语义分类。按义类分出来的词条有17092个，比音序条目多出1978个。义类划分为5个义层，共有5526个义类单位。

从认知角度看，对词进行语义分类有助于学习者利用头脑中已经建构的一套分类体系更有效地学习词汇。正如李宇明（2020）对《义务教育常用词表（草案）》的评介：这一包含有5526个义类的5层网络，就是《词表》所描绘的“语义世界”。语义世界是以客观世界为基础的，是客观世界的主观反映，是人类对客观世界的认知成果，是客观世界的语言投射；同时，语义世界也是一种工具，人们以此去描述客观世界，以此去再认识客观世界。

2.3 基于整体—部分关系的语义分类

现有的不同类型的图解词典多是基于整体—部分关系的原则对词语进行分类，例如 *Chinese-English Visual Bilingual Dictionary*[②] 和

---

① 教育部语言文字信息管理司组编、苏新春主编《义务教育常用词表（草案）》，商务印书馆，2019年。

② Angela Wilkes and Vicky Short, *Chinese-English Visual Bilingual Dictionary*, London: Dorling Kindersley Publisher Ltd., 2008.

*Mandarin Chinese Picture Dictionary*①这两部影响较大的图解词典。前者分为 15 个主题：人、外表、健康、家居、服务、购物、食物、外出就餐、学习、工作、交通运输、体育运动、休闲、环境、日常便览。后者注重学习的层次性，收录 1500 词，包括 HSK 一级到三级。这些词被组织为 38 个主题，每个主题下分布 25～35 个词。

基于整体—部分关系的图解词典兼具优点和缺点。其优点在于醒目，突出词语间的联想性。例如：关于"身体"，图解词典会展示出人身体的不同部位；关于"厨房"，图解词典会展示出厨具、电器、餐具等用品，便于学习者整体了解、学习和掌握。其缺点之一在于无法控制相关词语的难度。例如关于"动物"，*Mandarin Chinese Picture Dictionary* 在一页上列出了羊、绵羊、孔雀、鱼等的图片和词语，不便于学习者掌握其中的关系。缺点之二在于不容易展示抽象词语，例如语言中的虚词。

一部实用的第二语言学习词典需要把上下位关系和整体—部分关系两个语义分类原则结合起来②，还需要给出常用的短语或短句，提供词语的使用语境，便于学习者理解和掌握。

三、结语

中文信息处理和第二语言教学同属应用语言学的重要领域，中文信息处理在词语语义分类方面的实践对于国际中文教育有很大的借鉴意义。

国际中文教育的词汇教学，归根结底是词义教学。对于词义，我们要做的工作一是要分类，对于初等词语来说，重要的是筛选出适合本层次学习的义项（义位）；二是要归类，将本文提出的上下位关系原则和整体—部分关系原则结合起来进行。一部理想的学习词典，要将两种语义分类关

① Yi Ren, *Mandarin Chinese Picture Dictionary*, Hong Kong: Periplus Editions, 2018.

② *Chinese-English Visual Bilingual Dictionary* 的编者也注意到了这一点，在展示动物页"大象"时，同时给出了"象鼻""长牙"这两个词。

系都体现出来。

词义系统与人类的概念系统密切相关。第二语言学习者已经掌握了至少一种语言，这种语言对现实的反映构成了一套概念系统，汉语对现实的反映则构成了另一套概念系统。两套概念系统之间的相同点和不同点对学习者有重要影响。我们要尽可能利用学习者的认知特点，提高国际中文教育的词汇教学效率。

参考文献

陈群秀.一个在线义类词库：词网 WordNet[J].语言文字应用，1998(2).

符淮青.现代汉语词汇(增订本)[M].北京：北京大学出版社，2004.

国家对外汉语教学领导小组办公室.高等学校外国留学生汉语言专业教学大纲[S].北京：北京语言文化大学出版社，2002.

国家汉办，教育部社科司，《汉语国际教育用音节汉字词汇等级划分》课题组.汉语国际教育用音节汉字词汇等级划分(国家标准·应用解读本)[S].北京：北京语言大学出版社，2010.

国家汉语水平考试委员会办公室考试中心.汉语水平词汇与汉字等级大纲(修订本)[S].北京：经济科学出版社，2001.

教育部语言文字信息管理司，苏新春.义务教育常用词表(草案)[S].北京：商务印书馆，2019.

亢世勇.新编同义词词林[M].上海：上海辞书出版社，2015.

李宇明.母语教育的语言学支撑体系问题[J].陕西师范大学学报(哲学社会科学版)，2020(2).

林杏光，菲白.简明汉语义类词典[M].北京：商务印书馆，1987.

刘英林.《国际中文教育中文水平等级标准》的研制与应用[J].国际汉语教学研究，2021(1).

刘英林，李佩泽，李亚男.汉语国际教育汉语水平等级标准全球化之路[J].世界汉语教学，2020(2).

梅家驹.写作语库[M].上海：上海辞书出版社，1999.

梅家驹，竺一鸣，高蕴琦，等.同义词词林[M].上海：上海辞书出版社，1983.

苏新春.现代汉语分类词典[M].北京:商务印书馆,2013.

孙宏林.信息处理用汉语语义词典的描述方法[J].语言文字应用,1993(1).

王惠.词义·词长·词频——《现代汉语词典》(第5版)多义词计量分析[J].中国语文,2009(2).

王惠,詹卫东,俞士汶."现代汉语语义词典"的结构及应用[J].语言文字应用,2006(1).

语言学名词审定委员会.语言学名词[M].北京:商务印书馆,2011.

张博.提高汉语第二语言词汇教学效率的两个前提[J].世界汉语教学,2018(2).

张普.信息处理用现代汉语语义分析的理论与方法[J].中文信息学报,1991(3).

张志毅.读苏新春的《现代汉语分类词典》[J].辞书研究,2014(5).

赵金铭.如何建设国际中文教育资源体系[J].语言战略研究,2021(6).

中外语言交流合作中心.国际中文教育中文水平等级标准(国家标准·应用解读本)[S].北京:北京语言大学出版社,2021.

新闻词汇大纲建设的必要性及建设构想

于　洁

（北京语言大学汉语学院）

摘　要　一方面，汉语新闻词汇大纲失修多年，已不能适应当下的汉语新闻教材编写；另一方面，《汉语水平词汇等级大纲》作为通用词汇大纲也不完全适配于汉语新闻教学。因此，为了使汉语新闻教学的发展更具科学性，汉语新闻教材的编写有纲有依，新闻词汇大纲的建设势在必行。本文拟从准备工作、操作步骤、结果呈现、制定原则等方面提出一些设想，助力大纲早日问世。

关键词　新闻词汇大纲　必要性　构想

前　言

汉语新闻课是面向中高级本科留学生开设的特色课程之一，包括新闻语言基础、新闻视听基础、新闻阅读、新闻视听及当代中国话题五门课程。其中，新闻阅读能力的培养贯穿从二年级到四年级的五个学期[①]。

---

* 本成果受北京语言大学院级项目资助（中央高校基本科研业务费专项资金），项目批准号20YJ010109。

① 二年级上、下两个学期开设新闻语言基础课，三年级上、下两个学期开设新闻阅读课，四年级上学期开设当代中国话题课。

教材是教学内容的载体,也是完成教学任务的依据。汉语新闻教材编写者首先遇到的问题就是生词的处理,如每课生词量应是多少、整部教材生词量应控制在多少、超纲词语的比例如何控制等等。显然,这些问题都跟词汇大纲有关。对于是否需要专门的新闻词汇大纲,学界有两种观点:一是认为新闻教学不需要大纲,理由是新闻领域新词新语层出不穷,没必要也无法制定出传统意义上的词汇大纲;二是认为新闻词汇大纲不仅应该有,而且还应该不同于通用词汇大纲,在词汇更迭、选词标准及结果呈现上都更加符合新闻语言的特点。基于以上现状,本文将围绕新闻词汇大纲建设的必要性及相关构想展开讨论,希望为新闻词汇大纲的早日问世提供参考。

一、新闻词汇大纲建设的必要性

1.1 现象:新闻类教材生词超纲现象严重

这里的"纲"指的是1992年出版的《汉语水平词汇和汉字等级大纲》,其中的《汉语水平词汇等级大纲》(以下简称《词汇大纲》)是我国初等、中等、高等汉语水平考试的主要依据,也是我国对外汉语教学总体设计、教材编写、课堂教学和成绩测试的主要依据。然而,汉语新闻教材与《词汇大纲》之间却存在着水土不服的现象。

1995年孙瑞珍主编的《中高级对外汉语教学等级大纲:词汇·语法》收录了《报刊[①]基础课程词汇大纲》《新闻听力课程词汇大纲》《报刊阅读课程词汇大纲》,认为"报刊课的超纲词更多",并对报刊课的超纲词进行了分类,主要有近年来国内报刊、新闻广播中经常出现的词语,经济词语,反映我国政治体制的常用词语或专用名词,此外还适当增加了成语和各种短语。除此之外,李清华(1999)也指出,"从报刊上选的热门话题超纲

① 现在的新闻课程以往称为"报刊"。

词也不少”[①]。由此可见，新闻教材词汇超纲现象不是现在才出现的问题，早在20世纪90年代就已经出现。

近年来，有学者对新闻教材词汇超纲现象进行了量化研究。吴成年(2011)认为，《报刊语言基础教程》(上、下)超纲词问题较为突出，“这两部中级报刊教材超等级词、超纲词合计比例为：上册78.74%，下册97.05%，与教学大纲所规定的中级教材超等级词、超纲词比例不超过20%的要求相差甚远”[②]。吴津(2012)进一步扩大考察范围，对30年来对外汉语报刊阅读教材中的词汇进行了研究，发现“3个时期的报刊阅读教材词汇所收录的超纲词汇都占了很大的比重，除了80年代超纲词汇占51.67%之外，90年代和21世纪的超纲词汇所占比例都超过了70%”[③]。“21世纪和90年代相比，甲、乙、丙、丁各个等级的词汇比重都有所上升，超纲词汇的比重也得到了一定程度的控制，相比90年代稍有降低，但仍然持续在一个比较高的数量上。”[④]

对于词汇超纲现象，教材编写者大多采取回避策略。2000年以后出版的新闻阅读类教材大多对生词与“纲”的关系采取回避策略，至少是避免正面回应。只有吴成年在其教材中明确指出，教材严格按照教学大纲对超纲词比例控制的要求，较好地解决了报刊教材超纲词过多的难题，《读报纸，学中文——中级汉语报刊阅读》(上、下)、《读报纸，学中文——准高级汉语报刊阅读》(上、下)的生词超纲比例分别为11.8%、16.4%、24.96%、16.44%[⑤]。

导致教材词汇超纲的原因一般有两个：一是教材编写者没有较好地落实《词汇大纲》的要求，在生词的选取或认定上存在较大的任意性和经

---

① 李清华：《〈汉语水平词汇与汉字等级大纲〉的词汇量问题》，《语言教学与研究》1999年第1期第50—51页。

② 吴成年：《报刊教材编写面临的挑战与对策研究》，《语言文字应用》2011年第4期第119页。

③ 吴津：《30年来对外汉语报刊阅读教材词汇更替研究》，硕士学位论文，暨南大学汉语国际教育专业，2012，第28页。

④ 同上。

⑤ 吴成年：《报刊教材编写面临的挑战与对策研究》，《语言文字应用》2011年第4期第119页。

验性；二是教材编写所依据的《词汇大纲》不适合教材编写。如果说个别教材编写者编教态度不严谨那是有可能的，难道自 1995 年以来的新闻教材编写者编教态度都不严谨？这就不太可能了。从而我们可以推断另一个原因是成立的，即这种现象跟缺少相应的专业词汇大纲有密切的关系。

另一方面，对于教材编写者严格按照《词汇大纲》的要求对生词进行把控这一做法，我们认为其使教材有纲可依以降低词汇难度的初衷是好的，但一味地追求降低超纲词的比例，就有削足适履之嫌了。对于经贸汉语、新闻汉语这种专门课程来说，越是超纲的词汇，越能体现这种语言的特殊性。一味地删改新闻素材和用词势必让新闻语言“缩水”。

基于以上分析，我们将导致教材词汇超纲的原因指向了所依据的“纲”的适用性。

1.2 原因：缺乏有针对性的新闻词汇大纲

新闻教材之所以词汇超纲现象严重，教材编写处于无序状态，是因为缺乏适用于新闻课程的词汇大纲。

1.2.1 旧新闻词汇大纲滞后

汉语新闻课（以前称之为“报刊课”）是伴随着 20 世纪 70 年代末汉语专业的设立而开设的。为尽早结束教材编写无纲可依的局面，老一代报刊人克服重重困难，在没有计算机辅助的条件下，于 1995 年公开发表了《报刊基础课程词汇大纲》《报刊阅读课程词汇大纲》。这两个“专门大纲”结束了报刊教学无纲可依、盲目编教的历史，在教材编写、课堂教学及成绩测试中发挥了举足轻重的作用。

然而随着时代发展，这两个大纲在目前的新闻教材编写和教学中发挥的作用越来越小，“词汇滞后”成为学界诟病的焦点，如“大锅饭”“包产到户”“包干儿”“买卖婚姻”等。词汇是社会的反映。旧事物消亡后，这些反映旧事物的词汇也就失去了当下交际的价值，因此旧的新闻词汇大纲亟待更新。

1.2.2 通用词汇大纲针对性不强

《词汇大纲》作为一部通用词汇大纲，适用于对外汉语所有门类的总体设计、教材编写、课堂教学和成绩测试。然而“通用”既是其优势，也是其“软肋”。“通用”特点注定了它不可能适合所有课程各自的语言特点，这一点已是学术界的共识。新闻语言与课程设置有其特殊性，因此，通用的《词汇大纲》在新闻教学方面的适用性受到了质疑。

(1)《词汇大纲》无法准确反映新闻语言的特点

新闻词汇新词新语多，《词汇大纲》无法及时反映。社会在进步，观念在变化，语言作为人类的交流工具也必然随之变化，尤其是网络时代的到来，新词新语层出不穷，词汇迭代更加频繁。新闻教材的选文来源于对社会变化做出迅速反应的新闻报道，具有很强的时代性和时效性，因此新词新语成为新闻语言的一大特色，如“进博会”“数字人民币”“正能量”等。《词汇大纲》是无法捕捉到当下社会普遍使用的新词语的。

新闻词汇专业词汇多，《词汇大纲》未能完全涵盖。新闻教材涉及的题材广泛，如政治、外交、经济、文化、教育、科技、体育、环境、社会等。新闻语言中既有大量的普通词汇，也有丰富的专业词汇，如“碳排放”“碳达峰”“碳中和”“赤字”“顺差”“逆差”等，而《词汇大纲》所收之词多为普通词汇。正如安娜、史中琦(2012)所言，“高比例的超纲词语说明像商务汉语这样的专业汉语教材在词汇的收录上有极强的特色，是《等级大纲》难以涵盖的”[①]。实际上，新闻汉语所收录的词汇也是《词汇大纲》难以涵盖的。

新闻词汇书面语色彩强，《词汇大纲》未能完全适配。新闻语言是典型的书面语，而《词汇大纲》作为通用大纲，在语体上既要照顾到口语语体又要照顾到书面语语体，这就导致其书面语词汇收录受限，一些新闻中常用的书面语被排除在《词汇大纲》之外。

除此之外，新闻词汇中还有大量的成语、熟语、缩略语，而这些都不是《词汇大纲》重点收录的对象，因此《词汇大纲》在收词方面很难满足新闻教学的需求。

---

① 安娜、史中琦:《商务汉语教材选词率及核心词表研究》,《语言文字应用》2012 年第 2 期第 127 页。

(2)《词汇大纲》的等级序列不完全适合新闻教学

《词汇大纲》收词 8822 个，并准确地规定了甲、乙、丙、丁各级词语的数量：初级阶段(指本科一年级)学习词语 3051 个(甲级词 1033 个、乙级词 2018 个)，中级阶段(本科二年级)学习词语 2202 个(丙级词)，高级阶段(本科三、四年级)学习词语 3569 个(丁级词)。显然，《词汇大纲》是以本科四年期规定的词语序列，然而"不同的学习时限就意味着不同的学习内容，不同的学习时限就需要不同的等级序列"①。新闻阅读课纵贯本科二、三、四年级共五个学期，倘若简单地以甲、乙、丙、丁四级词汇去对应不同学习长度的新闻教学，这显然是不合理的。

旧的新闻大纲滞后，通用的《词汇大纲》与新闻教学又不匹配，那如何走出教材编写无合适词汇大纲可依的困境呢？我们认为出路只有一个，那就是尽快制定适合新闻语言的词汇大纲。

1.3 新闻词汇大纲的制定意义

1.3.1 新闻词汇大纲是学科向纵深方向发展的必然要求

从教学方面看，"以往的对外汉语教学多以经验型教学理念为主，对教学内容的确定多凭教学者的主观判断，感觉教学内容难度深浅差不多、数量多少也差不多就行了，充满随意性，缺乏科学标准和规定"②。但随着学科的发展、教学的深入与教学资源的不断建设，人们越来越认识到对外汉语教学需要解决好量化的问题，因为如果量化指标模糊，科学依据就会不足，教学自然就不能做到自觉。

从词表建设看，刘长征、张普(2008)提出，"对外汉语教学从学科初创至今，经历了从经验型向科学型的转变，现在要面对的是从鲁棒型、粗放型向精细型、精准型转变"③。这里的"精细型""精准型"高标准要求我们

---

① 王汉卫：《论词汇大纲研制原则》，《暨南大学华文学院学报》2007 年第 3 期第 13 页。

② 李绍林：《〈等级大纲〉与汉语教材生词的确定》，《汉语学习》2006 年第 5 期第 55 页。

③ 刘长征、张普：《对外汉语教学用词表的多元化与动态更新》，《语言文字应用》2008 年第 2 期第 110 页。

必须建立专门的词汇大纲或词表，以适配目前的学科发展方向及发展深度。

我们认为，如果一直让新闻教学和教材编写穿通用词汇大纲这双鞋，新闻教学就永远跑不快，也跑不远。

1.3.2 新闻词汇大纲是新闻教学科学化、规范化和标准化的必然要求

陆俭明(2004)指出，“要提高教学质量，必须具备三个条件：一是要有一支高素质的教师队伍；二是要有高质量的教材；三是要有好的教学法”[①]。制定适合专业的词汇大纲是提升学科专业建设的根本，也是保证教学改革顺利进行的必由之路。只有“专业”的词汇大纲才能使教材编写有据可依，教学才能照章办事。因此，新闻词汇大纲是实现新闻教学科学化、规范化和标准化的必然要求。

二、新闻词汇大纲的建设构想

词汇大纲建设是一项系统复杂的工程，有赖于多学科的研究与发展，如汉语语言学、外语教学理论与实践、对外汉语教学理论与实践。新闻词汇大纲的建设注定不可能一朝一夕完成，但我们还是要秉持科学和负责任的态度将其往前推进。

2.1 准备工作

2.1.1 理论准备

所谓理论准备，即对旧的新闻词汇大纲(指《报刊基础课程词汇大纲》《报刊阅读课程词汇大纲》)、通用词汇大纲(指《词汇大纲》)、专业领域词汇大纲(如《经贸汉语本科教学词汇大纲》)进行考察，从大纲的制定方法、步骤、原则等多方面去粗取精，借鉴其成功的经验，为我所用。以收词为例，新闻词汇大纲应打破“词”的界限，适当收录常用的成语、缩略语、固定

---

① 陆俭明：《增强学科意识，发展对外汉语教学》，《世界汉语教学》2004年第1期第8页。

搭配等，如“独占鳌头”“政协”“互利共赢”等。

2.1.2 语料准备

“研制词汇大纲最核心的问题是语料，多源而又贴近使用环境的语料可以保证大纲词语的丰富性和覆盖面，使大纲更有效地发挥指导作用。”[①]新闻词汇大纲的语料包括平面媒体、权威大纲、词频词表和教材。国家语言资源监测与研究中心的“动态流通语料库”（Dynamic Circulating Corpus，简称 DCC）具有以下特点：①语料涵盖广泛。DCC 的开发目的是建设全面反映语言生活及语言历时状况的汉语历时大数据，它拥有自 2005 年至今覆盖全国各省市主流报纸的全年语料。②语料带有明显的动态性和流通性。该语料库以“与时俱进、动态更新”为核心理念，以检测、描述语言现象，发现、提取并动态监测更新语言知识为目的，因此语料带有明显的动态性和流通性，符合新闻词汇大纲制定所必需的硬核要求。因此，DCC 是目前制定新闻词汇大纲需要的最为理想的平面媒体语料库。

权威大纲，此处指《汉语水平词汇等级大纲》和《国际中文教育中文水平等级标准》；相关词频词表，如每年的《中国语言生活状况报告》。除此之外，我们还需对一定数量的新闻教材词语进行考察，因为它们直接反映了当前新闻教学的词语面貌。

2.1.3 技术准备

新闻词汇大纲建设除了需要多源且贴近使用环境的语料外，还需要过硬的分词软件技术支持。目前常用的分词软件或平台有清华大学词法分析器（THU Lexical Analyzer for Chinese，THULAC）、中国传媒大学在线分词标注系统（CUCBst）、中科院中文分词软件 ICTCLAS（Institute of Computing Technology，Chinese Lexical Analysis System）。中科院的 ICTCLAS 分词软件功能强大，具有中文分词、词性标注、命名实体识别、新词识别等功能，并获得过首届国际分词大赛综合排名第一、国家 973 评

① 沈庶英：《〈经贸汉语本科教学词汇大纲〉理念及特色分析》，《民族教育研究》2011 年第 6 期第 87 页。

测第一名，是全球最受欢迎的汉语分词开源系统，因此，我们不妨将其作为新闻词汇大纲制定的首选分词软件。

2.2 操作步骤

2.2.1 科学统计

科学统计是制定词汇大纲的关键环节，主要借助分词软件对平面媒体和新闻教材进行分词处理，并运用电脑进行统计。这一步骤可以实现词汇的词频统计，也可以实现普通词汇（指非新闻词汇）与新闻词汇的区分，还可以实现对新闻通用词汇（指各新闻题材均可以使用的词汇）与新闻专业词汇（指某一新闻题材使用的词汇）的区分。

2.2.2 人工干预

分词软件难免存在切分失误，加之语料难以涵盖全面，因此，人工干预成为必需。人工干预，主要由从事新闻教学的一线教师和教材编写专家来实施。例如，倘若语料库中只有“线上”一词，那么按照联想性与对称性原则，人工干预环节就会补出“线下”一词。

2.2.3 等级划分

词汇大纲需要进行等级划分，没有划分等级的大纲对教学和教材编写的指导性就会大大降低。因此，对词汇进行等级划分既是制定大纲的理论要求，也是指导教学的实际需要。等级划分主要由人工来完成。为了更好地服务于新闻教学，新闻词汇大纲宜划分为初、中、高三个等级，其等级与年级、课程的对应关系应如表 1 所示（以北京语言大学汉语学院的课程设置情况为例）：

表 1　新闻词汇大纲等级与年级、课程对应表

新闻词汇大纲等级	对应的年级	对应的课程
初级	本科二年级	新闻语言基础
中级	本科三年级	新闻阅读
高级	本科四年级	当代中国话题

2.2.4 创建大纲

在科学统计、人工干预、等级划分的基础上，我们可以着手创建新闻词汇大纲。

2.3 结果呈现

首先，新闻词汇大纲要尊重新闻语言的特点。我们认为，按词频统计出的新闻词汇大纲可以设计为核心词表和扩展词表两个部分：核心词表收录新闻中相对稳定的词语，尤其是新闻常用词语；扩展词表主要安置“与时俱进”的一些新词新语，它能较好地解决大纲随时间推移而生命力下降的问题，建议五年更新一次。

其次，新闻词汇大纲要适合新闻语言的教学。为了帮助学生从整体上把握新闻话题内容，强化对某一领域新闻词汇的理解与记忆，新闻词汇大纲也可根据语义场理论按照新闻语域进行词汇类聚，即将某一新闻领域中出现的高频词语类聚在一个词表里，形成专题词表。我们再从诸多专题词表中提取其交集，形成通用词表。在这方面，史艳岚(2006)在《基于中国主流报纸动态流通语料库的对外汉语报刊新闻主题词群及相关研究》一文中已经做了尝试，值得我们借鉴。

综上，我们可以把新闻词汇大纲的四个词表归纳如表2：

表2　新闻词汇大纲的词表构成

<table>
<tr><th>分类标准</th><th>词表</th><th>说明</th><th>主要用途</th></tr>
<tr><td rowspan="2">词频</td><td>核心词表
(初、中、高)</td><td>收录稳定的新闻词汇，允许与普通词汇(非新闻词汇)有交叉；
按等级和音序两种方法排列</td><td rowspan="2">教材编写
成绩测试</td></tr>
<tr><td>扩展词表</td><td>收录新词新语，建议每五年更新一次；
按音序排列</td></tr>
</table>

续表

<table>
<tr><th>分类标准</th><th colspan="2">词表</th><th>说明</th><th>主要用途</th></tr>
<tr><td rowspan="5">语域</td><td colspan="2">通用词表</td><td>各领域都可以使用的词汇；
按音序排列</td><td rowspan="5">教学</td></tr>
<tr><td rowspan="4">专题词表</td><td>政治</td><td rowspan="4">某领域专业词汇；
按音序排列</td></tr>
<tr><td>经济</td></tr>
<tr><td>教育</td></tr>
<tr><td>……</td></tr>
</table>

2.4 制定原则

2.4.1 专业性原则

新闻词汇大纲应最大限度地展示新闻词汇的特点。在收词单位方面，《词汇大纲》未收但能凸显新闻语言特点的词汇要收，如成语、缩略语、固定结构等。在收词方法方面，我们不仅要通过人工干预来弥补软件分词出现的失误，还要邀请一线教师或教材编写专家进行总体上的调整。

2.4.2 开放性原则

词汇在语言要素中表现最为活跃。相较于非新闻词汇，新闻词汇更加活跃。因此，新闻词汇大纲也必然是开放的。在新闻词汇大纲的结果呈现上，扩展词表专为新闻词汇的开放性而设，成为新词新语的蓄水池。

2.4.3 动态性原则

新闻词汇大纲的动态性原则主要体现在新闻语料的历时性上。新闻词汇大纲所依据的媒体语料——DCC 语料库并非一时一地新闻语言的集合，而是汇集了全国各省市主流报纸若干年的新闻语料，动态地反映了中国主流媒体新闻语言的特点。

2.4.4 多功能原则

新闻词汇大纲的结果呈现充分考虑到大纲的适用性。核心词表与扩展词表主要适用于教材编写与成绩测试，而按照新闻专题制定的通用词表与专题词表则主要适用于新闻教学。

三、结语

新闻词汇大纲建设势在必行，希望本文能够在这方面起到抛砖引玉的作用，激发学界对新闻词汇大纲建设的理论探讨，推动新闻词汇大纲早日问世。

参考文献

安娜，史中琦．商务汉语教材选词率及核心词表研究[J]．语言文字应用，2012(2)．

国家对外汉语教学领导小组办公室汉语水平考试部．汉语水平词汇与汉字等级大纲[S]．北京：北京语言学院出版社，1992．

李清华．《汉语水平词汇与汉字等级大纲》的词汇量问题[J]．语言教学与研究，1999(1)．

李绍林．《等级大纲》与汉语教材生词的确定[J]．汉语学习，2006(5)．

刘长征，张普．对外汉语教学用词表的多元化与动态更新[J]．语言文字应用，2008(2)．

刘英林．关于"汉语水平等级标准"的几个问题[J]．语言文字应用，1995(4)．

陆俭明．增强学科意识，发展对外汉语教学[J]．世界汉语教学，2004(1)．

沈庶英．《经贸汉语本科教学词汇大纲》理念及特色分析[J]．民族教育研究，2011(6)．

沈庶英．经贸汉语本科教学词汇大纲[S]．北京：北京语言大学出版社，2012．

史艳岚．基于中国主流报纸动态流通语料库的对外汉语报刊新闻主题词群及相关研究[D]．北京：北京语言大学，2006．

孙瑞珍．中高级对外汉语教学等级大纲：词汇·语法[S]．北京：北京大学出版社，1995．

王汉卫．论词汇大纲研制原则[J]．暨南大学华文学院学报，2007(3)．

吴成年．读报纸，学中文——中级汉语报刊阅读（上、下）[M]．北京：北京大学出版社，2004．

吴成年．读报纸，学中文——准高级汉语报刊阅读（上）[M]．北京：北京大学出版社，2006．

吴成年．读报纸，学中文——准高级汉语报刊阅读（下）[M]．北京：北京大学出版社,2010.
吴成年.报刊教材编写面临的挑战与对策研究[J].语言文字应用,2011(4).
吴津.30年来对外汉语报刊阅读教材词汇更替研究[D].广州:暨南大学,2012.
肖立.报刊语言基础教程(上、下)[M].北京:北京大学出版社,2005.
闫文静.《报刊阅读课程词汇大纲》研究[D].长春:吉林大学,2012.
中华人民共和国教育部,国家语言文字工作委员会.国际中文教育中文水平等级标准:GF 0025—2021[S].北京:北京语言大学出版社,2021.

由《(规范性)语法等级大纲》谈语法示例的原则

郭姝慧

(北京语言大学汉语学院)

摘　要　语法示例是抽象语法规则的具象化,国际中文教育离不开典型的语法教学示例。本文以《国际中文教育中文水平等级标准》中《(规范性)语法等级大纲》的具体语法示例为分析对象,指出典型的语法教学示例应该基于"三一语法",即能体现句子的形式结构,能展示结构的功能作用以及能符合功能的典型语境。

关键词　语法示例　三一语法　示例原则

前　言

《(规范性)语法等级大纲》(下文简称《语法大纲》)是中华人民共和国教育部中外语言交流合作中心编制的《国际中文教育中文水平等级标准》(下文简称《等级标准》)中所附的语法等级大纲,编制者在《国际中文教育中文水平等级标准(国家标准·应用解读本)第三分册:语法》的"使用说明"部分指出,《语法大纲》参考了前人资料,"并结合国际中文教育70年教学经验和教学语法研究成果,经过反复权衡、仔细对比筛选而成"[①]。

① 教育部中外语言交流合作中心编、刘英林等主编《国际中文教育中文水平等级标准(国家标准·应用解读本)第三分册:语法》,北京语言大学出版社,2021,第Ⅴ页。

《语法大纲》共有语法项目12大类，具体选取了572个语法点，并将其融入初、中、高三个等级。

作为一个标准化、规范化、系统化、精密化的等级标准体系，《语法大纲》承担着指导国际中文教育语法教学的重要任务。教学者应能通过《语法大纲》把握汉语的整体语法框架，教授具体的语法教学项目；学习者则应能参照《语法大纲》学习并领悟具体的语法项目。语法项目是一个个抽象的语法规则，语法示例则是抽象语法规则的具象化，国际中文教育离不开典型的语法教学示例。《等级标准》的编制者在“使用说明”部分明确指出，“每个语法点均配有从不同角度展示用法的典型例句”①，这些例句对学习者来说极具参考价值，是学习者掌握汉语语法规则的重要途径。

本文考察了《语法大纲》中572个语法项目的具体语法示例，发现多数示例为相应语法项目的典型例句，不过仍有部分例句存在争议，因此本文拟重点探讨语法教学示例的原则。本文认为，典型的语法教学示例应该基于“三一语法”(冯胜利、施春宏，2015)，即能体现句子的形式结构，能展示结构的功能作用以及能符合功能的典型语境。

一、语法示例应能体现句子的形式结构

句子的“形式结构”在冯胜利、施春宏(2015)所著的《三一语法：结构·功能·语境——初中级汉语语法点教学指南》一书中主要“以格式的归纳为主”。我们认为，归纳的格式还应该是兼顾意义的格式。学习者学习语法往往先从语义出发，寻找与意义相对应的表现形式。陆俭明(2004)曾提到，朱德熙先生在一次语法沙龙会上说过“语法研究发展到今天，如果光注意形式而不注意意义，那只能是废话；如果光注意意义而不注意形式，那只能是胡扯”②。兼顾意义的格式既要包括对语法项目结构

---

① 教育部中外语言交流合作中心编、刘英林等主编《国际中文教育中文水平等级标准(国家标准·应用解读本)第三分册：语法》，北京语言大学出版社，2021，第VI页。

② 陆俭明：《八十年代中国语法研究(重排本)》，商务印书馆，2004，第62页。

本身和结构必要成分的归纳，也要包括对语法成分排列顺序的归纳，还要兼顾这个语法项目的相关结构，如跟此语法项目相关的否定形式及各种疑问形式等；同时，语音节律形式也是非常有必要注意的内容。

《语法大纲》中的语法示例绝大多数都能充分体现句子的形式结构。例如“结果补语”这一语法项目为初等二级语法点第49个项目，该项目下给出的语法示例体现了结果补语同汉语其他补语一样放在动词或者形容词之后这一特征，同时通过示例“这个句子我没看懂”和“你写错了两个汉字”，指出了结果补语可以由动词充当也可以由形容词充当的语言事实。

再如《语法大纲》中“把”字句和“被”字句这两个语法项目的示例。一般来说，“把”字句和“被”字句的主要动词后面必须出现连带成分，“把”字的宾语也是必须出现的，而“被” 字后面的宾语则是可以省略的。《语法大纲》对“被”字句的这一特征做了分级呈现，“被”字后面有宾语的形式出现在初等三级语法点第55个项目，“被”字后面无宾语的形式出现在中等四级语法点第39个项目。这种呈现方式充分说明了“被”字后的宾语并非“被”字句这一语法结构的必要成分。

不过部分语法项目的示例还有待改进。首先，展示的例句应该跟语法项目的具体形式相符。例如中等四级语法点第40个语法项目“存现句2”，给出的表示出现的存现句具体形式为“处所词＋动词＋趋向补语/结果补语＋动态助词(了)＋数量短语＋人/物”，但其中第二个例句“我家昨天来了几位客人，带了不少礼物”跟上述具体形式完全不符。再以中等六级语法点第51个语法项目为例，该语法项目主要是展示“凡是……，都……”连接的条件复句，下附的三个示例如下：

(1)凡是听到高兴的事，他都和朋友分享。

(2)凡是跟他合作，都能顺利完成任务。

(3)凡是对的，我们都应该坚持。

周芳(2006)指出，“凡是”概括的成分“通常是名词或者名词性短语”，不过“有时也连接一个小句”。在句法功能上，“凡是”表示对名词或者名词性短语范围内所有成分的限定和总括，或使小句成为 VP 的充分条件。“凡是”具有连词的性质，句中常有“都”等表总括的副词与之相照应。在语义功能上，“凡是”具有归类性、总括性和条件性的语义特征。“总括”是“归类”后的总括，“归类”在先，“总括”在后，而“归类”的目的在于对某个范围内符合 NP 语义值的对象进行总括并使其成为具备 VP 性质的充分条件。

基于以上认识，我们认为《语法大纲》中展示的该项目的三个例句没有充分体现出“凡是”句的形式结构特征，应该做一些调整。第一个调整是将例(3)变更到首位成为例(1)。原句中“对的”是一个典型的“的”字结构，属于名词性短语，符合“凡是”概括的通常语例。句中的“凡是”可以替换为“所有”，二者都带有总括性语义特征，同时“凡是”还带有归类性和条件性语义特征，“的”字结构经常表示对某个具体类比的分类。原文例(1)、例(2)中“凡是”后的词语都不是名词性词语，而是动词性词语，两个例句都属于“凡是＋小句”的情况，句中“凡是”并不具备归类性语义特征，主要强调的是总括性和条件性语义特征。语法示例最好能充分概括语法项目本身的情况，因此我们的第二个调整是将原文例(1)句中的动词性词语“听到高兴的事”变为名词性词语“听到的高兴事”，这样更符合“凡是”概括的词语的通常特征。原文例(2)则可保留作为例(3)。我们认为如下调整后的示例情况更能体现句子的形式结构，而这个形式结构当然也是隐含了语义特征的形式结构。

(4)凡是对的，我们都应该坚持。

(5)凡是听到的高兴事，他都和朋友分享。

(6)凡是跟他合作，都能顺利完成任务。

再如上文提到的“把”字句和“被”字句的相关示例，《语法大纲》中给出的几乎都是该语法项目的肯定形式，只有中等四级语法点第 38 个项目表“处置”的“把”字句处出现了一例“你别忘了把护照带着”，且这一例中的“别”其实直接限定的是“忘”，“把护照带着”是“忘”的宾语性成分。我们之所以建议给出几例"把"字句的否定形式,是因为该语法项目语法成分之间的排列顺序是学习者极易出错的地方,学习者容易把否定词放在"把"字结构之后,而一个否定形式的示例会给学习者留下深刻的印象。

在确定语法结构的形式时,我们也应关注汉语语音节律即韵律的问题。中等六级语法点第14个项目为引出方向、路径的介词"沿(着)",给出的示例有:

(7)他喜欢沿着湖散步。

冯胜利(2008)指出,韵律也是一种语法手段,很多形式不成音步则不能独立。例(7)中"沿着"是双音节形式,"湖"则为单音节形式,因此本句读起来总是很不自然,宜换为"他喜欢沿着湖边散步"或"他喜欢沿湖散步"。

二、语法示例应能展示结构的功能作用

结构的"功能作用"在冯胜利、施春宏(2015)所著的《三一语法:结构·功能·语境——初中级汉语语法点教学指南》一书中被概括为语法条目的"语法功能或语法意义",主要指的不是该条目本身具有的功能,而是指"进入相应的格式中所体现的整体功能"。

我们检索《语法大纲》中的语法示例时也发现个别语法项目的示例没有很好地体现这个"功能作用"。例如初等三级语法点第58个项目"比较句4",该项目中的第二个形式为"A不比B+形容词",其具体示例为:

(8)我姐姐不比我高。

(9)这个笔记本不比那个大。

比较句的功能作用主要是用来比较两种不同事物或者同一事物前后不同时期的性质、特点和数量的。《语法大纲》初等一级语法点第38个项目"比较句1",主要呈现了"A比B+形容词""A没有B+形容词"两种形式。"A没有B+形容词"和"A不比B+形容词"这两种形式都是否

定比较句的，但是《语法大纲》的示例都是句子范畴内的，显示不出两种否定比较句的差别。

相原茂(1992)指出，“要充分理解‘不比’型句就需要超越句子把它放在话语结构中去观察”①。余敏(2008)也指出，这种“A 不比 B ＋形容词”结构的句子是一种话语否定。从功能上看，这种比较句主要用来反驳或否认别人的话语；从形式上看，受语境的限制，这种比较句很少单独成句，一般用于后续句。《语法大纲》中不少语法项目给出的语法示例都是对话形式的，如中等六级语法点第 34 个项目“算了”的示例：

(10) 甲：不行，我得好好问问他。

乙：算了，你说不过他的。

鉴于以上示例，我们认为为了突出“A 不比 B ＋形容词”主要用来反驳或否认别人的话语这一功能，该结构的语法示例也应该采用对话形式。我们可以分别为例(8)和例(9)补充一个始发句，如下：

(8a) 甲：我听说你姐姐比你高一点儿。

乙：我姐姐不比我高。

(9a) 甲：这个笔记本比那个大，买这个吧。

乙：这个笔记本不比那个大。

这样的语法示例胜过长篇大论的语法解释，也容易让学习者看出旧的语法结构“A 没有 B ＋形容词”与新的语法结构“A 不比 B ＋形容词”之间的联系和区别。

三、语法示例应能符合功能的典型语境

功能的“典型语境”在冯胜利、施春宏(2015)所著的《三一语法：结

① 相原茂：《汉语比较句的两种否定形式——“不比”型和“没有”型》，《语言教学与研究》1992年第 3 期第 79 页。

构·功能·语境——初中级汉语语法点教学指南》一书中主要是指该条目“适用的语境”,“适用的语境”是要解决学习者“在哪儿用”的问题。一个语法结构,不仅要让“形式表现出其固有的功能,同时让功能有发挥其作用的典型情景”①。我们发现《语法大纲》中个别示例并不符合该语法项目某一功能的典型语境。

例如兼语句,《语法大纲》将其分至初等三级和中等四级、五级语法项目中,展示语法项目时也从兼语句的语义出发,帮助学习者了解其语法形式;但在具体示例的选取上,我们认为还有进一步提升之处。以下是《语法大纲》中兼语句在中等五级语法点处的具体展示情况:

兼语句 3

表致使:主语 + 叫/令/使/让 + 人称代词 + 动词短语

(11)老师叫她早点儿回去。

(12)这件事令她吃不下饭。

(13)他的做法使大家再也不敢相信他了。

(14)明天的考试让我睡不着觉。

上述语法示例中的例(11)显然不同于表“致使”意义的其他三个例句,更接近于初等三级语法点中兼语句的示例“经理叫他介绍一下儿中国市场情况”。两个例句中的“叫”表达的都是“使令”功能,即“要求别人做某事”,该结构的典型语境应为命令或请求别人做一件具体的事情,如“叫他做家务”“叫他完成工作”等,示例中“叫”后的动词“介绍”“回去”都是具体动作动词。因此,例(11)没能展示出由动词“叫”构成的表示“致使”意义的兼语句的典型语境,我们建议更换为更恰当的示例,如“老师的做法叫她安下心来”。“致使”意义更多地表现为产生一种影响,而非具体地进行一项动作。

冯胜利、施春宏(2015)指出,“谈句子的功用离不开场景,而句子(或

① 冯胜利、施春宏:《三一语法:结构·功能·语境——初中级汉语语法点教学指南》,北京大学出版社,2015,“前言”第7页。

句型)使用的场景不只是日常生活的,同时还有工作的、会议的、对外国人的、对领导的等等不同话语场所。三一语法在教学中要考虑的功能语境至少要包括语体的内容"[①]。我们发现《语法大纲》中个别语法项目示例没有很好地展示该项目的语体环境。例如中等六级语法点第 16 个项目为引出对象的"至于",其下第三个示例是:

(15)超市将于节日期间举行优惠活动,至于详细情况,可上网查查。

"将""于"都是较为常见的书面语体词汇,而"查查"这一动词重叠形式则主要用于口语。相较于双音节词"可以","可"更常用于书面语体。因此"查查"这一重叠形式就显得与整个句子格格不入。其实"至于"一词并没有特别限定的语体要求,既可用于书面语体也可用于口语语体,但在一个语法示例中,我们必须给学习者呈现可用于同一语体语境的词语,因此我们建议将例(15)中的"查查"更换为"查询"。

一个语法功能的典型语境反映的是该语法项目结构内成分跟结构外因素之间的联系,说话人说出一段话的同时也表明了自己对这段话的立场、态度和感情(结构外因素)。表"致使"意义的"把"字句就更多地体现了语言的这种"主观性"特征,句中主语对"把"后宾语的影响就是特定的说话者主观认定的"致使"意义,尤其是"把"后宾语是施事角色时,主观性更强。《语法大纲》高等语法点第 88 个项目是表"致使"意义的"把"字句,其形式为"(主语+)把+宾语(施事)+动词+了",示例为:

(16)去年她把丈夫死了,后来父母也去世了。

(17)钱没挣着,却把老公跑了。

张伯江(2019)指出,其实这种"把"字句中动词为不及物形式的现象前人早有注意,他认为沈家煊先生的"主观处置说"成功地解释了所谓的例外,包括"把"字句中出现的不及物动词问题。当然,这种主观性特征也

---

① 冯胜利、施春宏:《三一语法:结构·功能·语境——初中级汉语语法点教学指南》,北京大学出版社,2015,"前言"第 11 页。

带来了听话人的可接受度问题。据我们的小范围调查,这两个句子的可接受度都很低。考虑到《国际中文教育中文水平等级标准》旨在指导国际中文教育的教学和学习,我们建议《语法大纲》可先将高等语法点"把字句5"暂时删除,保留中等六级语法点"把字句 4",这样可能对教学更为有利。

正如编制者所言,《国际中文教育中文水平等级标准》是国际中文教育的顶层设计与基本建设,《语法大纲》更是具有开创性的实践,因此我们希望《语法大纲》能够精益求精,每一个语法项目的示例都能遵守体现句子的形式结构、展示结构的功能作用、符合功能的典型语境这三条原则,从而更好地为国际中文教育服务。

参考文献

冯胜利.韵律语法理论与汉语词法和句法研究[C]//沈阳,冯胜利.当代语言学理论和汉语研究.北京:商务印书馆,2008.

冯胜利,施春宏.三一语法:结构·功能·语境——初中级汉语语法点教学指南[M].北京:北京大学出版社,2015.

教育部中外语言交流合作中心.国际中文教育中文水平等级标准(国家标准·应用解读本)第三分册:语法[S].北京:北京语言大学出版社,2021.

陆俭明.八十年代中国语法研究(重排本)[M].北京:商务印书馆,2004.

相原茂.汉语比较句的两种否定形式——"不比"型和"没有"型[J].语言教学与研究,1992(3).

余敏."比"字句的否定形式"不比"的语用分析[J].重庆三峡学院学报,2008(1).

张伯江.说把字句[M].上海:学林出版社,2019.

中华人民共和国教育部,国家语言文字工作委员会.国际中文教育中文水平等级标准:GF 0025—2021[S].北京:北京语言大学出版社,2021.

周芳."凡是"的语义功能分析[J].暨南大学华文学院学报,2006(1).

汉语作为第二语言的中高级语法大纲项目对比考察

金海月　王盈力

（北京语言大学汉语学院）

摘　要　本文以六部汉语作为第二语言的语法大纲为考察对象，对涉及中高级语法项目的部分进行了对比，以期了解中高级语法教学的主要内容。六部语法大纲虽性质、用途、特点各有不同，但也存在诸多共性：①虚词与复句依旧是语法教学的核心；②加强语素教学与短语教学；③注重语体教学与语篇教学；④注重语法形式的扩展与语义层次的深化。

关键词　语法大纲　中高级　共性表现　结构型

前　言

我国关于汉语作为第二语言的标准与规范的制定已有 30 余年的历史。1988 年，中国对外汉语教学学会汉语水平等级标准研究小组编写并出版了第一部汉语作为第二语言的标准与大纲——《汉语水平等级标准和等级大纲（试行）》[①]。这是我国第一部面向外国人学习汉语的教学大

① 中国对外汉语教学学会汉语水平等级标准研究小组：《汉语水平等级标准和等级大纲（试行）》，北京语言学院出版社，1988 年。

纲,其中就包括语法大纲。该语法大纲将汉语语法分为甲、乙、丙、丁四个等级(语法描写只完成前三级),具有极高的应用性与权威性。此后 30 年间,基于《汉语水平等级标准和等级大纲(试行)》,国际汉语教学领域出现了一批各类型、各级别的标准与大纲,其中涉及语法等级标准的共有 8 部①。这些语法大纲的出现代表着汉语作为第二语言的语法教学正向科学化、系统化、精细化迈进。大纲是实施教学的保证,是教材编写的指南,是我们进行教学研究的标准与规范。通过分析语法大纲,我们可以了解语法教学的主要内容及方向,让教学及教材编写更加有的放矢。

中高级语法教学一直是国际汉语教学界讨论的焦点之一。不少学者认为,与初级语法教学相比,中高级语法教学的内容缺乏体系性,有待于进一步明确和细化。刘英林(1991)认为,与初级语法教学相比,中高级语法教学还缺乏理论总结与建树。吕文华(1993)也指出,初级语法教学量大、语法内容集中、重现率低、难度大,而到中高级阶段,语法教学又几乎是一片空白,学生学过的语法规律又普遍回生。语法教学普遍局限在初级阶段,这使语法教学的内容也受到限制。中高级语法教学的核心内容到底应该是什么?语法大纲又对中高级语法教学提出了哪些规范及方向?

本文以六部汉语作为第二语言的语法大纲为考察对象,对涉及中高级语法项目的部分进行对比,以期了解中高级语法教学的主要内容。这六部语法大纲分别是:《中高级对外汉语教学语法大纲》(以下简称《中高级》)、《汉语水平等级标准与语法等级大纲》(以下简称《等级标准》)、《国际中文教育中文水平等级标准》(以下简称《国际中文》)、《高等学校外国留学生汉语言专业教学大纲》(以下简称《汉语言》)、《高等学校外国留学生汉语教学大纲(长期进修)》(以下简称《长期进修》)、《国际汉语教学通用课程大纲》(以下简称《通用课程》)。《汉语水平等级标准和等级大纲

① 《对外汉语教学语法大纲》(1995);《中高级对外汉语教学等级大纲:词汇 · 语法》(1995)中的语法大纲,暂称《中高级对外汉语教学语法大纲》;《汉语水平等级标准与语法等级大纲》(1996);《对外汉语教学初级阶段教学大纲》(1999);《高等学校外国留学生汉语言专业教学大纲》(2002);《高等学校外国留学生汉语教学大纲(长期进修)》(2002);《国际汉语教学通用课程大纲》(2008/2014);《国际中文教育中文水平等级标准》(2021)。具体出版信息见文后参考文献。

(试行)》《对外汉语教学语法大纲》《对外汉语教学初级阶段教学大纲》因没有涉及或没有完整涉及中高级语法项目,暂不列入我们的研究范围。

一、六部大纲中语法项目的分布

1958年出版的《汉语教科书》确立的语法体系是国际汉语教学界公认的第一套汉语作为第二语言的教学语法体系,该书对语法项目的选择、切分、编排、解释等基本上沿用至今,属于结构型大纲。本文所考察的六部中高级语法大纲均延续以结构为纲的形式,把语法项目分为语素、词、短语(包括结构类型、功能类型、成语、四字格、惯用语、缩略语、连接成分等)、单句(包括句子成分、句类、特殊句式、固定格式、口语格式、表达方法等)、复句、篇章等。

1.1 中高级语法项目的分布情况

六部中高级语法大纲所包括的语法点数量①最多的是词,其次是短语、单句、复句,语素与篇章所占比例较少,具体如图1所示。图中各语法点的数量是六部中高级语法大纲的语法点总量。

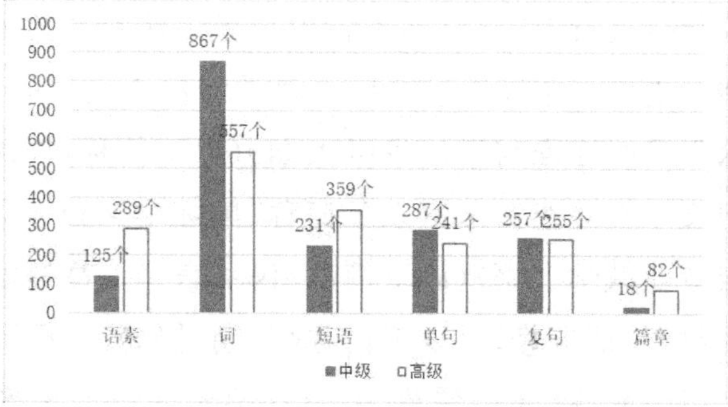

图1 六部大纲中中高级语法点的分布

① 本文的数据统计不以语法"项"为基本点,而以语法"点"为最小单位,因此与部分大纲中所统计的语法项目的数量不尽相同。例如《长期进修》,中级阶段的连词共列出了1项,其中包括24个连词,本文计为24个语法点。再如《国际中文》,中级阶段副词的统计以"项"为基本点,高级阶段副词的统计以"点"为基本点,本文均以"点"为基本点,也就是说,一个副词就是一个语法点。

从上图我们可以看到，中级阶段语法点的数量从多到少依次为词＞单句＞复句＞短语＞语素＞篇章，高级阶段语法点的数量从多到少依次为词＞短语＞语素＞复句＞单句＞篇章。也就是说，无论是中级阶段还是高级阶段，词汇都排在语法教学的首位，篇章则排在最后。相较而言，中级阶段单句的学习比重较大，高级阶段短语的学习比重较大。

单句项目包括句子成分、句类、特殊句式（如“有”字句、“是”字句、“把”字句等）、固定格式（如“又……又……”“从……来看”等）、口语格式（如“不X白不X”“还X呢”等）、表达方法（如比较的方法、提问的方法、强调的方法等）。中级阶段表达方法、句子成分和句类、特殊句式所包含的语法点数量较多，口语格式、固定格式所包含的语法点数量相对较少，如图2所示；高级阶段口语格式、表达方法所包含的语法点数量较多，特殊句式与固定格式其次，句子成分和句类所包含的语法点数量最少，如图3所示。表达方法指的是语法项目的功能及意念，中级阶段的语法教学在语法结构的基础上开始注重语法项目的功能。高级阶段口语格式与表达方法所包含的语法点数量多，意味着高级阶段的语法教学除了注重语法项目的功能外，还注重语体。

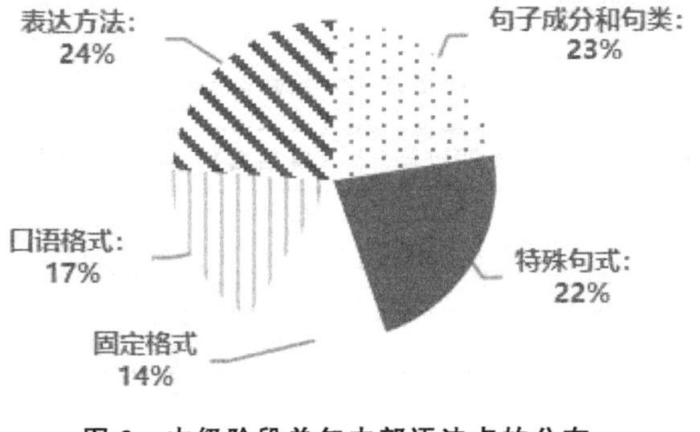

图2　中级阶段单句内部语法点的分布

短语项目包括结构类型、功能类型、成语、四字格、惯用语、缩略语、连接成分等，不同的语法大纲对短语所包含的这些类别的处理有所不同。《国际中文》没有把成语、惯用语、缩略语纳入短语范畴，《长期进修》与《通用课程》没有把缩略语、连接成分纳入短语范畴，《汉语言》没有把连接成分纳入短语范畴,《等级标准》没有把缩略语纳入短语范畴。四字格是六部语法大纲均十分关注的语法项目。

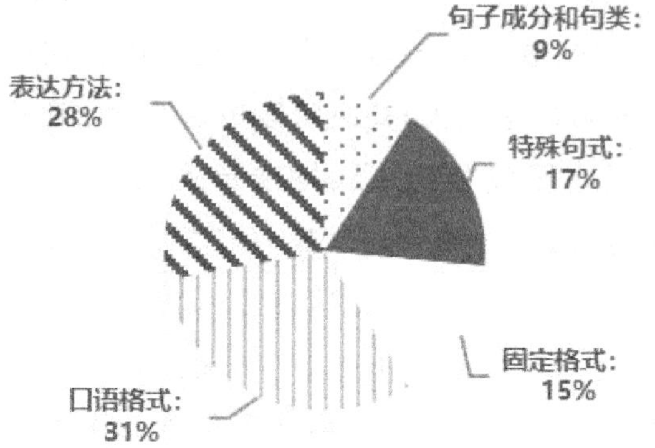

图 3 高级阶段单句内部语法点的分布

1.2 六部中高级语法大纲特点分析

纵观六部语法大纲中的中高级语法项目,《中高级》包含的语法点数量最多,其次是《等级标准》,之后依次为《长期进修》《汉语言》《国际中文》《通用课程》,具体如表 1 所示。

表 1 六部中高级语法大纲语法点数量统计表(单位:个)

《中高级》		《等级标准》		《长期进修》		《汉语言》		《国际中文》		《通用课程》	
中级	高级	中级	高级	中级	高级	中级	高级	中级	高级	中级	高级
516	694	333	413	257	275	339	163	298	161	119	101
1210		746		532		502		459		220	

不同语法大纲所包含的语法点数量之所以有如此大的差异,与语法大纲的定位、汉语学习者的水平等因素密切相关。

《中高级》《等级标准》《国际中文》属于标准大纲。《中高级》的语法点数量最多,描写也最为详细。该大纲在高级阶段尤为重视语素教学,共收录 170 个语素,是为数不多的把篇章中的省略用法作为语法项目纳入中高级语法体系的大纲之一。该大纲有关表达方法的语法项目内容丰富，所涉及的种类和方面最全，包含提问的方法、强调的方法、委婉的表达、举例说明、感叹的表达、语气的表达、比较句、被动句和动词的态。

《等级标准》包含的语法点数量也较多，描写也较为详细。该大纲在高级阶段尤为重视短语教学，是六部大纲中收录成语与惯用语数量最多的一部，仅成语一项就罗列了 98 个。该大纲也非常重视语体教学，是把口语格式编入大纲的先行者。该大纲有关表达方法的语法项目数量较少，内容较为匮乏。

《国际中文》所包含的级别较多，整部大纲分为三等九个级别(一至三级为初等，四至六级为中等，七至九级为高等)，每个级别所学习的内容体量较小。整部大纲没有设置成语这一语法项目，但是加入了实用的四字格，并以结构式的方法呈现，如“大 A 大 B”“一 A 一 B”等。同时，《国际中文》十分重视语体教学，口语格式的数量达到 47 个，在六部大纲中是最多的。在语篇教学方面，该大纲从中级就开始了句群教学，高级继续加大句群教学的比重。

《汉语言》与《长期进修》是教学大纲，对语法点的描写十分详尽。20 世纪 90 年代，拟通过正规学历教育获得学位的来华留学生日益增多。为了使全国来华留学生学历教育走上科学化、规范化的轨道，当时的国家汉办批准并成立专门小组研究制定了《高等学校外国留学生汉语言专业教学大纲》。该大纲为指导全国高等学校汉语言专业(对外)本科教学的纲领性文件，因此其中的语法大纲充分体现了科学性、先进性、可操作性及灵活性。例如，在中高级语法项目中，词类除熟知的按词性分类的词汇外，还增添了合成词的构成方式、类义词、同义词、近义词和反义词这五个语法项目。在高级阶段的词类中，大纲特别强调语气助词的教学，详细列出了各种语气助词的用法，所占篇幅约为整个高级语法大纲的五分之一。该大纲是对语篇教学描写最为细致的大纲，从中级就开始了句群教学。《长期进修》是为来华长期进修的留学生制定的，旨在明确对外汉语长期进修教学的性质和特点，语法点的呈现也符合长期进修生的学习特点。

《通用课程》内容简洁，难度相对较低，语法点的数量也最少。该大纲共分六个级别,一至二级为初级,三至四级为中级,五至六级为高级。《通用课程》不涉及语素、固定格式、口语格式和篇章,因此语法项目无论在种类上还是数量上都比较少。该大纲的语法项目多集中于词、短语、单句中的表达方法和复句,且短语都为固定格式。该大纲的制定旨在为国际汉语教学工作者和汉语学习者服务,适用对象包括成年人与未成年人、在校学习者与社会学习者、有汉语背景者与无汉语背景者等。该大纲还兼顾了小学、中学及社会人士等不同使用对象的特点,最大限度地降低了汉语学习的难度,对目标等级也做了适当调整,突出了汉语交际能力在语言综合运用能力中的重要性,以适应国际汉语教学的实际情况。

二、中高级语法大纲项目的共性表现

对比六部中高级语法大纲,它们在语法项目分布上共性颇多,这主要是因为这六部大纲无论在体系上还是内容上均是一脉相承的。在体系上,我们前文也提到过,这六部大纲皆以结构为基础,不同程度地融合了功能。在内容上,这六部大纲皆注重汉语自身的特点与第二语言教学的有机结合。

2.1 虚词与复句依旧是语法教学的核心

虚词与语序是现代汉语最重要的语法手段。考察这六部语法大纲,我们很容易就发现,无论是初级阶段还是中高级阶段,词类中的虚词以及包含由虚词构成的关联词语的复句在整个语法教学中占据重要的地位。

大纲中的虚词项,如果从初、中、高三个级别看,《等级标准》与《国际中文》随着级别的升高,数量大致呈递减趋势;《中高级》则相反,随着级别的升高,数量呈递增趋势;《汉语言》与《长期进修》中级阶段增多,高级阶段减少。从整体上看,中级阶段虚词的数量要比高级阶段多一些,具体如图 4 所示。

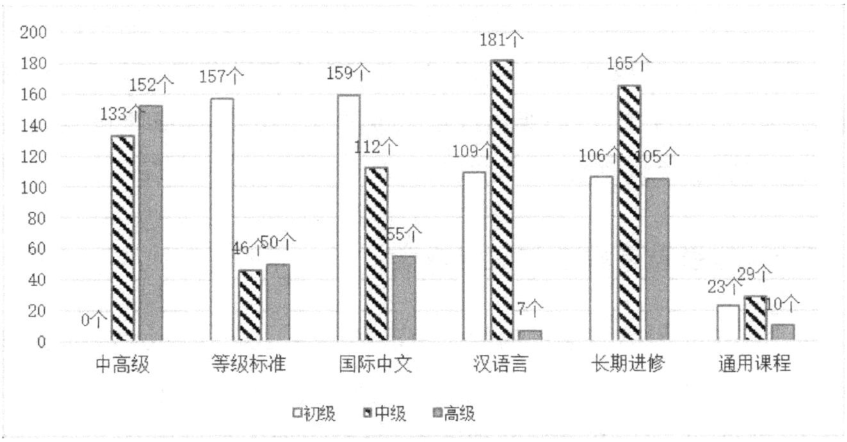

图 4 六部大纲中虚词的数量分布

复句一项有所不同。《等级标准》《国际中文》《汉语言》《通用课程》中初级的数量要比中、高级少；《长期进修》中中级的数量比初级少一些，而高级的复句数量远远超过初级。具体如图 5 所示。

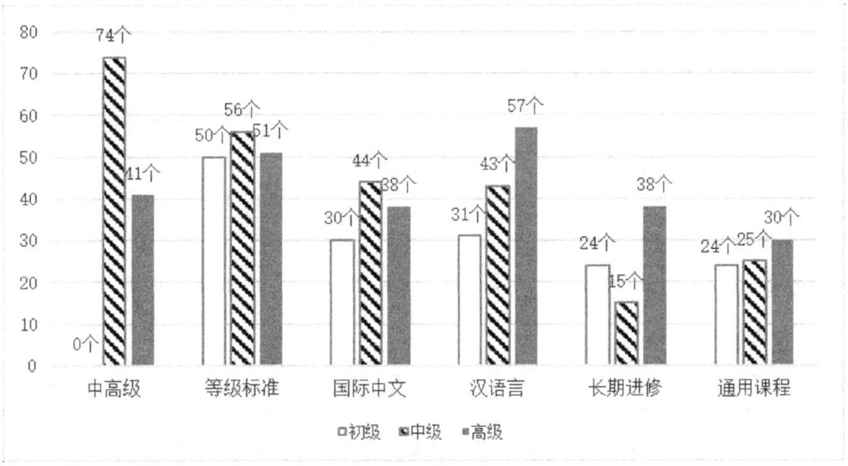

图 5 六部大纲中复句的数量分布

虚词和复句是中高级语法教学的核心。例如《国际中文》，中级阶段虚词共有 112 个，占中级语法点总数的 37.58%；中级阶段复句共有 44 个，占中级语法点总数的 14.77%；高级阶段虚词共有 55 个，占高级语法点总数的 34.16%；高级阶段复句共有 38 个，占高级语法点总数的

23.60%。再如《长期进修》，中级阶段虚词共有165个，占中级语法点总数的64.20%；中级阶段复句共有15个，占中级语法点总数的5.84%；高级阶段虚词共有105个，占高级语法点总数的37.18%；高级阶段复句共有38个，占高级语法点总数的13.82%。

2.2 加强语素教学与短语教学

过去汉语作为第二语言的教学语法体系受20世纪50年代"暂拟汉语教学语法系统"[①]的影响，不讲语素，最低一级语法单位是词。直至20世纪80年代，人们才开始注意到语素，并把它作为汉语中最小的一级语法单位。加强语素教学有利于学习者掌握汉语的构词规律，对扩大词汇量、快速记忆、准确理解和运用词汇都能产生积极的效果。目前这一点已经成为国际汉语教学界的共识，然而在哪个学习阶段开始语素教学，六部大纲处理有所不同，详见表2。

表2　六部中高级语法大纲语素项分布表

语法大纲	初级	中级	高级
《中高级》		＋	＋
《等级标准》	－	＋	＋
《国际中文》	＋	＋	－
《汉语言》	－	＋	＋
《长期进修》	＋	＋	＋
《通用课程》	－	－	－

说明：①《中高级》不涉及初级语法点，因此无数据。②"＋"号表示"语素项有出现"，"－"号表示语素项未出现。

① "暂拟汉语教学语法系统"，简称"暂拟系统"，是一种教学语法体系。1956—1958年，中国中学语文课试行汉语、文学分科教学。为了编写汉语课本中的语法教材，语法学界和语文教学界曾在1954—1956年间共同讨论制定了"暂拟系统"，并经教育部批准，作为编写中小学语法教材和进行中小学语法教学的依据。

从表2可以看出，除了《通用课程》以外，其他大纲在中高级阶段都不同程度地体现了语素教学的重要性。值得一提的是，《国际中文》与《长期进修》在初级阶段就有语素项。吕文华(1993)认为，语素教学可以从初级阶段开始。初级阶段的语素教学可以从学习简单语素入手，然后带出合成词，如可以从语素“馆”带出合成词“饭馆、图书馆、体育馆”，由语素“语”带出合成词“汉语、英语、法语、日语、外语”等。另外，不同的语法大纲对语素教学的对象定位及重视程度有所不同。例如，《国际中文》与《长期进修》只把前缀、后缀、类前缀、类后缀列为语素教学对象，而《等级标准》《中高级》及《汉语言》在前缀、后缀、类前缀、类后缀的基础上还把自由语素也列为语素教学对象。在上述五部语法大纲中，《中高级》包含的语素数量最多(中级32个、高级170个)，其次是《等级标准》(中级55个、高级57个)，数量最少的是《国际中文》(中级9个)。尽管在不同的语法大纲中，语素项的分布阶段、内容及数量有所不同，但不难看出，到了中高级阶段，语素是语法教学的重点之一。

语法大纲中所体现的短语项目包括短语的结构类型、功能类型、成语、四字格、惯用语、缩略语、连接成分等。加强短语教学，可以通过学习各种短语的结构、功能及它们的搭配规律，了解汉语短语的特点，并通过组织短语、扩展短语、用短语造句等方法进行扩展训练，达到正确输出句子的目的。

固定形式是中高级短语教学的核心内容之一，它包括成语、四字格、惯用语、缩略语及连接成分。与初级阶段相比，中高级阶段固定形式的数量急剧上升。《国际中文》与《汉语言》中级阶段固定形式的数量比高级阶段还要多，《通用课程》只有高级阶段有固定形式，其余三部语法大纲中固定形式的数量随等级的提高呈阶梯状递增，如图6所示。

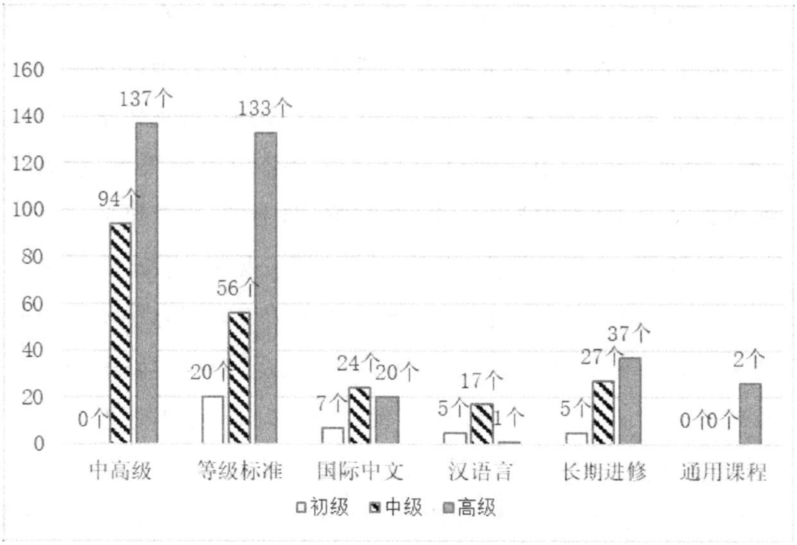

图 6　六部大纲中固定形式的数量分布

短语教学也可以从初级阶段开始，这样就能为中高级阶段理解和运用大量的固定词组、熟语等打下良好的基础。在固定形式中，四字格的教学尤为受到重视。中高级阶段对四字格的教学应突破词语教学的范围，将之与句法教学相联系，从而实现各教学阶段的衔接。六部语法大纲所收录的四字格有 36 个，其中 7 个有的大纲收录在中级，有的大纲收录在高级；其中 5 个在三部大纲中都有出现，12 个在两部大纲中有出现。具体见表 3。

表 3　四字格在六部大纲中的出现次数

级别	语法项目	出现次数
中级	左 A 右 B	★★★
	A 来 A 去、不 A 不 B、大 A 大 B、忽 A 忽 B、或 A 或 B、没 A 没 B、时 A 时 B、说 A 就 A、一 A 一 B	★★
	A 来 B 去、A 这 A 那、A 着 A 着、半 A 不 B、东 A 西 B、多 A 多 B、各 A 各 B、无 A 无 B、有 A 有 B、重 A 轻 B	★

续表

级别	语法项目	出现次数
高级	爱A不B、半A半B、东A西B、连A带B	★★★
	非A非B、七A八B、千A万B	★★
	大A大B、忽A忽B、可A可B、前A后B、如A如B、三A两B、三A五B、时A时B、似A非B、探A探B、无A无B、一A二B、一A一B、有A无B、有A有B、自A自B	★

2.3 注重语体教学与语篇教学

国际汉语教学的根本目的是培养学习者自如地运用汉语进行各种交际的实际能力。这种实际交际能力就包括语言学习者能够根据不同的交际场合、交际对象和话题内容选择具有特定语体功能的表达方式和语言材料的能力。李泉(2003)认为,从一定意义上说,作为外语或第二语言教学的国际汉语教学,其根本目的就是培养学习者准确地把握和正确地使用各种语体的能力。具体而言,就是让学习者能够做到在什么样的场合,对什么样的人或事,用什么样的语言材料和话语方式说出什么样的话语,或者用什么样的语言材料和篇章结构写出什么样的文章。显然,学习者掌握的目的语语体种类越丰富,他在各种场合下运用目的语的能力就越强。

这六部语法大纲在中高级阶段都非常注重语体教学。《等级标准》《国际中文》及《长期进修》还专门把口语格式纳入语法项目。其中,《等级标准》中级有29个口语格式,高级有35个口语格式;《国际中文》中级有32个口语格式,高级有15个口语格式;《长期进修》高级有32个口语格式。中高级阶段的语法点有不少是具有书面语色彩的。以《国际中文》为例,中高级阶段共有16个程度副词,其中具有书面语色彩的就有12个,分别是"格外、极、极其、过于、稍、稍微、尤其、异常、极尽、颇、尤为、越发"。再如《通用课程》,中高级阶段共有5个介词,其中具有书面语色彩的就有

2个,分别是“于、本着”。

除了语体教学,语篇教学在中高级阶段也受到了一定程度的重视。鲁健骥(1992)曾指出:“只要一出现连贯的话语,就会出现篇章和语用上的偏误。而这正是我们教学所忽视的,一般也是病句分析没做到,也做不到的。可见,对于偏误的分析,应该扩大到篇章和语用层面上。”[①]吕文华(1993,2008)在全面分析和研究对外汉语教学语法体系的基础上,首先提出了“建立语素和句群教学”的倡议。此后各类语法大纲与教材也将语篇纳入语法项目。严格来说,篇章结构不属于语法范畴,而属于语用范畴。但是教学实践表明,中高级阶段讲篇章结构很有必要。

这六部语法大纲中所涉及的语篇教学内容如下:

(1)省略:省略主语或宾语

(2)用人称代词或指示代词复指

(3)句群的形式标志:带复指代词、关联词语、省略成分、时间词语、处所词语

(4)句群的意义:并列、顺承、递进、条件、选择、解说、因果、目的、转折、假设、让步、总括

(5)结构层次:一重、二重、三重……

(6)表达功能:叙述、议论、说明、描写、问答、疑问……

(7)连接手段:词语连接、句式连接、位置连接、话题连接

(8)篇章结构:题目——文章的中心、开头与结尾相互照应、段落与衔接、论述的层次、小标题的作用、重点提示

(9)篇章主题推进:总分式、分总式、回环式、顶针式、焦点式、转移式、控制式

(10)篇章衔接手段:反复、替代、位移、省略

语篇教学要纳入语法教学中,这一点目前已是国际汉语教学界的共识,而在哪个学习阶段开始语篇教学,六部大纲处理有所不同,具体见

① 鲁健骥:《偏误分析与对外汉语教学》,《语言文字应用》1992年第1期第69—70页。

表4。

表4　六部中高级语法大纲语篇项分布表

语法大纲	初级	中级	高级
《中高级》		+	+
《等级标准》	−	−	+
《国际中文》	−	+	+
《汉语言》	−	+	+
《长期进修》	−	−	+
《通用课程》	−	−	−

从表4可以看出，除了《通用课程》以外，其他五部大纲的高级阶段均有语篇项目，《中高级》《国际中文》与《汉语言》中级阶段就出现了语篇项目。

此外，如何在语法教学中把握语篇内容的“量”和“度”，各语法大纲都缺少较详尽的说明，这是我们需要进一步思考与解决的问题。

2.4　注重语法形式的扩展与语义层次的深化

从初级阶段到中高级阶段，有些语法项目或是形式的外延扩展了，或是表义的层次加深了，或是用法变化了，这些都应该有目的、有计划地规范到语法大纲中，从而确保同一语法项目的教学由浅入深，由易到难，循序渐进。下面我们以举例的方式介绍各语法大纲是如何将同一语法项目循序渐进地编排与呈现的。

语法形式一般由简式到繁式进行递进。例如，定语、状语由单项、二项递进到多项，复句由含两个分句的双重复句递进到含多种层次的多重复句。再如，状态补语由词、短语扩展为句子。下面是《国际中文》中状态补语的编排与呈现，“状态补语1”中的补语是词语，“状态补语2”和“状态补语3”中的补语是短语。

初级：

状态补语 1：动词＋得＋形容词性词语	例：她跑得累。

中级：

状态补语 2：1. 动词/形容词＋得＋动词短语	例：他难过得吃不下饭。
2. 动词/形容词＋得＋主谓短语	例：我早上没吃饭，饿得肚子疼。
3. 动词/形容词＋得＋固定短语	例：第一次看到雪，我激动得又哭又笑。

高级：

状态补语 3："个"引导的补语	例：他在我们面前说个没完。

又如，"把"字句由简单式递进到包含"把"字结构的连动式、兼语式及"把"字句和"被"字句连用的复杂形式。下面是《等级标准》中"把"字句的编排与呈现，随着级别的升高，"把"字句的结构也越来越复杂。

初级：

1. 主＋"把"＋宾＋动＋"一/了"＋动	例：你把你的意见说一说。
2. 主＋"把"＋宾＋动＋补语(1)	例：我把信寄走了。
3. 主＋"把"＋宾 1＋动(在/到/给)＋宾 2	例：我把我的地址留给他了。
4. 主＋"把"＋宾＋动＋"了/着"	例：他把大衣丢了。

中级：

1. 主＋"把"＋宾 1＋动(成/作)＋宾 2	例：他把试卷揉成一团了。
2. 主＋"把"＋宾＋动＋补语(2)	例：他把整个北京城走了一多半。
3. 主＋"把"＋宾＋给＋动	例：大风把柱子给刮倒了。
4. 兼语句与"把"字句套用	例：我叫他马上派车把她送回家。
5. 连动句与"把"字句套用	例：我打电话让妹妹把他送回老家。

高级：

1. 主+“把”+宾(施事)+动(不及物)+其他	例：这些天你看把大家愁成啥样了。
2. 主+“把”+宾(受事)+动+其他	例：这突发事件把我的计划都打乱了。
3. 主(事物)+“把”+宾+动+其他	例：爆炸声把他们从梦中惊醒了。
4. 主+“把”+宾+动+得+情态补语	例：王教授的死把他夫人哭得吃不下饭。
5. 主+“把”+宾+……化	例：作品不过是把生活中的矛盾典型化而已。
6. 主+“把”+宾+动+得+比	例：他把自己的事业看得比什么都重。
7. 主+“把”+并列宾语	例：他把一个小包、一条手绢塞进口袋里。
8. 主+“把”……“把”……“把”……	例：鲸鱼把人、把船、把什么都吞掉了。
9. 兼语句与“把”字句套用	例：我让树枝把衣服挂破了。
10.“把”字句与兼语句套用	例：他把偷来的东西让人都烧了。
11.“把”字句与连动句套用	例：那年，把她给了一个姓王的人做了媳妇。
12.“被”字句与“把”字句套用	例：牲口被绳子把腿绊住了。
13.“把”字句与比较句套用	例：她能把我想象得像女儿一样可爱。

语法意义也可以分出层次，初级阶段通常出现基本、常用的义项，中高级阶段再出现比较复杂的义项。这一点六部中高级语法大纲中都有所体现。例如，《国际中文》把“就”分为 5 个语法点，具体如下：

就 1:关联副词　　例:如果下雨,我们就不去。
就 2:语气副词　　例:班长七点半就到教室了。
就 3:范围协同副词　　例:我们班就他知道这个事情。
就 4:语气副词　　例:别拦我,我就要去。
就 5:介词　　例:他已就这个问题做了检讨。

根据各个义项的使用频率及语义复杂程度,《国际中文》把“就 1、就 2、就 3”收入初级,“就 4”收入中级,“就 5”收入高级。

再如结果补语。补语是原义的好理解,如“吃完、爬上”;补语的意义是虚化的或引申的,学生就不好理解,如“看重、考上”。因此在语法大纲中,虚化的、引申的用法大多在中高级阶段才出现。

再看“把”字句 ,其基本义是表示处置,即通过动作使某确定的事物发生位置的移动,或发生某种变化,产生某种结果。例如,“他把朋友送到了车站”“他把黑板擦得干干净净”。“把” 字句还表达致使义和不如意的意思,如“这双鞋把脚磨破了”“她把丈夫死掉了”。这两个句子的语义关系与基本句不同,“把”后的名词性成分不是受事而是施事。六部语法大纲均把结构复杂的以及表致使的“把”字句放在中高级阶段。

表义层次的深化还表现在各大纲均注重基本用法到活用的递进。例如人称代词“我、你、他”表示第一、第二、第三人称的单数,“我们、你们、他们”表示第一人称、第二人称、第三人称的复数。但在实际运用中,人称代词具有各种灵活用法。第二人称可用作第一人称,如“我想工作,可是有人不让你工作”;单数可用作复数或复数可用作单数,如“欢迎大家来我校参观”“以上是我们讲的几点意见”等。再如,疑问代词“谁、什么、哪、怎么” 等用在句中构成疑问句,但疑问词在句中也可以不表示疑问。疑问代词活用时可表示反问、任指、虚指、列举等。这些代词的活用均为中高级阶段的教学重点。具体如表 5 所示。

表 5　代词在六部大纲中的出现次数

级别	语法项目	出现次数
中级	本、此	★★★★★
	1. 指示代词：彼此 2. 人称代词活用：单数用作复数、复数用作单数（用于自称，含谦虚口气）、表示任指、表示虚指	★★★★
	1. 指示代词：各自、如此 2. 人称代词：人家	★★★
	1. 指示代词：某些、这/那会儿、任何、其他、各 2. 指示代词活用：表示虚指	★★
	1. 指示代词：一切、凡是、凡 2. 疑问代词活用：疑问代词用于反问，不表示疑问（“多会儿、哪儿”等）；疑问代词成对使用，或与指示代词连用，表示任指；疑问代词虚指，指代不必说或说不出的人或物（“什么”等）；疑问代词用于列举（“什么、什么的”等）	★
高级	人称代词活用：以复数表单数（我们[认为]）	★★★
	1. 本人、该、另、兹、其、几、某、多少、若干、某些、彼、何、啥、咋、怎、怎么着、这么着 2. “不怎么”表示“不很” 3. “不怎么样”表示否定的评价 4. “有什么……的”表示不以为然 5. 什么：用在动词后，表示不满；用在形容词后，表示否定 6. 疑问/人称代词的活用：表任指和虚指（什么、哪、谁、你、他） 7. 人称代词活用：以单数表复数（我[厂]、你[方]）	★

从基本用法到活用还表现在从必须用到可用可不用。再以“把”字句为例：一个句子如果动词后既有有定宾语，又有由“在、到、给”等介词构成的介宾结构做补语，那就必须用“把”字句，这是“把”字句的基本用法；有些句子既可以用“把”字句表达又可以用主谓宾句表达，这是“把”字句的活用。

三、结语

以上从中高级语法项目的分布、不同语法大纲的共性表现等方面对六部中高级语法大纲进行了对比分析。

通过对比分析，我们可以看到六部中高级语法大纲存在共性，分别是：①虚词与复句依旧是语法教学的核心；②加强语素教学与短语教学；③注重语体教学与语篇教学；④注重语法形式的扩展与语义层次的深化。

基于以上结论，我们认为中高级语法教学要多从虚词、复句、语素、四字格、语体、语篇等入手，注重语法形式的扩展与外延，注重语义层次的深化与细化。

参考文献

白乐桑，张丽.《欧洲语言共同参考框架》新理念对汉语教学的启示与推动——处于抉择关头的汉语教学[J].世界汉语教学，2008(3).

崔希亮.汉语国际教育“三教”问题的核心与基础[J].世界汉语教学，2010(1).

国家对外汉语教学领导小组办公室.高等学校外国留学生汉语教学大纲(长期进修)[S].北京：北京语言文化大学出版社，2002.

国家对外汉语教学领导小组办公室.高等学校外国留学生汉语教学大纲(短期强化)[S].北京：北京语言文化大学出版社，2002.

国家对外汉语教学领导小组办公室.高等学校外国留学生汉语言专业教学大纲[S].北京：北京语言文化大学出版社，2002.

国家对外汉语教学领导小组办公室汉语水平考试部.汉语水平词汇与汉字等级大纲[S].北京：北京语言学院出版社，1992.

国家对外汉语教学领导小组办公室汉语水平考试部.汉语水平等级标准与语法等级大纲[S].北京：高等教育出版社，1996.

国家汉语国际推广领导小组办公室.国际汉语教学通用课程大纲[S].北京：外语教学与研究出版社，2008.

教育部中外语言交流合作中心.国际中文教育中文水平等级标准[S].北京：北京语言大

学出版社，2021.
柯彼德.汉语作为外语教学的语法体系急需修改的要点[J].世界汉语教学，1991(2).
孔子学院总部/国家汉办.国际汉语教学通用课程大纲(修订版)[S].北京：北京语言大学出版社，2014.
李泉.基于语体的对外汉语教学语法体系构建[J].汉语学习，2003(3).
刘珣.对外汉语教育学引论[M].北京：北京语言文化大学出版社，2000.
刘英林.汉语水平考试研究[M].北京：现代出版社，1989.
刘英林.中高级阶段对外汉语教学的理论探讨[J].语言教学与研究，1991(2).
刘英林.汉语水平考试研究(续集)[M].北京：现代出版社，1994.
刘英林.《国际中文教育中文水平等级标准》的研制与应用[J].国际汉语教学研究，2021(1).
刘英林，李佩泽，李亚男.汉语国际教育汉语水平等级标准全球化之路[J].世界汉语教学，2020(2).
刘英林，马箭飞.再论汉语国际教育新思维——解读和应用《等级划分》的若干问题[J].世界汉语教学学会通讯，2010(4).
刘英林，宋绍周.汉语常用字词的统计与分级[J].中国语文，1992(3).
鲁健骥.偏误分析与对外汉语教学[J].语言文字应用，1992(1).
吕文华.关于中高级阶段汉语语法教学的构想[J].世界汉语教学，1993(2).
吕文华.对外汉语教学语法探索[M].北京：北京语言大学出版社，2008.
马箭飞.任务式大纲与汉语交际任务[J].语言教学与研究，2002(4).
马箭飞.汉语教学的模式化研究初论[J].语言教学与研究，2004(1).
宋连谊.欧洲语言标准CEFR和欧洲汉语能力基准EBCL[J].国际汉语教学研究，2016(3).
孙瑞珍.中高级对外汉语教学等级大纲：词汇·语法[S].北京：北京大学出版社，1995.
王还.对外汉语教学语法大纲[S].北京：北京语言学院出版社，1995.
王佶旻.汉语作为第二语言的标准与大纲研究十年回顾[J].国际汉语教育(中英文)，2018(2).
杨寄洲.对外汉语教学初级阶段教学大纲[S].北京：北京语言文化大学出版社，1999.
中国对外汉语教学学会汉语水平等级标准研究小组.汉语水平等级标准和等级大纲(试行)[S].北京：北京语言学院出版社，1988.

《尔雅中文:中级汉语综合教程》中语言点的语体考察与分析

——以书面正式体为例

刘苏乔　郭玉桐

（北京语言大学汉语学院）

摘　要　本文的研究对象为《尔雅中文:中级汉语综合教程》。作为中级阶段的教材,它非常注重与初级阶段和高级阶段教材的衔接,其课文内容增加了书面正式体的含量。

书面正式体内容增加的同时也带来了大量的书面语词和书面语句式,使得书面正式体和口语非正式体的界限更加明晰。根据教材中的编写说明可知,该教材词语表以中级词语为主,不排除少量的超纲词;语言点例释部分从每课课文所包含的语法现象中选取6～8个中级语言点(一般为虚词或常用格式)加以解释和举例,还设置了适合在课堂上完成的"即时练习"。通过考察我们可以发现,该教材语言点部分口语非正式体和书面正式体的区分越来越明显,甚至出现了部分庄典体内容。本文试图从书面正式体角度对《尔雅中文:中级汉语综合教程》中的语言点进行统计,通过对相关注释、例句和练习的考察和分析,为教材中的讲解及练习部分提供一些设计思路,以期为该教材的修订提供帮助。

关键词　《尔雅中文:中级汉语综合教程》　语言点　书面正式体

前　言

学习者学习第二语言是为了能够正确、科学地使用所学的语言进行得体的交际。要做到这一点，学习者在使用语言时不仅要符合语法规范，还要符合语体特征和特定语境。初级阶段的汉语学习者接触较多的是生活中的口语非正式体，所学内容一般围绕着日常生活中常见的话题以及一些简单的社会交际。从中级阶段开始，汉语学习者开始较多地接触一些书面语正式体内容，所学范围也从简单的对话和记叙扩展到对复杂问题的讨论和论述。在学习书面语正式体时，部分学习者为了能够将自己所学的尽快用起来，有时会将一个较正式的词语放进非正式体句子中，说出像"我和我的朋友在咖啡厅会晤"这样听起来非常别扭的句子。想要解决这类问题，我们的教学必须从语体的角度入手。

在众多汉语学习者中，汉语学历生往往需要掌握更为全面的汉语语体知识。为了在高级阶段达到撰写学术论文的要求，学历生必须在四年级第二学期前掌握书面语正式体的内容，而中级阶段作为初级阶段和高级阶段之间的过渡阶段则是培养学习者从口语非正式体到书面语正式体的关键阶段。为了让学生准确掌握语体知识，我们除了需要从课堂教学方面进行调整外，相应的教材编写也应该跟上。因此，本文希望通过对《尔雅中文：中级汉语综合教程》中语言点的语体考察（主要考察书面语正式体），为汉语教材的编写加入语体考量提供一些有用的借鉴和参考。

一、教材中语言点的语体考察

1.1　语体分类说明

本文主要采用的是冯胜利、王永娜(2017)在对叙事、论说体进行语法标注时所使用的分类方式[①]，主要原因有两点：

一是从称呼上说，传统的“口语”和“书面语”的命名方式完全是依据语言的表现形式进行命名的，但实际交流中有不少的“书面语”以口语的形式表现出来，也有不少“口语”呈现为书面内容。尤其随着信息技术的发展，远距离交流越来越方便，即时通信和视频会议越来越普及，“口语”和“书面语”的名称与其语体含义也显得并不那么契合了。

二是从语体的分类方式说，冯胜利提出的这一方式更加符合汉语教学的实际。汉语作为第二语言教学的目的是培养学生运用汉语进行交际的能力，让学生能够在一定的场合说出正确且得体的话。以往教学中大多将语体分为口语、书面语及通用体这三大类，但是不同语体的词语和语法该怎么用，传统的语体分类并没有做出详细说明。冯胜利(2015)认为可以根据交际距离的远近、高低将语体划分为“正式与非正式”“庄典与俗常”两大对立，再依据谈话内容、场合、对象和态度选择不同语体，将语体与具体的语境相结合，这样一来可以更好地为汉语学习者做出示范，更加有利于语言操练。

依据冯胜利对语体语法原理和机制的论述，“场合、对象、内容、态度”决定人们语言形式的选择[②]。在此基础上，我们可以以交际距离为标准，从横向和纵向两个维度将语体分为“庄典”(古代词语)、“正式”(现代汉语)、“俗常”(白话)、“随便”(俚语)四大类[③]。本文结合国际汉语教学中常见的“口语语体、书面语语体、通用体”这一分类方式，将语体分为“口语非正式体、通用体、书面语正式体、庄典语体”这四类，简称为“非正式体、通用体、正式体、庄典体”。这也是冯胜利(2017)在对不同文体中语体要素的含量进行统计时所采用的分类。下面对书面语正式体做一个简要说明。

---

① 冯胜利、王永娜在主持建设语体标注和语体语料库时将语体分为通用体、口语非正式语体、书面正式语体和庄典体。

② 冯胜利：《语体语法：“形式—功能对应律”的语言探索》，《当代修辞学》2012 年第 6 期。

③ 冯胜利、施春宏：《论语体语法的基本原理、单位层级和语体系统》，《世界汉语教学》2018 年第 3 期。

与传统的“书面语语体”大致对应，除了各种常见于政论文书中的词语之外，现代汉语还发展出一批至少和两个以上音节搭配的“双音节”书面语，冯胜利将之称为“书语词汇”[①]。划分教材中的书面语正式体，我们主要参考了冯胜利(2006)的《汉语书面用语初编》、王永娜(2015)的《汉语合偶双音词》和王安节、鲍海涛(2003)的《书面语词典》等。

考虑到考察对象为中级阶段的汉语教材，而中级阶段的汉语学习者又很少接触到庄典体的内容，因此本文对庄典体不做重点考察，主要考察的是口语非正式体、通用体和书面语正式体。

1.2　语体统计结果

根据上述分类方式，本文对《尔雅中文：中级汉语综合教程》中的语言点进行了语体统计。

语言点例释部分，有些语言点已经在讲解中标注了语体，但大部分语言点没有进行语体标注。本文对该教材中的176条语言点进行了语体统计，共统计出非正式体54条，通用体64条，正式体54条，庄典体4条，具体的分布情况详见表1(同一词语被切分为不同语言点则用 X_1、X_2 区分)。

表1　语言点的语体分布情况

语体	语言点
非正式体	不好、忍不住、V来V去、……得不得了、冲、一下子、差点儿、千万、倒是、谁说……、拿……来说、不管、顺手、恨不得、够……的、罢了、挺、万万、说不定、免得、不见得、……得要命、早晚、哪怕、一口气、打招呼、不瞒……说、一个劲儿、拿不准、随手、舍不得、别看、个个、偏偏、赶快、转眼、对……来说、总算、干脆、反正$_1$、反正$_2$、免不了、不至于、眼看、趁、……归……、这样一来、难怪、何苦、特意、特地、幸亏、向来、非……不可

① 冯胜利：《汉语书面用语初编》，北京语言大学出版社，2006年。

续表

语体	语言点
通用体	于是、竟(然)、始终、……着……着、随时、至于、居然、宁可……也……、……起来(表开始)、尤其、一向、不出……所料、亲眼、足足、恐怕、不是……而是……、尽量、简直、根本、大致、可见、显然、或者……或者……、把、纷纷、难道、不得不、从……起、经过、……出去、看来、相反、暂时、稍微、比……还……、按、……之类、临、不由得、凭、而已、随着、以至于、接连、……下来、……长……短、明、万一、不是……就是……、既然……就……、由、……起来、一一、往往、不仅不……反而、不妨、之所以……是因为……、不料、连连、据、随后、索性、凡是、除此之外
正式体	一时、不仅……也……、届时、几乎、至今、顿时、不禁、偶尔、令、以……为……、随即、甚至、恰恰、照例、何况、以便、所谓……就是……、即使……也……、一律、否则、历来、因……而……、是否、则、以$_1$、以及、在……下、以$_2$、忽……忽……、无非、日益、固然、除非、并、由于、不时、一度、暗暗、依然、自……以来、所……、因为……的缘故、有所、与其……不如……、并非、在……看来、在……上、距、为了……而……、轻易、不曾、毕竟、一旦、早已
庄典体	无A无B、不A不B、为……所……、最……莫过于

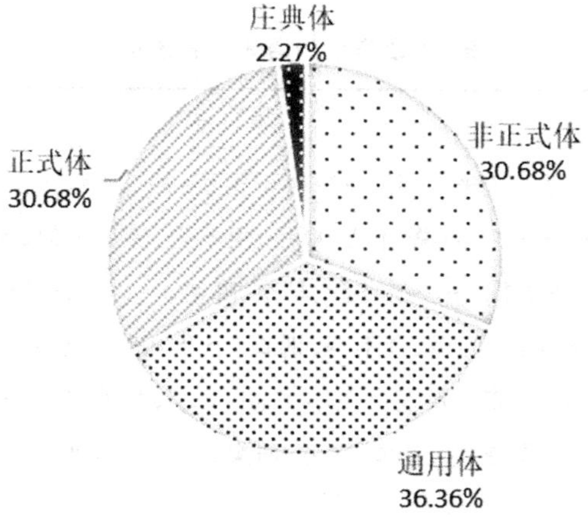

图1　语言点中各语体的占比

对于已经进行语体标注的语言点，我们大体上沿用教材中的语体划分，不做改变。例如：像“恨不得、差点儿、千万、……得要命”等只出现在口语词典[①]中的直接划分为非正式体；像“照例、日益、偶尔、在……上”等在参考书目中被划分为书面语或正式体的直接归为正式体；“一向、索性”这两个词既出现在了口语词典中，又被正式体的参考书目划分为书面语，这里则暂时将其归为通用体；“无A无B、不A不B”由于其组成的词语大多是四字成语，因此这里将其归为庄典体。

从图1我们可以看到，除庄典体外，其他语体的语言点数量大致相当。庄典体语言点只有4条，且在讲解和练习过程中并未强调其庄典属性，而是将其解释为正式体，所以我们不另外对其进行分析，而是将之放在正式体中一并讨论。

二、对正式体语言点的分析

正式体语言点共54条，其中副词数量最多，包括兼类词在内，共有25个副词，且这些副词均为双音节词。正式体语言点中完全没有三音节词或短语，且固定结构及连词的数量相较于另两种语体来说也有所提高。下面将对教材中正式体语言点的编写进行分析。

2.1 语言点讲解

正式体语言点的讲解与其他语体的语言点讲解类似，依旧围绕词性、意义、作用、常见搭配、经常充当的句子成分、近义词、语体等角度展开。与非正式体语言点和通用体语言点相比，正式体语言点在讲解时对语体的关注度有所提高。

首先，在54条正式体语言点中，有26条语言点在讲解中被指出常用于书面语，即教材对48.15%的正式体语言点都进行了语体标注。相对

① 这里所参考的口语词典主要指徐志诚(1991)编著的《现代汉语口语词典》、张艳华(1995)编著的《现代汉语常用口语词典》、刘德联等(2005)编著的《汉语口语常用句式例解》以及施光亨(2012)编著的《汉语口语词词典》。

于非正式体语言点 22.22%的语体标注率来说，正式体语言点的语体标注率有了明显的提升，这从侧面反映出该教材语言点部分对正式体更为关注。

其次，教材在正式体语言点讲解部分从语体的角度对语言点本身及其近义词和形式变体进行了辨析。例如：第 2 课从语气的角度对语言点“不仅……也……”及其形式变体“不仅仅”进行了区分，指出“‘不仅仅’语气上更强”；第 18 课对语言点“由于”及其近义词“因为”做了区分，指出“口语里多用‘因为’，较少用‘由于’”；第 23 课在讲解语言点“距”时指出其“一般用于书面语，有时也用‘距离’，口语中多用‘离’”。由此可见，相较于其他语体来说，该教材在正式体语言点讲解部分更注重对语体的区分。

最后，教材在正式体语言点讲解中突出了典型语境的列举。例如：在第 8 课语言点“一律”的讲解中，教材指出这个词语“常使用于通知、规定等”；在介绍第 22 课语言点“并非”的意义和作用时，教材指出其“常常用在表示转折的句子中，用来否定某种看法，说明真实的情况”。

虽然从整体上看，教材对正式体语言点的讲解提高了对语体的关注度，但这仅仅是相对于教材中其他语体语言点来说的。教材对像“一时”“早已”“照例”“一律”这样明显的正式体词语都没有标注语体，大部分语言点均没有从语体的角度与其近义词和形式变体进行区分，对典型语境的列举和说明也只占少数。

2.2 典型例句

随着语言点正式度的大幅提高，正式体语言点的典型例句与其他语体语言点的典型例句的区别也逐渐显现出来了。在非正式体和通用体语言点中，记叙和口语特征明显的典型例句占主体，而正式体语言点中出现了不少议论、说明以及表达观点的典型例句。从例句的选择上看，典型例句的正式度是有所提高的。但是，依旧有不少正式体语言点的例句选择了口语化的表达方式，导致例句在词汇使用和语体选择上稍微有些割裂，例如第5课语言点“早已”、第9课语言点“以便”、第19课语言点“所”列举的典型例句：

(1)你要的东西，我**早已**给你准备好了。

(2)你还不知道吗？她**早已**离开这家公司了。

(3)我必须先打工挣点儿钱，**以便**解决吃饭问题。

(4)你别问了，我们**所**谈的不过是些生活小事而已。

这些句子通常用于口头表达、非正式场合，而“早已”、“以便”、“所”字结构都显得过于正式，这种不一致导致整个句子听起来有点儿不自然。这样的典型例句会让学习者错误地认为这些词语可以随意地在非正式体中使用，留学生的作业练习中就出现了许多这样的偏误句，例如：

(5)＊老师，您能不能这事情**届时尽量**提醒我？不然我记不下来。

(6)＊譬如你和朋友有一个约在一起做活动，我觉得很重要你**届时**准时到达。

(7)＊这两种观点都，**一律**我觉得是不好的看法。[①]

在例(5)—(7)中，“届时”和“一律”的出现都与题目要求无关，这两个词完全是留学生自己输出的。由此可见，如果语言点的典型例句部分对语体问题不加以重视，留学生完全有可能将学过的正式体词语代入不适当的语体中。

除此之外，语言点的语体和与之搭配的成分的语体不一致也会对典型例句的最终呈现产生影响，例如第1课语言点“不时”、第5课语言点“不禁”列举的典型例句：

(8)听到这个好消息，她一时非常激动。

(9)这个语法很难，我一时还没弄明白。

(10)没想到他的速度居然这么快，我不禁吃了一惊。

① 例句(5)—(7)来自留学生作业。为了保持语料的真实性，我们没有对其中的错误进行改正。

例(8)—(10)从语义上说没有问题，生活中我们偶尔也会听到，但是“非常激动、还没弄明白、吃了一惊”这样的表达过于口语化，与“一时”和“不禁”搭配起来稍显违和，这样的搭配放在正式体语言点的典型例句中不太具有示范意义。

2.3 即时练习

正式体语言点部分的即时练习主要有完成句子或对话、改说句子、回答问题、选词填空、根据提示造句等题型，占比最高的练习形式是完成句子或对话。

正式体语言点在即时练习这部分存在的最大问题是练习中创设的语境与语言点的正式体性质不适配。为了将语言点与留学生常见的场景联系起来，正式体语言点的练习往往创设了生活化的语境，但这些语境常常与语言点的语体性质相冲突。

例如第 2 课的语言点“届时”，这是一个非常正式的词语，教材在语言点讲解部分也指出它一般用于书面语，常见于正式的通知和公告，典型例句也围绕着这一典型语境进行举例，但是即时练习部分却给出了如下四个句子：

(11)这个周末是他的生日，________________。

(12)如果你不提前做好准备，________________。

(13)这座城市将举办下一届奥运会，________________。

(14)我们将于两年后毕业，________________。

其中，例(11)和例(14)都是非正式语境。我们发现留学生给出的答案都让人感觉别扭，而汉语母语者则会使用如“将、盛大、该、无法、预测”等具有正式体特征的词语与“届时”相匹配[①]。由此可以看出，语境和语言点的语体是否适配对于留学生能否正确使用学过的语言点有很大的影

---

① 张旺熹主编《面向一流国际人才培养的理论与实践创新(2018 卷)——北京语言大学教学研究论文集》，北京语言大学出版社，2018，第 103 页。

响。与之类似的还有第 5 课语言点“早已”以及第 17 课语言点“固然”的即时练习。

“早已”的即时练习分别为：

(15)A：你准备好去旅行的行李了吗？

B：____________________。

(16)A：最近怎么没见到阿里啊？

B：____________________。

(17)A：你的毕业论文写完了没有？

B：____________________。

留学生作业里的回答大致如下：

(18)A：你准备好去旅行的行李了吗？

B：我早已准备好我的行李了。

(19)A：最近怎么没见到阿里啊？

B：我早已没见到阿里了。

(20)A：你的毕业论文写完了没有？

B：我毕业论文早已写完了。

以上都是留学生按照题目要求进行的回答，但相对于提问来说，这些回答都显得过于正式，不符合口语的使用习惯，造成问答之间的语体割裂。这样的练习会造成正式体词语在口语非正式体中的误用和滥用。

综上所述，教材编者在正式体语言点编写中所具备的语体意识要高于非正式体语言点和通用体语言点，主要体现在正式体语言点讲解部分强调从语体的角度对语言点本身及其近义词和形式变体进行辨析，以及练习设计中加入了语体上的考量，但是典型例句和即时练习中依旧存在着语境和语言点语体不匹配的情况。

三、编写建议

3.1 对正式体语言点进行更加全面的语体标注

虽然正式体语言点的语体标注率要高于非正式体，但依然有许多正式体语言点没有进行语体标注，如“照例、一律、随着、日益”等书面语色彩非常浓厚的词语，以及像“因……而……、忽……忽……、所谓……就是……、在……上”等用于正式体的固定结构。因此在正式体语言点讲解部分，教材编者还需要进行更为全面的语体标注。

3.2 加强典型例句中语言点与所搭配成分的语体一致性

为了避免出现像例(8)—(10)那样不太协调的句子，典型例句中的语言点应该避免搭配过于口语化的成分。我们可以在现有例句的基础上进行调整，将例(8)—(10)调整为：

(21)路上听到这个好消息，她一时激动万分。

(22)这个语法很难，我一时无法明白。

(23)没想到他的速度居然这么快，我不禁大吃一惊。

“激动万分、无法明白、大吃一惊”相较于“非常激动、还没弄明白、吃了一惊”正式度更高且音节更加工整，所以整个句子说起来也更加自然。

此外，我们还可以利用教材中的生词和语言点形成常见搭配，如“一时得意、不禁手足无措、不禁疑惑不解、不禁诧异、不禁心急如焚”等，这样既提高了生词重现率，又加强了语言点与所搭配成分的语体一致性，可谓一举两得。

3.3 根据语言点的语体特征，利用典型语境设计练习

从语言点的语体特征出发设计练习，需要综合考虑语体的四个要素，

即“场合、对象、内容、态度”。首先,正式体一般用于比较正式的场合,除了书面形式之外,演讲、辩论、采访之类的场合通常也会使用正式体;其次,在面对比较尊敬或者不熟悉的人时,我们通常使用正式体表示尊重和礼貌;另外,在谈论政治、科技、新闻等比较严肃的话题或者对某一严肃的话题和观点进行议论时,所用的语言也通常比较正式;最后,如前所说,正式体所表达的是严肃、礼貌、尊敬的态度。在设计练习的时候,以上四个要素考虑得越具体、越周到,练习的语体性质就体现得越明显,学习者对该语言点语体性质的理解也就越透彻。

以第12课语言点“是否”的即时练习为例,练习的形式为改写句子,给出的句子分别为:

(24)他们都通过考试了吗?

(25)你是不是完全听懂了她的解释呢?

(26)我不知道他是不是已经找到工作了。

(27)小李能不能来,我还不清楚。

(28)我不知道他想不想跟我们一起去。

以上句子句式各不相同,且没有一个统一的主题。虽然改写之后正式度大大提高了,但是学习者只能看到形式上的变化,并不知道改写前后句子在使用上有什么区别。我们需要找到“是否”这个词经常出现的正式体语境让留学生感受语体的变化,最好还可以结合改写句子这一练习形式。综合上述条件,我们认为可以采用设计调查问卷的方式进行改写。因此,该练习可以调整为:

请用“是否”为以下问题设计调查问卷:

(29)你通过HSK四级考试了吗?

(30)你是不是完全看懂了上面的句子?

(31)你能不能每天按时完成作业?

(32)你是不是已经找到工作了?

(33)你想不想毕业之后留在中国?

四、结语

从教材编写的语体意识看，整部教材体现了一定的语体意识，这一点可以从语言点的语体标注、即时练习部分对语体的比较及对语境的说明等方面体现出来。但教材仍然存在一些不足的地方，如依旧有不少语言点没有进行语体标注；在语言点讲解时忽视了与其近义词或形式变体进行语体辨析；语言点讲解和练习部分普遍重视对结构的掌握，而忽视了对语体、语境的掌握；练习部分存在语境和语言点语体不符的情况。希望我们的研究可以为教材的编写和修订工作提供一些有益的参考。

参考文献

常敬宇.略议汉语教学应以语体为纲[J].修辞学习，1994(2).

崔希亮.正式语体和非正式语体的分野[J].汉语学报，2020(2).

丁金国.对外汉语教学中的语体意识[J].烟台大学学报(哲学社会科学版)，1997(1).

冯胜利.书面语语法及教学的相对独立性[J].语言教学与研究，2003(2).

冯胜利.汉语书面用语初编[M].北京：北京语言大学出版社，2006.

冯胜利.论语体的机制及其语法属性[J].中国语文，2010(5).

冯胜利.语体语法的逻辑体系及语体特征的鉴定[C]//北京语言大学对外汉语研究中心.汉语应用语言学研究(第4辑).北京：商务印书馆，2015.

冯胜利，施春宏.论语体语法的基本原理、单位层级和语体系统[J].世界汉语教学，2018(3).

冯胜利，王洁，黄梅.汉语书面语体庄雅度的自动测量[J].语言科学，2008(2).

冯胜利，王永娜.语体标注对语体语法和叙事、论说体的考察与发现[C]//北京语言大学对外汉语研究中心.汉语应用语言学研究(第6辑).北京：商务印书馆，2017.

汲传波.中级综合汉语教材语体不对应研究[J].云南师范大学学报(对外汉语教学与研究版)，2009(6).

汲传波，刘芳芳.留学生汉语书面语中的口语化倾向研究[J].语言教学与研究，2015(1).

李泉.基于语体的对外汉语教学语法体系构建[J].汉语学习，2003(3).

刘德联，刘晓雨. 汉语口语常用句式例解[M]. 北京：北京大学出版社，2005.
刘苏乔. 试论以实用性为基础的中级汉语教材编写——以《尔雅中文：中级汉语综合教程》为例[C]//张旺熹，何景贤. 汉语国际教育两岸教师研讨集（下）. 北京：北京语言大学出版社，2014.
罗丽. 语体意识与对外汉语教学[J]. 中国高教研究，2001(9).
强星娜. 对外汉语教学中与语体相关的教学现状与教学尝试[C]//张旺喜. 北京语言大学教学研究论文集（2019卷）. 北京：中国书籍出版社，2020.
施光亨. 汉语口语词词典[M]. 北京：商务印书馆，2012.
宋婧婧. 早期对外汉语教材《语言自迩集》语体研究[J]. 海南师范大学学报（社会科学版），2015(9).
陶红印. 试论语体分类的语法学意义[J]. 当代语言学，1999(3).
王安节，鲍海涛. 书面语词典[M]. 长春：吉林文史出版社，2003.
王永娜. 汉语合偶双音词[M]. 北京：北京语言大学出版社，2015.
徐志诚. 现代汉语口语词典[M]. 沈阳：辽宁人民出版社，1991.
张伯江. 语体差异和语法规律[J]. 修辞学习，2007(2).
张文贤. 语体视角下的练习设计[J]. 国际汉语教育（中英文），2019(3).
张艳华. 现代汉语常用口语词典[M]. 济南：济南出版社，1995.

上古假设连词的语体适应性考察

张亚茹
（北京语言大学汉语学院）

摘　要　本文以上古时期七部文献为语料，考察假设连词在叙事语体与议论语体中的分布差异，并以使用频率最高的假设连词“若”为例，对其句法、语义与语用功能做了较为全面的描写。研究表明：假设连词具有明确的语体适应性，其在不同语体中的使用呈现显著差异，主要表现为使用频率差异、句法差异与功能分布差异；而且，这些差异均与叙事语体和议论语体的语体特征密切相关。这说明语体特征对于假设连词的使用具有明确的制约作用。

关键词　假设连词　叙事语体　议论语体　语体适应性

前　言

假设连词在殷商时期已经出现（黄天树，2017），春秋战国时期普遍使用。学界对上古假设连词已有较多研究，涉及假设连词的来源、句法、语义等诸多方面，但是尚未见从语体视角考察其用法与功能的研究。“以语

---

* 本研究得到北京市社会科学基金项目（编号 17YYB014）、北京语言大学梧桐创新平台项目（中央高校基本科研业务费专项资金，20PT01）与北京语言大学院级项目（中央高校基本科研业务费专项资金，21YJ010102）支持，谨致谢忱。

体为中心的语法研究具有重大理论意义"[①]，而且根据考察可知，语体差异在上古文献中普遍存在，且假设连词在不同语体文献中的使用情况有所不同。因此，我们以语体差异为出发点对上古假设连词进行研究，力求揭示上古假设连词的使用规律。

本文以上古时期叙事语体与议论语体为考察对象，选取《左传》《国语》《战国策》与《论语》《墨子》《孟子》《荀子》分别作为叙事语体与议论语体的代表文献，考察上古时期假设连词的语体适应情况，并尝试对此做出合理解释，揭示语体特征对假设连词的制约作用。

一、假设连词的语体分布差异

1.1 假设连词在不同语体中的总量分布差异

在上古时期，假设连词在不同语体文献中均有使用，但使用频率有所不同。在叙事语体中，每万字中假设连词平均出现 22.52 次；而在议论语体中，每万字中假设连词平均出现 18.65 次。可见，假设连词在叙事语体中的使用频率高于议论语体，这说明假设连词更常用于叙事语体。详见表 1：

表 1 假设连词总量分布表[②]

文献		文献总字数	总频次	每万字频次
叙事语体	《左传》	195879	430	21.95
	《国语》	70389	259	36.80
	《战国策》	122229	186	15.22
	合计	388497	875	22.52

① 陶红印：《试论语体分类的语法学意义》，《当代语言学》1999 年第 3 期第 15 页。

② 为便于计算与比较，我们统计的是假设连词在每 10000 字中的出现次数，表 2 同此。文献总字数引自章勤(2005)。

续表

文献		文献总字数	总频次	每万字频次
议论语体	《论语》	15920	27	16.96
	《墨子》	76240	166	21.77
	《孟子》	35258	62	17.58
	《荀子》	75293	123	16.34
	合计	202711	378	18.65
总计		591208	1253	21.19

假设连词在上古不同语体文献中的出现语境也存在明显差异。具体表现为：在叙事语体中，假设连词一般见于对话语境，仅“苟”有个别用例用于叙述语境；在议论语体中，假设连词既可用于对话语境，也可用于非对话的议论语境，而且以后者居多。

1.2 假设连词在不同语体中的个体分布差异

上古时期，假设连词数量较多，其中“若、苟、如”使用较为普遍，“诚、使、即、令、所、当、果、意”等用例较少。这些假设连词在不同语体文献中的使用情况有所不同，主要体现在以下两个方面：

一是叙事语体与议论语体中所使用的假设连词稍有差别。“若、苟、如、诚、使、即、所”是两种语体共用的假设连词，而“果、令”仅用于叙事语体，“当、意”仅用于议论语体。

二是共用的假设连词在叙事语体与议论语体中的使用频率存在差异。“若、诚、使、所”更常用于叙事语体，尤其是“若”和“所”，前者在叙事语体与议论语体中的使用频率比约为 2.2∶1，后者则为 6.6∶1。“苟、如、即”更常用于议论语体，尤其是“如”，在议论语体与叙事语体中的使用频率比约为 7.5∶1，相差悬殊。由此可知，假设连词“若、所、如”等的语体分布差异明显。详见表 2：

表 2 假设连词个体分布表

假设连词	叙事语体		议论语体	
	总量	每万字频次	总量	每万字频次
若	678	17.45	164	8.09
苟	103	2.65	54	2.66
如	28	0.72	109	5.38
诚	22	0.57	6	0.30
使	21	0.54	10	0.49
即	7	0.18	15	0.74
所	13	0.33	1	0.05
令	1	0.03		
当			8	0.39
果	2	0.05		
意			11	0.54

1.3 假设连词组合在不同语体中的分布差异

上古时期，多个假设连词可以并列使用，构成假设连词组合。假设连词组合以双音节为主，共 76 例。其中，以“若苟”居多，“若使、当若、如使”次之，其他如“使若、尝若、意若、即使、即当、当使”等仅有个别用例。三音节的假设连词组合仅有“意亦使”与“意若使”。

假设连词组合的分布存在明显的语体差异，主要见于议论语体，且以《墨子》为主，共 77 例；叙事语体中仅有 7 例，见于《左传》与《战国策》。

1.4 假设连词的时代分布差异

上古时期，假设连词的使用不仅存在语体差异，还存在明显的时代差异。假设连词在战国初期文献中的使用频率明显高于战国晚期。具体表现为：战国初期文献《左传》《国语》《墨子》中假设连词的使用频率颇高，分别为每万字 21.95 次、36.80 次与 21.77 次；而战国晚期文献《战国策》《荀子》中假设连词的使用频率相对较低，分别为每万字 15.22 次和16.34 次。这与战国初期和晚期的时代特征和思想特征密切相关。春秋至战国初期，特定的礼文化为诸多委婉含蓄的语言表达形式（如假设句）的存在提供了可能，因此假设连词在这一时期使用频率较高。到了战国晚期，这种礼文化逐渐被纵横家所摒弃，委婉含蓄不再是人们追求的言谈风格，而代之以高谈阔论和肆意夸张之说。因此，假设连词的使用频率较之春秋至战国初期有所降低。

二、假设连词分布差异的语体动因

2.1 叙事语体对假设连词的需求

叙事语体文献《左传》《国语》《战国策》，重在记录春秋战国时期的历史事实，并从史实中总结经验教训，探索成败原因。人物对话与史实叙述均为叙事语体文献的重要组成部分，但二者对假设连词的使用需求存在明显差异，即假设连词主要见于人物对话，甚少见于史实叙述。具体如下：

言谈对话是叙事语体塑造人物形象、表达人物主观态度与看法的重要手段。对话主体主要是君与臣，对话内容主要体现为自上而下的君命臣受、上下互动的君臣商议、自下而上的劝谏、地位相对平等的臣子之间的对话等。这种君臣对话因发展于春秋战国这一特殊的时代而具有独特的时代风格。具体表现为：因为深受周文化的影响，春秋至战国初期尚礼思想浓郁，人们大都带有儒雅仁义之气，这体现到君臣对话中则主要表现为崇尚引经据典与遵守先贤礼制，善于用礼义评判人物道德，所以形成了理性严肃而又委婉含蓄的对话风格。除了尚礼这一原因外，对话主体（君与臣）身份地位不对等也是委婉含蓄对话风格形成的主要原因。君为上位者，臣为下位者，二者身份地位的不对等决定了下位者必须选择符合君王这个特殊言谈对象的言辞形式,将所要表达的意思表述得委婉一些,以迎合对话者(君王)的心理需要,得到其心理认可,最终达到成功劝谏的交际目的。

而假设句就是能够有效体现委婉含蓄风格的语言表达形式之一。假设句的特征在于假言断定事物,因此用假设句表达思想就显得含蓄曲折、语气和缓(胡习之,1992);而且无论对话主体是谁,假设句均明确体现了说话者对人或事物的主观看法,具有明确的主观性。人物对话的语体特征与假设句的语义特征之间的一致性(即主观与委婉),决定了假设连词可以在叙事语体人物对话中自由而普遍地使用。在对话过程中,说话者(臣)通过"若、如、苟"等假设连词虚设可能出现的情况,引导听话者(君)按照这一虚设的情况去思考并寻求答案;同时,通过这种语言形式表达自己对人或事物的看法,向听话者提出建议,进行劝谏。例如:

(1)及昭王在随,申包胥如秦乞师,曰:"吴为封豕、长蛇,以荐食上国,虐始于楚。寡君失守社稷,越在草莽,使下臣告急曰:'夷德无厌,若邻于君,疆埸之患也。逮吴之未定,君其取分焉。若楚之遂亡,君之土也。若以君灵抚之,世以事君。'"秦伯使辞焉,曰:"寡人闻命矣。子姑就馆,将图而告。"……秦师乃出。[①](《左传·定公四年》)

上例申包胥是在吴军攻破郢都、楚昭王逃亡随国的情况下到秦国请求救兵的。他连续使用三个以假设连词"若"为标志的假设句"若邻于君、若楚之遂亡、若以君灵抚之",从正反两面委婉而又详细地分析了秦国出兵与否的利害关系。这些话语委婉而又切中要害,诱惑力极强,深得秦哀公之心,所以秦国不久即出兵援救楚国。

史实叙述则体现为按照时间先后顺序讲述历史事实,具有明确的已然性与客观性等语体特征。这些语体特征决定了具有主观性与虚拟性语义特征的假设连词不适用于史实叙述。根据考察,在叙事语体文献的史实叙述部分几乎未见假设连词用例,仅有假设连词"苟"的个别用例。这

① 杨伯峻:《春秋左传注》(修订本)卷四,中华书局,1990,第1548页。

些用例均用于描述已然的通常情况，因为是对已然规律的概括，且句中蕴含作者的主观思考，所以可用假设连词来表达，但用例极少。例如：

(2)秦人来归僖公、成风之禭，礼也。诸侯相吊贺也，虽不当事，**苟**有礼焉，书也，以无忘旧好。[①]（《左传·文公九年》）

(3)莒子庚舆虐而好剑。**苟**铸剑，必试诸人。国人患之。[②]（《左传·昭公二十三年》）

在叙事语体文献中，除上述个别用例外，假设连词均出现在对话语境中。《国语》以记言为目的，言语在文献中居主体地位，因此假设连词的出现频率最高，每万字 36.80 次；《左传》次之，每万字 21.95 次；《战国策》最低，每万字 15.22 次。《战国策》也以记言见长，主要记述战国时期纵横家们的政治主张与谋略，但为何假设连词的使用频率却明显低于《国语》与《左传》呢？这应该与其所处时代的社会思想特征和纵横家的对话风格密切相关。战国晚期，礼崩乐坏，诸侯兼并更为激烈，纵横策士应运而生。其辩词不讲礼法信义而重权谋谲诈，不讲委婉含蓄而重纵横驰骋、酣畅淋漓、雄辩恣肆。正是因为如此，《战国策》中假设连词的使用频率明显低于《国语》与《左传》。

2.2 议论语体对假设连词的需求

议论语体文献《论语》《墨子》《孟子》《荀子》，注重议论推理，通常以事理或事实为论据，以逻辑推理为主线，通过准确而严密的推理论证，论述写作者的思想观念、政治主张与哲学观点。因此，议论语体具有逻辑性、事理性、泛时性与主观性等特征（张亚茹，2014）。而假设句表达假设性虚拟范畴，通过逻辑推理论述在某一主观假定条件下所得出的结论或产生的结果，因此假设句具有主观假定性（龚波，2010）与逻辑性。由此可知，假设句与议论语体在主观性和逻辑性等方面相契合，这就决定了假设句

---

① 杨伯峻：《春秋左传注》(修订本)卷二，中华书局，1990，第 574 页。

② 同上，卷四，第 1444 页。

也适用于议论语体，而且是议论语体中的惯用句式。

在议论语体文献中，《墨子》中假设连词的出现频率最高，每万字21.77次。假设连词的大量使用，与《墨子》讲究逻辑推理与论辩的语体特征密切相关，是《墨子》在论述中注重逻辑推理与论证的特点在语言层面上的具体表现。

为增强说服力，议论语体亦注重论证的严谨和客观，强调以客观准确的语言形式论述论者的观点。因此在议论语体中，用于直接表明论者主观态度的句法形式相对较少。而且，假设句委婉含蓄的语义特征也限制其在议论语体中的使用。这些应该就是议论语体文献中假设连词的使用频率低于叙事语体的主要原因。

三、个案分析——假设连词“若”的语体适应性

3.1 假设连词“若”的句法位置

在叙事语体与议论语体中，假设连词“若”均可位于主语前、主语后与谓语前(无主语)等不同的句法位置，但其在不同句法位置上出现的频率存在明显差异。具体表现为：在叙事语体中，“若”以位于谓语前(无主语)居多，占全部用例的59.5%，其中代词谓语占2.7%；位于主语后次之，占23.5%；位于主语前次之，占17%。而在议论语体中，“若”位于谓语前(无主语)占绝对优势，占全部用例的82.9%，其中代词谓语占32.9%；位于主语前次之，占15.9%；位于主语后的用例最少，仅占1.2%。

通过对比可知，“若”在叙事语体中位于主语前或后(构成主谓完整的假设句)的频率高于议论语体，但“若”在议论语体中位于谓语前的频率明显高于叙事语体，这与代词谓语用例大量存在密切相关。

下面我们具体分析不同语体中假设连词“若”和主语的位置关系与“若”和代词“是、此”的连用问题。

3.1.1 “若”与主语的位置关系

在不同语体中,假设连词“若”与主语的位置关系存在明显差异。具体表现为:在叙事语体中,假设连词“若”以位于主语后居多,其使用频率略高于位于主语前的,即“主语+若>若+主语”,二者相差不大;而在议论语体中,假设连词“若”以位于主语前居多,其使用频率明显高于位于主语后的,即“若+主语>主语+若”,二者差距较为明显。例如:

(4)“天占既兆,人事又见,我蔑卜筮矣。王若今起师以会,夺之利,无使夫悛。夫吴之边鄙远者,罢而未至,吴王将耻不战,必不须至之会也,而以中国之师与我战。若事幸而从我,我遂践其地,其至者亦将不能之会也已,吾用御儿临之。吴王若愠而又战,奔遂可出。若不战而结成,王安厚取名而去之。”越王曰:“善哉!”[①](《国语·吴语·勾践灭吴夫差自杀》)

(5)子墨子言曰:“今若国之与国之相攻,家之与家之相篡,人之与人之相贼,君臣不惠忠,父子不慈孝,兄弟不和调,此则天下之害也。”[②](《墨子·兼爱中》)

“若”与主语位置关系的语体分布差异,决定了叙事语体与议论语体中假设连词“若”所在句主语的话题与焦点之分。具体表现为:在叙事语体中,“若”多位于主语后,其辖域为句子谓语部分,假设分句的信息焦点是谓语部分所述行为;位于句首的主语是叙事的话题。而在议论语体中,“若”多位于主语前,其辖域为整个句子,假设分句的信息焦点为句子所述事情,主语亦为句子的信息焦点。上述“若”和主语的位置关系差异、主语的话题和焦点之分,均与“若”所在文献的语体特征密切相关。

叙事语体所叙述的历史事实常以同一主体的不同行为构成完整事件的形式呈现,在语言形式上表现为各分句先后承接,叙述连续性动作行为,以推进事件的开展。这种行为的连续性使得行为主体成为贯穿叙述

① 上海师范大学古籍整理研究所校《国语·下》,上海古籍出版社,1998,第618页。
② 周才珠、齐端端译注《墨子全译》,贵州人民出版社,1995,第126页。

始终的描述对象，决定了主语作为叙事话题常位于句首，以实现语句的前后衔接（张亚茹，2014）。叙事语体中假设连词“若”多位于主语后的原因即在于此。

议论语体中假设连词“若”以位于主语前为主，这与议论语体文献重逻辑推理的特征密切相关。议论语体的逻辑性与非时间性决定了其所论述的行为一般不具有连续性，而且假设句注重以假设的条件为根据进行推理，这就要求表示假设条件的语句应提供较为完整的语义信息，具有语义自足性，在语言形式上即表现为假设分句往往是主谓完整的小句，因此“若”多位于主语前。

3.1.2 “若是”和“若此”的分布差异

上古时期，假设连词“若”常与指示代词“是、此”连用，构成“若是、若此”。二者在不同语体文献中的分布存在明显差异，即“若是”和“若此”在议论语体中的使用频率（32.9%）远远高于叙事语体（2.7%），二者相差悬殊，且“若是”更为常用。

“若是”在《荀子》中的使用尤为突出，一般构成“①……；若是，则②……”形式。例如：

(6)凡听：①威严猛厉，而不好假道人，则下畏恐而不亲，周闭而不竭；**若是**，则②大事殆乎弛，小事殆乎遂。①和解调通，好假道人，而无所凝止之，则奸言并至，尝试之说锋起；**若是**，则②听大事烦，是又伤之也。故法而不议，则法之所不至者必废。职而不通，则职之所不及者必队。[①]（《荀子·王制》）

由上例可知，句①提出并论述观点，然后以“若是，则……”形式进行假设论证，指示代词“是”复指上文所提观点，并作为论证的假设条件，“则”引出推理得出的结论。通过这样的句法形式，论者既突出了自己在上文中提出的作为假设条件的观点，又凸显了自己在下文中推理得出的

① 张觉撰《荀子译注》，上海古籍出版社，1995，第145页。

结论，目的是增强说服力，引导听者接受自己的观点。在这一句式中，假设条件与推理结论均为论者所要传达与强调的信息焦点。但是，若直接以“若①……，则②……”的形式呈现，则句子的语义重心主要在句②所引出的推理结论上，而且这种单纯的假设句式蕴含委婉含蓄的意味，这都不符合论者的表达与论证需要。由上可知，“若是”和“若此”之所以在议论语体中普遍使用，是因为论者的论证需要。

3.2 主语的人称差异

在叙事语体与议论语体中，以假设连词“若”为标志的假设句的主语也存在明显差异。具体表现为：一是主语人称有别。在叙事语体中，位于假设连词“若”前的主语具有明显的人称指向，以第二人称居多，多为指代对话者的尊称“君”“王”等；而在议论语体中则没有这种倾向。二是主语所指有别。在叙事语体中，“若”字句中的主语大都有具体所指，多为言谈对象或上文所述的人或事物；而在议论语体中，“若”字句中的主语一般较为抽象，没有具体所指。例如：

(7)对曰：“君**若**以德绥诸侯，谁敢不服？君**若**以力，楚国方城以为城，汉水以为池，虽众，无所用之。”①(《左传·僖公四年》)

(8)“王又割濮磨之北，属之燕，断齐、秦之要，绝楚、魏之脊，天下五合六聚而不敢救也，王之威亦惮矣。王**若**能持功守威，省攻伐之心，而肥仁义之诫，使无复后患，三王不足四，五伯不足六也。王**若**负人徒之众，材兵甲之强，壹毁魏氏之威，而欲以力臣天下之主，臣恐有后患。”②(《战国策·秦四·顷襄王二十年》)

在叙事语体中，“若”前主语的第二人称倾向是由“若”所处的对话语境决定的。因为在对话中，双方面对面进行交谈，说话者一般以第二人称称呼对话者，而叙事语体中的对话往往是君臣对话，且以臣对

① 杨伯峻：《春秋左传注》(修订本)卷一，中华书局，1990，第292页。

② http://www.guoxue.com/book/zhanguoce/0006.htm，访问日期：2022年5月23日。

君的劝谏居多，所以位于假设连词“若”前的主语往往是表示尊称的“君”或“王”。

3.3 关联形式的分布差异

上古时期，由假设连词“若”构成的关联形式主要有两种：一是居端依赖式，即“若……，……”形式；二是前后配套式，即“若……，则……”形式。在不同语体文献中，这两种关联形式的使用频率存在明显差异。

在叙事语体中，假设连词“若”以用于居端依赖式居多，共554例，占其全部用例的81.7%；前后配套式次之，共122例，占其全部用例的17.8%。前者是后者的四倍多，二者相差悬殊。而在议论语体中，假设连词“若”以用于前后配套式居多，共94例，占其全部用例的57.3%；居端依赖式次之，共70例，占其全部用例的42.7%。例如：

(9)且绝民用以实王府，犹塞川原而为潢汙也，其竭也无日矣。**若**民离而财匮，灾至而备亡，王其若之何？[①]（《国语·周语·单穆公谏景王铸大钱》）

(10)夫无故富贵、面目佼好则使之，岂必智且有慧哉？**若**使之治国家，**则**此使不智慧者治国家也。国家之乱，既可得而知已。[②]（《墨子·尚贤中》）

假设连词的配置不同，其所起的连接作用也有所不同。“关联标记越多联结作用越强，关联标记配置成套的联结作用比只使用单个关联标记要强，居中比居端（前端或末端）的联结作用要强。”[③]居端依赖式中假设连词只位于假设分句的前端。前后配套式中既有假设连词又有与之呼应的关联词语，其中假设连词“若”位于假设分句前端，明确显示其所在句含

① 上海师范大学古籍整理研究所校《国语·上》，上海古籍出版社，1998，第122页。

② 周才珠、齐端端译注《墨子全译》，贵州人民出版社，1995，第65页。

③ 储泽祥、陶伏平：《汉语因果复句的关联标记模式与“联系项居中原则”》，《中国语文》2008年第5期411—412页。

有假设语义关系;与之呼应的关联词语"则"位于结果分句前端,处于假设分句与结果分句的连接之处(即居中),既具有连接作用,也具有凸显推理与加强假设语义关系表达的作用。因此,用于前后配套式的假设连词其连接作用比居端依赖式强,假设与结果的连接更为密切,假设语义关系也表达得更为清晰和明确。议论语体中假设连词较多使用前后配套式,这与议论语体注重逻辑性与论证性的语体特征密切相关。

3.4 "若"的语义功能分布

上古时期,假设连词"若"具有推测性假设、事实性假设与违实性假设三种语义功能,由此构成推测性假设句、事实性假设句与违实性假设句。推测性假设句是指假设分句说明一种假定的情况,结果分句则预测在该条件下产生的结果,假设分句所指情况发生与不发生的可能性都有。事实性假设句是指假设分句叙述已然事实,结果分句以此为假设条件引出推论结果。违实性假设句是指假设分句所述情况与已知事实相反,结果或结论也与已知事实相反。例如:

(11)天下之为父母者众,而仁者寡,若皆法其父母,此法不仁也。[①](《墨子·法仪》) ——推测性假设

(12)鲁叔孙之来也,必有异焉。其享覿之币薄而言谄,殆请之也;若请之,必欲赐也。[②](《国语·周语·王孙说请勿赐叔孙侨如》) ——事实性假设

(13)苏秦谓周君曰:"除道属之于河,韩、魏必恶之……若四国弗恶,君虽不欲与也,楚必将自取之矣。"[③](《战国策·西周·楚请道于二周之间》) ——违实性假设

根据考察,假设连词"若"语义功能的语体分布共性体现为:在叙事语

① 周才珠、齐端端译注《墨子全译》,贵州人民出版社,1995,第23页。

② 上海师范大学古籍整理研究所校《国语·上》,上海古籍出版社,1998,第79页。

③ http://guoxue.com/book/zhanguoce/0002.htm,访问日期:2022年5月23日。

体与议论语体中，推测性假设均为假设连词"若"最重要的语义功能，推测性假设句是其最常用的假设句类型，而事实性与违实性假设句用例较少。其语体分布差异则体现在这三种语义功能的使用频率高低有别，推测性假设句在议论语体中的使用频率明显高于叙事语体，事实性假设句在叙事语体中的使用频率明显高于议论语体。详见表3。

表3　假设连词"若"语义功能分布表

语体		语义功能		
		推测性假设句	事实性假设句	违实性假设句
叙事语体	用例数	569	83	26
	比例	83.9%	12.2%	3.8%
议论语体	用例数	155	2	7
	比例	94.5%	1.2%	4.3%

"若"的语义功能分布差异是由语体特征决定的。议论语体以议论推理为主，在进行论证时，往往是以事理作为依据，通过推理得出结论。因为如此，议论语体在进行假设论证时，"若"以构成推测性假设句为主。而叙事语体以叙述史实为主，在人物对话时，对话主体常会谈到当时已经发生或正在发生的事实，并以这些事实作为假设条件推理得出结论，以此来劝谏对方。因此，事实性假设句在叙事语体中的使用频率相对较高。

3.5　"若"的语用功能分布

上古时期，假设连词"若"具有推知、评价、应变、建议四种语用功能。推知是指假设句"表示由某种假设推知某种结果"，"重在客观地展示事物的发展"；评价是指假设句"表示由某种假设引出某种针对假设情况所做的评说"，"结果分句对假设分句有按注作用"；应变是指假设句"表示由某种假设引发某种应变的行动"，"重在从主观上表明态度与对策"①；建议

① 邢福义：《汉语复句研究》，商务印书馆，2001，第85—87页。

是指假设句表示由某种假设引出说话者要向听话者提出的建议，属于言语行为句。例如：

(14)郑子元请为左拒，以当蔡人、卫人；为右拒，以当陈人，曰："陈乱，民莫有斗心。**若**先犯之，必奔。王卒顾之，必乱。蔡、卫不枝，固将先奔。既而萃于王卒，可以集事。"从之。[①]（《左传·桓公五年》）

——推知

(15)上则能尊君，下则能爱民，物至而应，事起而辨，**若**是则可谓通士矣。[②]（《荀子·不苟》）

——评价

(16)曰："虽然，何以报我？"对曰："**若**以君之灵，得反晋国。晋、楚治兵，遇于中原，其辟君三舍。**若**不获命，其左执鞭、弭，右属櫜、鞬，以与君周旋。"子玉请杀之。[③]（《左传·僖公二十三年》）

——应变

(17)诸卒民居城上者，各葆其左右，左右有罪而不智也，其次伍有罪。若能身捕罪人**若**告之吏，皆构之。**若**非伍而先知他伍之罪，皆倍其构赏。[④]（《墨子·号令》）

——建议

在叙事语体与议论语体中，推知均为假设连词"若"最重要的语用功能，使用频率最高。但这四种语用功能的分布情况也存在一定差异，主要体现在"若"的推知功能在议论语体中的使用频率明显高于叙事语体，而评价、应变与建议这三种语用功能在叙事语体中的使用频率均高于议论语体，详见表4。这些语用功能在两种语体中的具体表现也有所不同。具体如下：在叙事语体中，推知的结果一般是事情发展的具体结果，言者的评价行为、提出的建议与采取的应变行为一般均为具体可感的动作行为；而在议论语体中，推知的结果一般为抽象的结论或结果，论者的评价、提出的建议与采取的应变行为一般均为抽象的事理或行为，其抽象程度明显高于叙事语体。

① 杨伯峻：《春秋左传注》（修订本）卷一，中华书局，1990，第105页。

② 张觉撰《荀子译注》，上海古籍出版社，1995，第41页。

③ 杨伯峻：《春秋左传注》（修订本）卷一，中华书局，1990，第409页。

④ 周才珠、齐端端译注《墨子全译》，贵州人民出版社，1995，第724页。

表 4　假设连词“若”语用功能分布表

语体		语用功能			
		推知	评价	应变	建议
叙事语体	用例数	330	170	72	104
	比例	48.8%	25.1%	10.7%	15.4%
议论语体	用例数	97	40	10	17
	比例	59.1%	24.4%	6.1%	10.4%

假设连词“若”的语用功能分布差异也是由叙事语体与议论语体的语体特征决定的。议论语体以议论说理为主，重在逻辑推理，且以事理推理居多，这就决定了假设连词“若”的主要语用功能为推知。论者议论说理的目的在于阐述自己的思想与观点，为使听者更易于接受并采纳，他们会采用适当的方式弱化论述的主观色彩，使论述尽可能客观而合理。因此，应变与建议这些主观性较强的语用功能在议论语体中使用得相对较少，其使用频率均低于叙事语体。而叙事语体中的人物对话语境则为假设连词的各种语用功能提供了较为自由的使用空间。

四、结语

综上所述，上古时期假设连词的使用具有明确的语体适应性，主要体现在三个方面：一是使用频率差异。假设连词在叙事语体与议论语体中的使用频率存在明显差异，前者高于后者。在叙事语体中，假设连词基本用于人物对话。二是句法差异，这是假设连词最突出的语体差异。假设连词“若”在句法位置、主语人称与关联形式等方面均存在明显的语体差异。三是功能分布差异。假设连词“若”的语义功能与语用功能在叙事语体与议论语体中的分布均存在差异。

由此可知，语体对于上古假设连词的使用具有明确的制约作用。若我们能够从文献的语体特征入手，深入考察各种语言现象的使用情况，探究并准确解释其在实际运用中的语体差异，那将有助于我们揭示汉语中各种语言现象的真实面貌、运用规律与影响语言使用和发展的语体动因。

参考文献

储泽祥,陶伏平.汉语因果复句的关联标记模式与“联系项居中原则”[J].中国语文,2008(5).

龚波.假设句的语义特征[J].重庆三峡学院学报,2010(1).

胡习之.试说假设复句的表达功能[J].修辞学习,1992(5).

黄天树.甲骨文中的假设连词“若”[J].首都师范大学学报(社会科学版),2017(3).

覃勤.先秦古籍字频分析[J].语言研究,2005(4).

陶红印.试论语体分类的语法学意义[J].当代语言学,1999(3).

邢福义.汉语复句研究[M].北京:商务印书馆,2001.

张亚茹.语体差异与因果标记“是以”[J].语言科学,2014(1).

日本学生初级汉语口语偏误分析

孙兴锋
（北京语言大学汉语学院）

摘　要　本文研究内容为日本学生初级汉语口语常见偏误及原因与对策分析。文章以日本学生所写72篇对话中455个偏误实例为研究材料，定量统计了偏误位置及具体偏误内容，分析了偏误原因，提出了应对策略。研究发现，日本学生初级汉语口语中常见语法偏误为“了”的用法偏误、补语偏误等，常见词汇偏误为近义词偏误、日式词语偏误及能愿动词偏误。最主要的偏误原因是学生没有学习过相应表达。因此，本文认为针对日本学生的初级口语教学在贯彻“多听多说”原则前，应先让学生“多学多看”。

关键词　初级汉语口语　偏误　对策　日本

前　言

为了更好地了解日本学生的学习状态，有针对性地解决他们在学习中遇到的问题，提高教学效率，改善教学效果，本文以东京外国语大学中

* 本成果受北京语言大学院级项目资助（中央高校基本科研业务费专项资金），项目批准号18YJ080107。

文系二年级学生所写的72篇对话为研究材料,对日本学生初级汉语口语中常见偏误的位置、内容及原因进行了分析。

72篇对话共包括6个话题:打电话约朋友一起去×××、和朋友一起去玩儿、拜访朋友、和朋友商量计划、请教问题和关心朋友。这些话题都涉及生活中比较常见的场景。经统计,72篇对话(每篇对话长度在10~14句之间)中共有455处偏误,平均每篇对话约6.3处。不过,72篇对话中有12篇因有华裔同学参与,偏误极少。若总对话以60篇计算的话,那每篇偏误为7.6处左右。总体而言,日本学生初级汉语口语中出现的偏误较多。本文以这455处偏误实例为研究材料,定量统计了偏误出现的位置及具体内容,并在此基础上分析了偏误出现的原因。

一、偏误位置

本文将偏误位置分为词汇偏误、语法偏误及语用偏误,统计结果如图1:

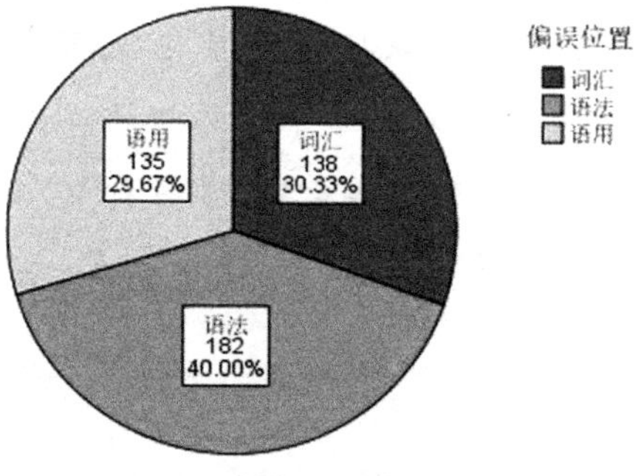

图1 日本学生初级汉语口语偏误位置饼状图

如图1所示,在总计455处偏误中,日本学生在语法方面的偏误数量最多,为182处,占比40%;在词汇和语用方面的偏误数量基本相同,分别为138处和135处,均占比约30%。

二、偏误内容

为了解学生的具体学习情况,本文对学生的具体偏误内容进行了统计。下文将按照偏误数量从多到少的顺序,依次详述语法偏误、词汇偏误及语用偏误的具体内容。

2.1 语法偏误

语法偏误一般包括遗落、误加、误用、错序四种,不过这样的分类不利于总结偏误原因,进而有针对性地解决问题。因此,本文根据笔者自己的教学经验及对偏误例句的整体把握,将语法偏误分为两大类:学习过的表达和没有学习过的表达。统计发现,在 182 例语法偏误中,学习过的表达为 83 例,占比 45.60%;没有学习过的表达为 99 例,占比54.40%。对于学习过的表达,本文具体统计了其偏误语法点,以期在今后的教学中可以有针对性地进行重点讲解和强调。没有学习过的表达则归为另一类。下文将详述这些语法偏误的具体内容。

2.1.1 学习过的表达

在 182 个语法偏误例句中,学生学习过的语法例句共 83 个,主要包括以下语法点:“了”的用法(15 例)、补语(13 例)、“去”的用法(7 例)、“是……的”句(7 例)、“在”的用法(6 例)、感叹表达(5 例)及其他语法点(30 例)。

(1) * 东京的天气又闷又热了。(正:东京的天气又闷又热。)

(2) * 我去医院,医生也给我开药了。(正:我去了医院,医生也给我开了药。)

(3) * 你想好你的暑假计划吗?(正:你想好你的暑假计划了吗?)

日本学生初级汉语口语中经常出现的“了”的用法偏误包括两种:误加“了”和遗落“了”。因为日语中形容词做谓语时也会使用过去表达形式

“でした”,受此影响,例(1)误加了“了”。另外,由于日语句子一般只在句子末尾使用过去表达形式,不在前面的分句中使用,例(2)受学生母语影响,前一分句中遗落了“了”。例(3)这种缺少“了”的情况也时有发生,一旦练习较少或稍不注意,日本学生就会出现这种偏误。

(4) * 但是没能预订好8月的机票。(正:但是没能预订到8月的机票。)

(5) * 这个暑假我没去过。(正:这个暑假我没去成。)

(6) * 这几天我睡不成了。(正:这几天我没睡好。)

(7) * 圣诞节去那儿的时候,我看得见很多恋人。(正:圣诞节去那儿的时候,我能看到很多恋人。)

(8) * 上午我不能去。(正:上午我去不了。)

日本学生在补语方面经常出现的偏误包括:①补语用词错误,如例(4)、例(5)和例(6),这需要学生多学多看大量正确例句,体会最为恰当的补语用词,形成语感;②过去式用错,如例(6);③可能补语和“能……”混淆,如例(7)和例(8),这需要教师进行更加细致的讲解并为学生提供大量的例句及练习。

(9) * 咱们在新宿看怎么样?(正:咱们去新宿看怎么样?)

(10) * 咱们在那里吃饭吧。(正:咱们去那里吃饭吧。)

(11) * 你要快点儿买呀!(正:你要快点儿去买呀!)

日本学生在使用“去”时最常出现的偏误是误用“在”代替“去”,主要原因是受日语语法的影响。在日语中,即使说话双方不在接下来要去的地点,句中仍然使用表示场所的助词“で”;而在汉语中,当说话地点和接下来要去的地点不一致时,句中一般使用趋向动词“去”。例如例(9),说话双方在学校商量要不要去新宿看电影,说话地点为学校,接下来要去的地点为新宿,这种情况下汉语一般说“咱们去新宿看怎么样”,而日语则说“新宿で見るのはどうですか”。例(10)和例(11)同样如此,说话地点与接下来要去的地点不一致,但日本学生受母语影响误用了“在”代替“去”。

这需要教师特别指出并反复提醒。

(12) * 你怎么练习发音?(正:你是怎么练习发音的?)

(13) * 上次你和谁去京都玩儿?(正:上次你是和谁去京都玩儿的?)

(14) * 昨天我妈妈给我买来了。(正:昨天我妈妈给我买的。)

日本学生在使用“是……的”句时常见的偏误有:①该用时不用,如例(12)和例(13);②用“了”代替“是……的”,如例(14)。出现以上两种偏误的原因是学生还没有领会“是……的”句的语法意义和使用情境,这需要教师的细致讲解及学生的大量阅读。

(15) * 清水寺是在京都最有名的寺。(正:清水寺是京都最有名的寺庙。)

(16) * 看到在电影里他们吃面包,我也想吃了。(正:看到电影里他们吃面包,我也想吃了。)

(17) * 在学期末,我有很多作业和考试。(正:学期末我有很多作业和考试。)

关于“在”的使用,日本学生与其他国家学生类似,最常见的偏误是误加“在”。例(15)、例(16)、例(17)都是这种情况,主要原因也是受母语影响。这和英语中介词的用法容易导致英语母语者误加“在”的情况相同,需要教师重点强调及反复提醒。

(18) * 这里真有很多留学生。(正:这里的留学生真的好多啊!)

(19) * 我真高兴呀!(正:好开心呀!)

(20) * 这是真宽阔的!(正:这里真大!)

日本学生在使用感叹句时,多多少少都存在一些问题。他们比较喜欢使用“真……”表达感叹,但一般会出现两个问题:①混淆“真”和“真的”,如例(18);②用错,如例(19)和例(20)。针对这两个问题,教师和学生应注意总结归纳表达感叹的固定句型。

除了以上比较有共性的语法偏误之外,日本学生初级汉语口语中还存在一些不具有共性的问题，如例(21)—(26)。这些问题一般出现在个别学生身上，教师可以通过个别提醒进行纠正。

(21) *发烧不发烧？（正：发烧没发烧？）

(22) *你脸色不好，还汗出得很多。（正：你脸色不好，还出了很多汗。）

(23) *你要先去医务室，然后喝多水，好好休息休息。（正：你要先去医务室，然后多喝水，好好休息休息。）

(24) *我觉得这儿短一点儿。（正：我觉得这儿有点儿短。）

(25) *不但你没有对象，我也同样没有恋人。（正：不只你没有对象，我也没有。）

(26) *看来很好吃。（正：看起来很好吃。）

2.1.2 没有学习过的表达

通过整理学生的偏误例句，笔者发现很多句子出现偏误是因为学生没有学习过或见过类似的表达。这样的偏误例句共99个，占所有语法偏误例句的54.40%。本文认为，这对我们调整教学方法有重要的启示。

(27) *怪不得就是去医院我的病怎么也治不好。（正：怪不得就是去了医院我的病也没好。）

(28) *因为我不知道好医院。（正：因为我不知道哪家医院好。）

(29) *今天下课后我去你家给你做容易吃的饭。我每次没胃口的时候，妈妈做给我的。（正：今天下课后我去你家给你做点儿好消化的吧？我每次没胃口的时候，我妈妈都会给我做。）

(30) *我想你可以读完小说不觉得累。（正：我觉得看小说人不会累。）

(31) *这两天一会儿热一会儿凉快。（正：这两天忽冷忽热。）

(32) *我从来都没请过假，我怕老师对我的印象变坏。（正：我从来都没请过假，我怕老师对我产生不好的印象。）

(33) *也要吃得好睡得好。（正：也要吃好睡好。）

(34) * 如果你这么说，我非坐公共汽车不可。（正：你这么说的话，那我也坐公交车。）

日本学生出现的上述偏误看似互相之间没有联系，很难归类，不过本文认为其具有共性，即学生还没有学过或见过例句所包含的语法点，以上8个例句均属于这种情况。从学生的角度思考，当遇到不会的表达时，为完成交际目的，学生只能按照母语思维尝试性地进行表达。当这种表达更多地体现母语思维时，它往往会出现母语负迁移偏误，如例(27)—(30)。这4个例子均带有明显的日语语法痕迹。例(27)的日语为“病院に行ってもどうしても治らない”，例(28)的日语为“いい病院もわかりませんし”，例(29)的日语为“食べやすいもの”，例(30)的日语为“小説を読んでも疲れないと思いますから”，例(27)—(30)画线处基本均为相应日语句子的直译。当这种表达更多地利用汉语语法规则时，它往往会出现目的语语法规则泛化偏误，如例(31)—(34)。学生没有学过“忽冷忽热”“吃好睡好”等表达，只能利用相似的汉语语法去造句，导致句子出现语法偏误。

2.2 词汇偏误

经统计，在138个词汇偏误例句中，近义词偏误最多，共62处，占比44.93%。可见，针对日本学生的初级汉语口语教学，我们应该格外重视近义词辨析。其次为日式词语偏误，即学生在不知道相应目的语词语时，通过查字典等方式直接使用日语中的词语。这样的偏误共38处，占比27.54%。第三为能愿动词偏误，共16处，占比11.59%。第四为其他偏误，包括量词偏误、语气助词偏误、词语用法偏误等共22处，总占比15.94%，因为其中每种偏误的占比均没有超过10%，所以归为一类。

(35) * 我能抄一下你的本子吗？（正：笔记）

(36) * 你太夸大了。（正：夸张）

(37) * 都很美味。（正：好吃）

(38)＊过了几天，我们再遇见了。(正：又)

从上面4个例子可以看出，日本学生出现的近义词偏误涉及范围很广，包括例(35)的名词、例(36)的动词、例(37)的形容词和例(38)的副词，偏误内容也涉及词的意义、用法及语体色彩等。因此，针对日本学生的初级汉语口语教学，教师应该给予近义词辨析足够的重视。

(39)＊美术馆都有什么陈列品？(正：展品/陳列品)

(40)＊我爸借了一辆车。(正：租/借りる)

(41)——我妈妈做了很多日本的传统菜。

——＊很豪华！(正：丰盛/豪華)

(42)＊村田擅自骑走了。(正：汉语中省略/勝手に)

(43)＊听说东京的绿色很美。(正：环境很好/緑が多い)

以上5个例子是日本学生直接使用日语词导致的词汇偏误，涉及例(39)的名词、例(40)的动词、例(41)的形容词、例(42)的副词、例(43)的主谓短语。因此，如何保证学生在没有学过或见过地道的汉语表达时也可以通过自己的途径找到正确的表达，也是日本学生初级汉语口语教学的一项重要内容。

(44)＊好的，我要注意的。(正：会)

(45)＊我应该检查吗？(正：需要)

(46)＊你会不会跟我一起去？(正：能不能)

在16处能愿动词偏误中，"要"的偏误出现次数最多，一共出现了9次；其次为"应该"，出现了4次。可见，日本学生对这两个能愿动词的掌握还不太到位，教师应进行重点讲解和练习。

以上是比较集中的三种词汇偏误，此外还有一些不太集中的词汇偏误，如例(47)的量词偏误、例(48)的语气助词偏误、例(49)的词语用法偏误等。这些偏误属于个例，不具有普遍性。

(47) * 这暑假你打算做什么呢？（正：这个暑假）

(48) * 那是不是精神方面有问题吧？（正：呢）

(49) * 据说天气预报，星期天的天气很热。（正：据天气预报说）

2.3 语用偏误

72篇对话中日本学生的语用偏误共135例，占比29.67%。这些偏误例句的语法和词汇使用都是正确的，不过出现了说话不合时宜、说话方式不当或表达不合习惯等问题。主要包括三种偏误：①语气太生硬；②应答不自然；③应答惯用语使用错误。

(50) * 你要干什么？（正：你想做什么？）

(51) * 我要喝水，自动售货机在哪儿？（正：我想喝水，你知道哪儿有自动售货机吗？）

(52) * 我有一个问题想问你。（正：我有一个问题想问你一下儿。）

(53) * 我来介绍我的父母。（正：我来介绍一下儿我的父母。）

例(50)—(53)的语气都比较生硬。其中例(50)和例(51)是由于用词不当，例(52)和例(53)则是由于缺少"一下儿"这类缓和语气的数量词。这种情况在日本学生初级口语中非常常见，因此教师有必要向学生解释清楚汉语中令语气缓和的几种方法，并让学生多加练习。

(54)——我想请你去看演唱会，你有时间吗？

——* 那是谁的演唱会？（正：谁的演唱会呀？）

(55)——* 我想吃中餐，我一个人去会很紧张，所以一起去那儿吧？（正：我想吃中餐，我一个人去会很紧张，所以一起去吧？）

——* 没问题，我也非常想去那儿。（正：没问题，我也非常想去。）

(56)——今天下午你去医院吗？

——* 我希望，不过……（正：我也想去，不过……）

(57)——那么远，你不觉得麻烦吗？

——＊需要30分钟左右。（正：只需要30分钟左右就能到。）

例(54)—(57)都属于应答不自然造成的偏误。其中，例(54)和例(55)是由于使用了多余的指示代词，这种现象非常常见，因为这是日语的表达习惯。例(56)同样是受日式表达影响导致句子不符合汉语的表达习惯。例(57)则是因为缺少了“只”，让问句和答句在思维衔接上出现了问题。

(58)——你周六有时间吗？

——＊为什么呢？（正：怎么了？）

(59)——那咱们在神宫球场见面吧？

——＊知道了，再见。（正：好的，再见。）

(60)——下次请来我家。（下次来我家玩儿吧。）

——＊当然了。（正：好的，没问题。）

(61)——麻烦你了。

——＊没什么事儿。（正：没事儿。）

(62)——我已经做完作业了。

——＊你真行。（正：你真厉害！）

例(58)—(62)是应答惯用语使用错误。其中，例(58)—(60)为日式思维回答，也就是直接翻译了相应的日语句子。例(61)和例(62)则是由于没有把握好句子及词的感情色彩。应答惯用语一般比较简短，但是学生在对话中却出现了这么多偏误，这说明学生有可能还没有接触过地道的汉语回答。因此，如何让学生尽可能多地接触地道汉语表达也应该成为教学中需重点加强的方面。

三、偏误原因

通过以上分析，本文认为日本学生初级汉语口语中出现上述偏误的原因可以概括为以下四个方面：

3.1 教学方法的问题

教师在教学过程中没有让学生学到或见到足够多地道的汉语对话内容，这是学生出现偏误的最大原因。从上文对偏误内容的分析我们可以看到，54.40％的语法偏误、27.54％的词汇偏误和大部分语用偏误都是因为学生没有学过或见过相应的汉语表达。现在的初级汉语口语教学一般是通过一两篇对话学习一个话题，这显然不可能让学生学到或见到足够多的地道的汉语对话内容，学生自然也就无法应对复杂多变的对话了。

3.2 教师的问题

这 455 个偏误例句中有一些具有一定的共性，如语法偏误中的“了”的用法偏误、词汇偏误中的近义词偏误以及语用偏误中的应答惯用语偏误，这说明教师的教学还没有彻底攻克这些教学难点。

3.3 学生的问题

在教学过程中，我们经常会遇到学生同样的偏误出现两次甚至三次的情况，如例(35)。教师在课堂教学中反复提醒过学生，不过学生仍然会出现同样的问题，这表明学生自身的学习态度和学习方法也存在问题。

3.4 教材的问题

在实际的教学活动中，笔者体会最深的就是“我们”和“咱们”这对近义词。教材中基本全部使用“我们”一词，导致很多例句不够自然生动，如例句“今天我们既饱了眼福，又饱了口福”显然不如“今天咱们既饱了眼福，又饱了口福”来得自然。虽然笔者曾在课堂教学中反复强调这两个词的区别，但仍然有学生不加改正，这并不全是学生学习态度的问题，教材自身所具备的权威性应该起到了更大的作用。因此，保证教材内容的准确性也是非常重要的。

四、对策分析

针对以上原因，本文认为应该从以下四个方面采取应对措施，解决日本学生初级汉语口语教学中的问题，改善教学效果，切实提高学生的口语水平。

4.1 教师应该改善教学方法，在“多听多说”练习之前，务必要让学生“多学多看”，让学生接触足够多的地道的汉语对话内容

如果没有“多学多看”作为基础，学生习惯性地会使用日语思维和汉语词汇、语法进行交际，这极大概率会导致偏误产生。

4.2 教师应准确把握教学重难点，并有针对性地进行讲解和练习，保证学生少犯错

教师备课时应准备充分，对学生可能产生的共性问题做出准确预测，以此确定每堂课的教学重点；然后围绕教学重点设计教学方案，从教学方法、教学手段、练习设计、活动设计等方面多管齐下，帮助学生攻克学习难点。

4.3 端正学生学习态度，纠正学生错误的学习理念，提高学生学习积极性

很多学生对口语课抱有一种“口语课就应该多听多说，没必要讲语法或纠正偏误”的观念，我们认为这种观念是错误的。“多听多说”肯定是有必要的，这是各位先人前辈经过实践证明的行之有效的口语练习方法；不过我们同样认为，改正学生口语中出现的各种偏误及错误也是非常有必要的。

4.4 保证教材内容的准确性

由于教材自身所具备的权威性，教材一旦出现不自然或错误的内容，那将会对学生造成巨大的不良影响。

五、总结

本文以日本学生所写72篇对话中的455个偏误实例为研究材料，分析了日本学生初级汉语口语中常见的偏误及其原因，并提出了应对策略。研究发现，日本学生初级汉语口语中常见语法偏误为“了”的用法偏误、补语偏误等，常见词汇偏误为近义词偏误、日式词语偏误及能愿动词偏误，语用偏误主要为语气太生硬、应答不自然、应答惯用语使用错误。偏误产生的最主要原因是学生没有学过或见过相应的表达，此外还有学生学习态度问题、教师教学方法问题及教材内容不准确问题。我们提出的应对策略为：口语教学在贯彻“多听多说”原则前，首先必须让学生“多学多看”；教师应准确把握教学重难点，并进行有针对性的讲解和练习；学生必须纠正错误的学习理念，端正学习态度；教学应保证教材内容的准确性。

本文所用偏误例句数量有限，且局限于日本学生汉语学习的初级阶段，统计及分析也较微观，而且本文没有涉及语音偏误及流畅度等问题，今后若有机会，将进一步探讨汉语口语教学的相关问题。

参考文献

孔令跃.高级汉语口语教学：问题、研究与对策[J].汉语学习，2013(5).

刘祥友.对外汉语偏误分析[M].广州：世界图书出版广东有限公司，2012.

鲁健骥.外国人学习汉语的词语偏误分析[J].语言教学与研究，1987(4).

鲁健骥.外国人学汉语的语法偏误分析[J].语言教学与研究，1994(1).

王海峰.非目的语环境下日本学生交际意愿与汉语口语教学[J].汉语学习，2019(1).

徐子亮.汉语作为外语的口语教学新议[J].世界汉语教学，2002(4).

赵雷.对外汉语口语教学目标的实现[J].汉语学习，2008(6).

朱其智，周小兵.语法偏误类别的考察[J].语言文字应用，2007(1).

汉语学习者对网络语言的态度及网络语言对汉语学习的影响分析

——以网络流行语为例

赵　璞

（北京语言大学语言学系）

摘　要　伴随着网络使用的普及，汉语中产生了一类特殊的语言变体——网络语言。本文在总结近年来网络语言研究的基础上，运用问卷调查法，分析了汉语学习者对网络流行语的了解情况、态度以及使用和学习的意愿，并和中国学生的调查数据进行对照，从积极和消极两个方面分析了网络流行语对汉语学习者的影响。

关键词　网络流行语　汉语学习者　态度　影响

前　言

随着互联网技术在世界范围内的普及，人类的生产和生活正经历着前所未有的重大变革。互联网的发展给人类生活带来便捷的同时也深刻影响着社会生活的各个方面。人们的情感理念、价值取向、思维方式、行为习惯等都在互联网的普及和影响下发生了巨大而深刻的变化。其中与我们的语言生活联系尤为密切的是，互联网创新了传播和交流方式，带来了交际方式、交际环境、交际渠道的变革，并催生了一种新的语言变体——网络语言。

一、网络语言的概念及其在中国的研究现状

1.1 网络语言的概念

在2000年前后，中国学界开始了对网络语言的研究。对于网络语言这个概念，最初的研究者提出了广义和狭义之分。广义的网络语言指的是网络传播中应用及接触到的一切语言，包括人类自然语言和物理技术语言。狭义的网络语言指与网络有关的特别用语、专业术语以及网民在网络上交流所使用的专门用语和符号。本文所提到的网络语言特指最后一种，即网民在互联网上进行信息收集、发布与交流时所使用的自然语言。（于鹏亮，2014）

1.2 网络语言的国内研究现状

作为一种新的语言变体，网络语言在中国出现至今不过20余年，但在社会舆论层面和学术层面却引起了相当多的讨论乃至争论。在社会舆论层面，网络语言一经出现就引起了极大的反响，并在2000年左右引发了一系列大讨论。表1列出的为选取的部分媒体文章。

表1 “网络语言”媒体文章摘选

时间	媒体	标题
2000.6.26	《文汇报》	《网络语言不规范引起关注》
2000.6.27	《文汇报》	《怎样看待新的网络语言》
2000.8.17	《中华工商时报》	《网络语言“说都不会话”了》
2000.12.12	《文汇报》	《网上会话不再雾里看花》
2001.1.5	《中国青年报》	《网语词典六月问世，新新话语该捧该贬》

续表

时间	媒体	标题
2001.2.16	《北京科技报》	《网络语言“敲”出新天地》
2001.1.31	《中国青年报》	《“网语词典”就像黑话词典》
2001.8.22	《光明日报》	《网络语言的位置》

可以看出，当时社会对网络语言的态度分化较为严重。持肯定态度的也有之，认为其是新时代的声音；持反对态度的也有之，认为其不规范、不文明，甚至扣以“黑话”的帽子。以《文汇报》2000 年 6 月 26 日发表的《网络语言不规范引起关注》为例，该报道指出了网络语言中的“美眉、斑竹”等一系列令人迷惑的词汇，并援引了一位作家的意见——“网络是对语言进行肢解的地方”表明观点。报道发布后，年轻网民、网络工作者以及语言学家展开了激烈的讨论，并以各种形式向报社递送了他们的见解，于是该报在之后的一段时间内多次发表相关议题的报道。

在学术界，语言学家对网络语言的研究兴趣随着互联网的发展日益浓厚。

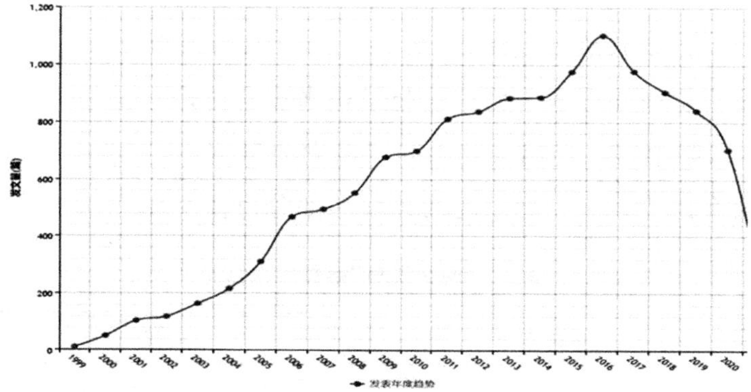

图 1　主题为“网络语言”的论文发表年度趋势

通过在中国知网进行搜索，我们可以看出，2000—2020 年 20 年间以网络语言为研究对象的论文（包括期刊论文、会议论文和硕博学位论文）共计 13000 余篇，每年发表数量从 2000 年到 2016 年增长了近 30 倍。论文所归属学科以中国语言文学为主，约占半数(6000余篇)。虽然与语言学经典研究方向相比仍然算不上“显学”，但这也显示了中国语言学界对网络语言这样一个新生事物的关注。

在20年的研究中，我们产生了一批有代表性、前沿性的成果。首先，有关网络语言的词典相继出版，如《中国网络语言词典》(中国经济出版社，2001年出版)、《最新网络交际用语词典》(中国社会科学出版社，2008年出版)、《新华网络语言词典》(商务印书馆，2012年出版)等，填补了辞书在这一领域的空白。其次，多学科视角论文涌现。根据中国知网的搜索，除了中国语言文学以外，传播学、外国语言文学、教育学、社会学、图书情报学等学科也都非常关注网络语言这一课题，并从不同的视角开展了研究。再次，针对个案的研究频出，如对“怼”的通假现象研究、对热词“宝藏”的语义探析、对电竞术语“下饭”的形成分析等等。同时，还有一批学者聚焦网络语言这一课题开展了系统性研究，如从言语交际理论出发的《网络语言研究》(吉林大学出版社，2008年出版)、从语文教育视角探讨的《网络语言与语文教育》(合肥工业大学出版社，2004年出版)、关注语法和语用的《网络语言语法与语用研究》(学林出版社，2010年出版)等。

在梳理现有研究的过程中，我们发现较少有学者聚焦于网络语言在汉语学习中的影响，这一方向的研究成果也较少，还是一个较为新颖的课题。

二、面向汉语作为第二语言学习者的问卷调查

“网络流行语”是网络语言的一个下位概念，指的是在网络空间生成、传播并最终风行的流行语现象。(刘伟民，2010)网络流行语的来源主要包括两个方面，一是网民原创，二是由于现实生活的实效性和影响性，普通用语经改造、加工后传播、流行。(廖友国，2009)

网络流行语是网络语言中最鲜活、最具时代特性的部分，我们可以把网络流行语作为网络语言的代表性语料，考察汉语学习者对网络流行语

的了解程度、学习和使用的意向，并思考是否应该将网络语言引入汉语教学，以改善学习者的汉语学习效果。

为了调查汉语作为第二语言学习者对网络流行语的了解程度、态度以及学习和使用的意向，笔者制作了一份调查问卷，并通过网络有针对性地发放给汉语学习者，最终 31 人参与了此项调查。

2.1 调查对象及对照组的基本情况

调查对象均为北京语言大学汉语学院的在读生及毕业生，汉语水平均为中级以上。在年龄分布上，以 20—30 岁的为主，共 26 人；31—40 岁的 5 人。在国籍分布上，这些学生来自马来西亚、泰国、巴基斯坦、越南、哈萨克斯坦、日本、韩国、埃及、俄罗斯、意大利、德国、西班牙等 10 多个国家，且分布较为平均。在学习汉语的时间上，考虑到问卷本身有一定难度，我们在发放的时候特别要求中级以上汉语水平的学生填写，回收后发现填写问卷的学生学习汉语的时间以 4 年以上的为主，占 74%；3—4 年的占 20%；其他 1—2 年、2—3 年的各 1 人。为了考察学习者对网络流行语的了解和态度与他们所处语言环境的关系，问卷还调查了所有对象在中国境内生活和学习的时间。

为了更客观地了解第二语言学习者对网络流行语的了解和态度，笔者还邀请了年龄相当的一组中国学生（15 人，均为北京语言大学外语专业本科生）进行相似的问卷调查。

2.2 调查对象对近 5 年来网络流行语的了解程度

调查的第一步是选取有代表性的网络流行语并请学习者选出完全明白其含义的，以此考察他们对网络流行语的了解和认知情况。我们从国家语言资源监测与研究中心 2016—2020 年发布的十大网络用语中每年选取 6 个，5 年共选取了 30 个。根据第一步的调查结果，再结合调查对象的个人情况，我们可以得出下述结论：

2.2.1 网络流行语的传播与汉语学习者所在地没有绝对联系

也就是说,学习者对网络流行语的了解程度与他们是否在中国境内生活和学习没有关联。因为新冠肺炎疫情,2020年只有四分之一的调查对象在中国境内,较前几年每年都有超过半数的调查对象在境内有显著差距,但是该年度的网络流行语总认知情况和其他几年相比并没有明显区别。同时,是否熟知网络流行语与调查对象在中国境内生活和学习的时长并不构成对应关系,很多只有1年生活经历的调查对象对网络流行语非常熟悉。

2.2.2 较多涉及国情和社会现实的网络流行语在汉语学习者中认知度较低

按照认知度排序,认知度较低的词汇包括"逆行者"(3人理解其含义,下同)、"硬核"(4人)、"葛优躺"(4人)。"逆行者"指在困难面前逆向而行的人。新冠肺炎疫情发生以来,这个词多为主流媒体所用,以指代医生、救援人员等。"硬核",译自英语"hardcore",原指朋克摇滚音乐里的一种风格。近年来,人们常用"硬核"形容"很厉害""很刚硬"。2019年初,电影《流浪地球》的热映引发了一场对"硬核科幻"的讨论,"硬核"一词的热度进一步升高。"葛优躺"是指演员葛优在情景喜剧《我爱我家》某集中半躺半靠在沙发上的姿势,形容颓废的状态。这些词多和中国社会现实相关度高,理解它们需要特别的文化背景或者具身体验,因此较少被认知。在所有词汇中,认知度最高的是"打call"一词。这和各个国家的青年都热衷偶像文化有关。在这些调查对象中,很多人可能不知道中国的国家总理是谁,但是对当红艺人的熟悉程度却不比中国学生差。

2.2.3 汉语学习者对网络流行语的掌握情况与中国学生相比有显著的差距

按照人次计算,汉语学习者对所有网络流行语的认知率为45%,对照组的中国学生对绝大部分流行语的认知率都能达到100%,少部分在93%,个别在80%。可见,同为青年群体,二者对网络流行语的掌握情况差距比较大。

表 2 汉语学习者对网络流行语的认知度

网络流行语	选择人数	占被调查人数比例
2016 年		
洪荒之力	5	16.13%
吃瓜群众	20	64.52%
小目标	18	58.06%
葛优躺	4	12.90%
套路	20	64.52%
蓝瘦,香菇	14	45.16%
2017 年		
打 call	27	87.10%
尬聊	14	45.16%
扎心了,老铁	14	45.16%
怼	15	48.39%
油腻	20	64.52%
惊不惊喜,意不意外	18	58.06%
2018 年		
锦鲤	5	16.13%
杠精	11	35.48%
佛系	16	51.61%
官宣	9	29.03%
C 位	16	51.61%
皮一下	15	48.39%
2019 年		
柠檬精	16	51.61%
好嗨呦	16	51.61%
雨女无瓜	7	22.58%

续表

网络流行语	选择人数	占被调查人数比例
硬核	4	12.90%
996	18	58.06%
断舍离	4	12.90%
2020 年		
逆行者	3	9.68%
带货	18	58.06%
光盘行动	12	38.71%
好家伙	19	61.29%
奥利给	15	48.39%
集美	10	32.26%

2.3 调查对象对网络流行语的态度和使用、学习的意向

调查的第二步是考察学习者对网络流行语的态度以及学习和使用的意向，主要通过单项选择题完成。调查结果如下：

在“对网络流行语是否了解?”这一问题的回答中，近半数的调查对象选择了“不多”，仅有约 20%的调查对象认为自己对网络流行语了解较多。这个数据和第一步的调查结果基本相符。在对照组中国学生的问卷中，笔者设置了一个相关的问题，即“你所学习的外语中，是否也存在网络流行语”。对这一问题，40%的人选择了“不了解”，还有各 27%的人选择了“很多”和“不太多”。可见，中外第二语言学习者在目的语学习中，对网络流行语都处于整体了解不多的状态。这与第二语言教学的方式和使用的语言材料相对滞后有较大关系，也反映了第二语言学习者与本国母语者在语言使用上的一大差异。

在回答“您对网络流行语有什么看法?”这一问题时，有 61%的调查对象选择了最积极的一种，即“挺好玩的，增加了语言的生动性”；32%的

调查对象选择了较为中性的,即"这是网络时代正常现象";仅有7%的人认为网络流行语"不严肃,而且增加了语言的理解难度"。对照组的中国学生对这一问题基本持同样的意见:53%的人觉得网络流行语增加了语言的生动性;47%的人没有特别的看法,认为是网络时代的正常现象;没有人选择"不严肃,而且增加了语言的理解难度"这一选项。我们可以看到,年轻的第二语言学习者对于目的语中的"新事物"基本都是持正面态度的,虽然这些新词汇可能增加他们的学习难度。

在"您平时会使用汉语网络流行语吗?"这一问题的回答上,23%的调查对象选择了"会经常使用",42%的调查对象选择了"会使用,但是不多",35%的调查对象表示"基本不使用"。这一问题在对照组中国学生里则是完全不同的答案:67%的中国学生认为自己会经常使用网络流行语;27%的认为自己会使用,但是用得不多;只有6%的中国学生认为自己"几乎不使用"。从这一问题的统计数据我们可以看出母语者与第二语言学习者在网络流行语使用上的差异。

在"使用网络流行语是否有助于更好地和中国朋友进行交流?"这一问题的回答上,42%的调查对象表示"有非常大的帮助",45%的调查对象选择了"有帮助,但不是太多",只有13%的调查对象认为"对交流基本没有帮助"。整体来说,大部分汉语学习者还是认为使用网络流行语有助于和中国人进行交流。在对照组中,我们给出了"如果一个学习中文的外国朋友在和你聊天儿的时候使用了网络流行语,你的看法是?"这样一个问题,73%的中国学生选择了"他(她)真厉害,汉语地道,很懂中国",27%的中国学生选择了"正常,年轻人交流都这么说"。可见,汉语学习者使用网络流行语进行交际可以获得"自己人效应",拉近人际距离,提升交流效果。

最后,在"你认为留学生需要学习网络流行语吗?"这个问题的回答上,23%的调查对象选择了"需要专门学习",77%的调查对象选择了"在网络上以及和中国同学、朋友的交往中自然学习就可以",没有人选择"不需要学习"。可见,在网络上和交往中自然学习更符合流行语的特点和发展规律。但是汉语学习者和中国人交流的机会有限，尤其是新冠肺炎疫情暴发以来，大部分学习者是在本国通过网络课程进行汉语学习，所处语言环境对于自然学习十分不利，这应该也是近四分之一的调查对象认为有必要专门学习的原因。

三、以网络流行语为代表的网络语言对于汉语学习者的影响

通过问卷调查可以得知，虽然学校的汉语教学中没有系统地教授网络语言，但是对汉语学习者来说，这是交际中不可回避的一种当代语言变体。作为研究者，我们必须进行专门的考察，搞清楚这种语言现象对汉语学习者有什么影响，是否会促进他们的汉语学习和使用。

在问卷调查之外，笔者还对个别学习者进行了访谈。结合问卷调查数据和访谈中获得的信息，我们认为网络语言，尤其是网络流行语对学习者学习汉语的影响分正反两个方面，具体如下：

3.1 积极影响

3.1.1 学习和使用网络流行语，有助于激发青年汉语学习者的学习兴趣

汉语学习者中大部分是青年人，这个年龄阶段的特点决定了他们对流行事物会非常感兴趣。很多网络流行语的产生与青年人的原创和推动有关，反映了年轻人的后现代文化观。从这一点来说，中外青年人更容易产生共鸣。汉语学习有了兴趣的引领，学习者就有了更强的学习动力。

3.1.2 学习和使用网络流行语，有助于汉语学习者在和中国人交流中获得“自己人”效应，提升交流效果

对中外学生的问卷调查都清楚地反映了这一点。当今社会的年轻人，其实更认可“圈子文化”或者“身份识别”。网络流行语的使用其实是一种“圈子文化”。青年人使用网络流行语进行交流，除了交换语言本身所承载的信息外，也彰显了自己所属的“圈子文化”。对汉语学习者来说，

使用网络流行语可以展现他们对中国当代流行文化的了解,营造一种亲密的交流氛围,提升交流效果。

3.1.3 学习和使用网络流行语有助于汉语学习者了解中国当代文化

中国是正处于高速发展中的大国,其代表的文化是复杂的、多元的,也是在不停变化的。学生在教材中学到的、教师在课堂上讲述的,大多是宏观的文化特征,远不足以展现多样的、发展中的当代文化全貌。尤其是流行文化,因其发生和传播过程之迅速,不可能系统地进入课堂。对网络流行语的学习则可以帮助学习者管中窥豹地了解社会前沿文化和中国当代青年的状态。

3.2 消极影响

任何事物都需要辩证地去看待和认识。网络流行语对汉语学习除了有积极影响,也有一定的消极影响。

3.2.1 网络流行语的不规范性容易引起汉语学习者的误解,增加理解的难度

很多网络流行语的产生是基于反讽、戏谑等解构主义文化,它必然在词义、结构、语法等方面"不走寻常路"。对于正处于建立目的语语言秩序阶段的学习者来说,这些随意性较强的新词汇、新用法可能会给他们带来一些困惑和混乱,增加学习和理解的难度。例如在访谈中一位学习者谈道,她和中国朋友聊天儿时对方说"扎心了",她吓了一跳,以为发生了意外伤害事件,后来听了朋友的解释才明白"扎心了"是"非常难过"的意思。

3.2.2 网络流行语中的低俗文化可能影响汉语学习者对中国文化的认知和印象

网络构建的是一个虚拟世界。在这个世界里,人们通过隐藏甚至伪造身份,特别容易展现自己消极的一面,这就导致网络语言中充斥着大量不文明、不道德的语言。这给试图通过网络进行学习和交流的汉语学习者带来了一些干扰,他们很多时候不知道自己学到的语言是否能够"正常

使用”。访谈中也有学习者表达了这样的担忧。

3.2.3 语用规则的缺失让汉语学习者在使用网络流行语时容易造成误会

尤其是对于将汉语作为专业的学习者来说，他们结束学习后大概率会从事与中外交流相关的工作，而职场中有很多场合是不适合使用网络流行语的。如果他们对网络流行语的语用规则了解得不够，就很容易在交流中造成尴尬甚至误会。

综上，网络流行语对汉语学习者的积极影响还是占主要方面的。而且，随着网络社会的进一步发展，现在只被一部分人使用的网络语言也将逐渐登上大雅之堂，出现在《新闻联播》《人民日报》甚至国家领导人的讲话中。所以，我们的汉语教学也应该重视网络语言，尤其是网络流行语的作用，通过这一特殊语言变体的学习，帮助汉语学习者更好地了解中国当代社会，更好地和中国人交流沟通。

参考文献

李云娟.网络流行语与对外汉语教学[D].兰州：兰州大学，2015.

廖友国.网络流行语兴盛的心理动因探析[J].牡丹江教育学院学报，2009(1).

刘伟民.网络流行语研究与话语理论[J].河池学院学报，2010(3).

王敏.网络流行语与对外汉语教学研究[D].苏州：苏州大学，2016.

王志涛，王立家.网络语言与多元文化生态[J].山东理工大学学报(社会科学版)，2005(1).

杨梨.近两年留学生使用汉语网络流行语情况调研[D].武汉：华中师范大学，2017.

于鹏亮.中国网络流行语二十年流变史研究[D].上海：上海交通大学，2014.

袁子凌，许之所.网络语言的特点及其文化意义[J].武汉理工大学学报(社会科学版)，2008(2).

第三部分

文化传播与跨文化交际研究

文化专题讨论课线上线下混合式教学模式探讨

史艳岚

（北京语言大学汉语学院）

摘　要　本文基于对留学生文化专题讨论课网络学习状况的调查，对在网络教学环境下的线上线下混合式教学模式进行了探讨。国际汉语教学正在向线上网络教学与线下学生自主学习同步开展的混合式教学模式转变。教师要由原来单纯的课堂教学转变为线上引导式教学，实现以学生为主体的“翻转课堂”教学；留学生要主动适应学习方式的转变，充分利用教师提供的教学资源以及海外网络上的有效资源有目标地学习，找到最适合自己的学习模式。

关键词　文化专题讨论课　网络教学环境　线上线下混合式教学　“翻转课堂”教学模式

前　言

新冠肺炎疫情的暴发使得全球教育受到影响，北京语言大学积极开展网络云课堂授课，通过各项教学支持手段保证留学生顺利完成在线学习。文化专题讨论课是汉语国际教育专业三年级本科生的必修课。在网络教学过程中，教师根据学生的需求积极探索适应网络教学环境的引导式教学，学生跟着教师的节奏调整学习步伐，逐渐适应新的教学方式和教学环境，文化专题讨论课通过线上线下混合式教学真正实现了“翻转课堂”。

一、留学生文化专题讨论课网络学习状况调查及分析

笔者2020年10月在文化专题讨论课上对留学生进行了关于在线课程学习状况的问卷调查，共收回60份有效问卷。问卷所涉及的问题包括留学生的学习环境、返乡适应情况、学习方法、学习困难、如何适应网络学习等方面。留学生对这些问题的反馈具体如下：

表1 留学生对“疫情期间你在哪里？”的反馈

选项	小计	比例
中国北京以外的地区	1	1.67%
自己的国家	52	86.67%
其他国家和地区	0	0%
北京语言大学或北京城区	7	11.67%

表2 留学生对“回到自己的母国在哪些方面不能适应？”的反馈

选项	小计	比例
生活：衣、食、住、行	6	10%
学习方式	25	41.67%
网络条件	23	38.33%
人际关系	14	23.33%
学习环境	30	50%
经济条件	9	15%
远离老师和同学，感到孤独，学习没有动力	19	31.67%
父母给自己压力	6	10%
得自己工作挣钱	10	16.67%
和以前的朋友没有共同语言	16	26.67%

续表

选项	小计	比例
心理出现问题	9	15%
感情问题	7	11.67%
家庭负担重，没有时间学习	9	15%

表 3　留学生对"你更喜欢的在线学习方式是?"的反馈

选项	小计	比例
教师直播	26	43.33%
教师录播	10	16.67%
直播＋录播	21	35%
微信群＋电子邮件＋直播或者录播	13	21.67%
在线学习的同时需要老师和助教的帮助	13	21.67%
和同学们一起在线互动学习	19	31.67%
在自己合适的时间一个人学习	8	13.33%

表 4　留学生对"你是否具备网络学习条件?"的反馈

选项	小计	比例
具备	31	51.67%
不具备，没有电脑、平板、手机等	5	8.33%
不具备，所处地域偏远，信号差	15	25%
不具备，流量太贵，网络受限制	11	18.33%
不具备，中国的教育平台很难登录上去	9	15%
不具备，经济条件太差，无法上网	5	8.33%

表 5　留学生对"什么原因影响网络学习?"的反馈

选项	小计	比例
懒惰	17	28.33%

续表

选项	小计	比例
不在学校不想学习	32	53.33%
没有网络或网络条件不好	29	48.33%
没有老师和同学的督促	18	30%
家庭环境因素	16	26.67%
社会经济因素	2	3.33%
自我管理和控制的能力太差	14	23.33%
自己不想学习,找很多借口	2	3.33%

表6　留学生对"在线学习时,你与老师和助教的互动频率怎么样?"的反馈

选项	小计	比例
从来不提问,没有互动	7	11.67%
偶尔互动	32	53.33%
有问题马上问,经常互动	21	35%

表7　留学生对"你认为在线学习的优势是什么?"的反馈

选项	小计	比例
学习时间灵活自由	25	41.67%
课程有回放,可以自己回看复习	29	48.33%
形式比较新颖	4	6.67%
师生交流机会增加	4	6.67%
可以随时查资料	31	51.67%
有比较舒适的学习环境	10	16.67%
老师提供很多非常有用的教学资源	4	6.67%
能随时看到自己的学习进度和效果	9	15%
能跟踪自己的学习成绩	6	10%

续表

选项	小计	比例
和在教室里学习的效果一样好	2	3.33%
不受时间和空间的限制，可以移动学习、碎片化学习	13	21.67%
内容丰富，形式多样	7	11.67%

表8 留学生对“你认为在线学习的劣势是什么？”的反馈

选项	小计	比例
没有学习氛围，学不进去	33	55%
互动受限，师生之间不能及时沟通	30	50%
受客观因素（网络、家庭、所处环境、经济等）影响大	26	43.33%
偷懒或挂机现象严重	16	26.67%
多人同时说话非常嘈杂	14	23.33%
没有网络就不能学习	28	46.67%
学生自由散漫，注意力不集中	13	21.67%
没有老师督促检查，缺乏学习动力	8	13.33%
没有时间观念，不会管理时间	8	13.33%
上网玩儿游戏、浏览网页、看电影、聊天儿等不受限制	10	16.67%
作业不会写，不交作业	3	5%
上网络课程听不懂时不能随时提问	13	21.67%
其他	5	8.33%

从上述调查结果我们可以看到，大多数留学生都在自己国家上中文网课，刚开始很不适应这种新的教学模式，再加上缺乏学校的学习氛围、网络条件差、缺乏跟老师和同学的交流、自身懒惰、自我管理和控制的能

力差等因素影响，网络学习体验不佳。大多数留学生喜欢教师直播的方式，这样能按时完成线上学习任务，每天有固定的学习时间，可以跟老师和同学积极互动。留学生已经认识到网络教学有其独特的优势，如查找资料方便迅速、可以随时看回放复习、学习时间灵活自由等；但也有不可避免的劣势，如没有学习氛围、师生互动受限、没有网络就无法学习等。综合学生的课堂参与情况、作业完成情况和学期检测结果我们可以发现，越快适应网络教学、越及时完成作业、越频繁与教师和同学互动的学生学习效果越好。

留学生线上学习遇到的突出问题有网络延迟或卡顿、没有纸质课本、眼睛疲劳过度、时差问题难以解决、学习平台操作复杂、没有机会说中文、学习内容难度大等。留学生自己也在努力适应网络学习模式，例如他们开始改变学习态度和学习方式，加强自控力和时间管理能力，认真预习，主动学习，提高自学能力。大部分留学生能顺利完成各项在线学习任务，也乐于主动与老师和同学进行远程互动，让自己融入网络在线学习的新模式中。

二、文化专题讨论课线上线下混合式教学模式的建设

2020 年春季以来，文化专题讨论课一直采用网络教学的形式授课，经历了“不适应”到“积极调整”再到“逐渐适应”这几个阶段。从最初努力将上课内容搬到网上以完成既定教学任务到中期根据留学生网络学习状况调查结果和实际情况调整教学内容、练习题的形式、考试和评估的方式再到现在基本形成稳定有效的线上线下混合的“翻转课堂”教学模式，这是教师不断摸索和调整的过程，也是学生从被动学习转变为主动学习的过程。其中，教师的有效引导是关键。

2.1 在网络教学环境下，教师加强引导作用

在网络教学中，教师面对各种突发现象时要有充分的准备，保持心态

平稳。教师要设身处地地理解学生的境况，引导学生尽快适应网络教学，加强师生互动、生生互动，实现教和学的良性循环。教师可以通过以下几方面加强课程的引导性：

2.1.1 设置层级性课程目标

制定高、中、低不同层级的课程目标，对不同汉语水平的留学生做出不同的要求。对高水平的留学生，教师要有拔高计划，强调素质教育，着重提高其语言文化水平及跨文化交际能力；对中等水平的留学生，教师应要求其比较好地掌握课程基本内容，同时在听、说、读、写各方面加强训练，以适应社会交际的各种需求；对水平比较低的留学生，教师则要有耐心地辅导其在课业上合格达标，找到自己的相对优势。教师在设计课堂问题时既要设计对语言和思维能力要求相对较高的全面论述题，也要设计讲述中国故事的录音题，还要设计唱中文歌之类的表演题，以适应不同水平的留学生。

2.1.2 建立学生动态学习档案

班级助教应协助教师建立起每个学生的动态学习档案，确保有问题的学生能够得到一对一的帮助，及时高效地解决学习中遇到的问题。建立学生动态学习档案，能让教师对学生的学习情况一目了然，方便教师根据学生的问题清单有针对性地加以指导。教师可以通过学生课前预习题和课堂练习题的完成情况预测学生在课后作业中可能出现的问题，然后有针对性地在课后作业中做出取舍或强化。助教定期和学生联络，及时了解学生的学习状态，必要时候采取有效措施拉动学习有惰性的学生。

2.1.3 选择适用的教学平台

经过一段时间的网络教学实践，教师要选定当前网络教学环境下最适合本课教学的教学平台。教师可将教学管理功能强大的“雨课堂”和互动功能突出的“腾讯会议”结合起来使用，满足语言教学、文化教学和话题讨论的需要。例如，教师通过“腾讯会议”可以进行教学直播和互动，还可以组织学生进行话题讨论。学生不仅能有效参与课堂教学，还能在讨论时共享 PPT、视频和其他资源。再如，“雨课堂”中有预习、上课、分组讨论、复习、作业、反馈等各项功能，教师如能有效利用，可使线上教学有条不紊地进行。

2.1.4 准备充足的教学资源

教师上课前应准备教材、教辅资料，获取网络资源，录制课程视频，建设学生自主学习任务清单，设计预习题、作业题、讨论题、测试题等。教师在上课前需要把课程所需资源导入“雨课堂”的资源库中，将课文文本、PPT 课件、练习题预先设置在“雨课堂”中。作业题类型多样，有选择题、判断题、填空题、投票题、主观题等。经过一段时间的积累，作业题在“雨课堂”中会形成一个小型题库，方便之后预习、上课、复习、布置作业时都有充足的习题检测学生的知识掌握情况。教师课前做好充分准备，上课的时候就能得心应手。学生在课堂上进行充分练习之后，课后作业的完成准确度也将大大提高。

2.1.5 设计具体化的教学内容

教师可以用建构式理论把教学内容分成具体的、相互联系的知识点，把每一个知识点设置成学生的具体学习目标，并融入课堂练习和作业中。教师可以通过播放视频、音频，展示图片，设置情境等方式为学生提供真实的语言环境，提高学生语言和知识的运用能力。例如，学完“大众文化”“影视文化”“网络文化”“传统文化”“少数民族文化”这些知识点以后，教师可以安排学生进行分组讨论，这样既可以强化他们对课内知识点的掌握，还可以通过和不同国家的文化进行对比延伸他们的表达内容。采用在线的“翻转课堂”教学模式，每课的关键词和核心句式都能得到有效训练。具体做法如下：

①教师在“雨课堂”中导入学习资源，发布要学习的课文、预习题、教学资源、学生自主学习任务清单、作业、检测题、学习评估问卷等。

②教师通过教学直播进行知识传授，组织课堂讨论，学生在线学习，参与讨论，提交作业并完成评估。

③教师将学生分成若干个学习小组，形成学习共同体，学生之间互相帮助，互相促进，发挥驱动式学习的优势，进行探究式学习。

2.1.6 有效管理学生的在线学习

教师应规范对学生的在线学习管理，对学生提出明确的学习要求，强化每一个学习环节的落实。在“雨课堂”上，每一课都有完整的教学环节：预习课件——→完成预习题——→参加直播课/观看课后录播——→参与课堂讨论（要求每个同学都参加，每课都有必做的可选话题）——→完成课后作业——→课后评估和反馈。根据前一课的评估和反馈，教师可以及时调整下一课的教学目标、教学内容和教学方法，使线下学习和线上学习有机地融合起来。

2.1.7 制定过程性成绩评定体系

网络教学的成绩评定体现在学习的全过程中。每完成一次预习、课堂练习、作业都有相应的绩点，学生自主学习任务清单完成得越好，成绩就会越高。过程性成绩评定体系减轻了考试对学生的压力，有效消除了考试中的作弊现象。目前的成绩评定规则如下：学生考勤占 10%，课堂讨论占 30%，预习、练习和作业占 40%，期末考试或期末小论文占 20%。经过几个学期的实践，我们所收集的数据显示学生的实际汉语水平和过程性成绩评定的结果基本呈正相关。

2.2 在网络教学环境下，学生努力适应线上线下混合的“翻转课堂”学习模式

对于教学模式的改变，学生既要改变自己的学习态度和方法，也要寻找适合自己的网络学习模式。学生通过完成自主学习任务清单上的任务可以获得成就感，组成学习小组可以营造积极的学习气氛。当学生逐渐适应了在网上虚拟教室中学习、讨论和交流，师生之间就能通过不断调整形成稳定的线上线下混合的“翻转课堂”教学模式和学习模式。

2.2.1 通过线下预习进行自我学习诊断

教师在“雨课堂”中提前设置好每一课的预习任务，在课前预习阶段，学生可以通过预习题的完成情况判断自己对新课文的了解程度；在课中理解阶段，学生可以对照预习任务确定课文中的各知识点；在课后总结阶段，学生可以参照预习任务排查自己学习和作业中的问题。在学期初、学期中和学期末分别让学生参与动态学习评估，不但能让学生掌握自己的学习情况，还可以让教师根据学生不同时期的表现组织与学生知识、能力相适应的学习内容，并给出相应的学习建议。

2.2.2 努力适应网络教学平台的引导性

网络学习强调学生的自我适应性、能动性和协调性。教学平台上的学生自主学习任务清单能够引导学生按步骤、按计划地完成每一个学习任务，学生完成后能得到自己学习情况的实时反馈，形成个性化的学习模式，产生个性化的学习成果。例如：对于口语发音有问题的学生，教师在教学平台上设置了有针对性的发音练习和录音作业，学生如果完成得好，则可以得到奖励分；对于写作有问题的学生，教师也在教学平台上设置了专门的训练板块，可以让学生专注练习书面表达。以学生为主体的“翻转课堂”学习模式能有效激发学生的主动性，让学习成为其内在需求，使学生乐于参与网络学习。

2.2.3 充分发挥网络的优势，进行同辈互助、小组学习

网络教学平台已成为留学生的虚拟课堂、虚拟语音实验室、虚拟汉语角、虚拟剧院，同学们可以在线上进行各种小组合作。作为在家独立进行网络学习的个体，学生渴望在群体中进行合作学习和语言实践。例如在讨论“时代的变迁”时，教师让学生分成不同的小组，选取不同的讨论题目，包括“过去的中国和现在的中国有什么不同”“童年的回忆”“难忘的动画片”“儿童时代的游戏”“影视和娱乐的变化”等，然后开展组内讨论，大家畅所欲言。小组成员之间的互助交流和合作不但使学生获得了知识，开阔了视野，也使彼此成为互助学习的朋友。

2.2.4 每个人要找到适合自己的学习方式

留学生的学习背景、学习环境、学习条件、学习水平和学习风格各不相同，他们在学习过程中会形成适合自己的网络学习方式。例如有的学生因为时差不能每天凌晨上课，那就可以向老师说明情况，选择另外一个固定的时间看“雨课堂”里的回放，并按时完成各项预习题、课上练习题以及课后作业，这样就能保证课程任务的顺利完成。当学生逐渐适应了经过调整后的网络学习方式后，学生的学习焦虑和压力也就减轻了，他们可以随时随地进行泛在学习，这样也能取得较好的学习效果。

2.2.5 学生要正确利用网络，让网络为学习服务

学生要自主培养在网上学习的习惯，提高自控力和时间管理能力。网络教学平台上发布了所有的学习材料，学生要有自主学习的能力，才能按时完成学习内容，自觉加强跟老师和同学的互动。学生应养成上课时专心致志、下课后及时总结的良好学习习惯。另外，保证良好的网络条件也是提高学习质量的前提。

线上线下混合的“翻转课堂”学习模式依靠的是学生与教师之间的紧密互动。教师除了布置学习任务、直播上课以外，还应引导学生跟上教学节奏，鼓励学生在图书馆或网络上搜索相关资源，及时响应学生的反馈，迅速解决问题。只有教师和学生双方积极协作和交流，线上线下混合式教学才能取得切实有效的教学效果。

三、进一步优化线上线下混合的“翻转课堂”学习模式

3.1 突出教师的全局引导性

在线上线下混合的“翻转课堂”学习模式中，教师的引导性是关键。首先，教师要设定清晰的教学目标，这样学生可以清楚地看到教学安排和步骤。其次，教师要明确课程考核方式和标准，引导学生进行阶段性评

测。再次,教师发布的网络学习内容要突出重点和难点,引导学生抓住核心内容,通过自主学习任务清单一项一项地解决问题。最后,课程设计要有系统性,教学平台要实现学生预习、上课、复习、作业、评价和反馈的一条龙操作。教师要真正关爱、理解和帮助学生,为学生及时答疑解惑。

3.2 提高学生的主动学习能力

教学平台上清晰细致的教学步骤可以引导学生主动学习并调整学习方法。线上直播教学能在一定程度上还原线下课堂教学的氛围,增强学习沉浸感,留学生也能及时和老师进行有效沟通。留学生自我适应能力越强,就越能积极主动地参与到线上直播教学和互动中。

3.3 利用网络教学平台创建仿真课堂环境

线上语言学习需要统一的教学平台。界面友好、功能齐全的网络教学平台能引导学生迅速适应线上学习环境,并根据学习任务制定具体可行的学习目标,按时完成学习任务,提升自我管理能力,改善网课学习效果。我们应该让网络教学平台成为真正的"空中教室""网上教室",帮助教师创建接近线下课堂教学的虚拟仿真课堂环境。师生可以利用网络教学平台提供的各项技术克服网络教学和学习的局限,实现线上线下混合的"翻转课堂"教学模式和学习模式。

参考文献

段珊珊.基于翻转课堂理念线上线下混合式教学实践探索[J].高教学刊,2017(9).

韩筠."互联网+"时代教与学的新发展[J].中国大学教学,2019(12).

李华,魏一通.混合式教学中学生学习行为评估体系构建与应用研究[J].中国电化教育,2020(10).

刘涛."翻转+直播+实训":新闻传播学类课程的混合式教学模式探索[J].新闻与写作,2020(9).

余惠兰.线上线下混合式“金课”建设路径研究[J].教育评论,2019(10).

郑宏,谢作栩,王婧.后疫情时代高校教师在线教学态度的调查研究[J].华东师范大学学报(教育科学版),2020(7).

民俗文化词语的等级划分与对外教学策略

舒　燕

（北京语言大学汉语学院）

摘　要　民俗文化教学是来华留学生汉语本科教学中不可缺少的重要组成部分，但在教学实践中存在着超纲词语多、深层理解难等问题。本文以北京语言大学汉语学院本科二、三、四年级三门课程中的节日民俗文化内容为考察对象，以教育部中外语言交流合作中心最新编制的《国际中文教育中文水平等级标准》(GF 0025—2021)为参照，对相关民俗文化词语的等级划分进行统计分析，探讨面向来华留学生的民俗文化词语教学策略，并在此基础上对《等级标准》词表的改进提出建议。

关键词　民俗文化词语　汉语国际教育　等级标准　教学策略

前　言

汉语国际教育作为一门新兴学科具有鲜明的跨学科性质。汉语国际教育专业的来华留学生不仅要学习语言学、教育学、心理学、跨文化交际学等多门学科知识，还要学习与民俗学相关的文化内容。在孔子学院总部/国家汉办编制和修订的《国际汉语教学通用课程大纲》(2014，以下简称《课程大纲》)中，汉语学习者的语言综合运用能力由语言技能、语言知识、策略和文化能力四个方面组成，其中“策略是提高效率、促进学习者自主学习和发展自我能力的重要条件”①，具体包括情感策略、学习策略（认知策略、元认知策略）、交际策略、资源策略和跨学科策略五个方面。从跨学科策略中的学科范围看，历史、艺术与民俗贯穿于一至六级目标的各个阶段，成为对外文化教学的基础与核心部分。

表1 《课程大纲》中的目标等级与跨学科策略学科范围②

目标等级	跨学科范围
一级	音乐、美术、历史、民俗等
二级	历史、艺术、民俗等
三级	历史、艺术、民俗等
四级	历史、艺术、民俗、地理、政治、经济、交通等
五级	历史、艺术、民俗、地理、政治、经济、交通、文学、哲学等
六级	历史、艺术、民俗、地理、政治、经济、交通、文学、哲学、科技等

然而在教学实践中，对外文化教学一直存在超纲词多、深层理解难、适用教材不足以及课程设置不稳定等问题。如何从根本上重视对外文化教学，切实提升文化教学质量，将语言教学与文化教学真正融合在一起，这需要学界从理论与实践两方面进行深入探讨。为此，本文以节日民俗文化词语为考察对象，以北京语言大学汉语学院为二、三、四年级来华留学本科生开设的课程以及所使用的教材为例，参照《国际中文教育中文水平等级标准》（GF 0025—2021，以下简称《等级标准》），对相关民俗文化词语的等级划分情况进行统计分析，探讨对外文化教学策略，并在此基础上对《等级标准》的词表改进提出建议。

① 孔子学院总部/国家汉办:《国际汉语教学通用课程大纲》（修订版），北京语言大学出版社，2014，第 iv 页。

② 文献来源：孔子学院总部/国家汉办:《国际汉语教学通用课程大纲》（修订版），北京语言大学出版社，2014，第 4、9、15、21、27、33 页。

一、民俗文化词语的概念界定

民俗文化作为百姓生活文化的重要组成部分,在母语环境和外语环境中的意义和作用是不同的。在母语环境中,民俗文化的意义重在传承,其作用在于满足民众物质生活和精神生活的需要,提升民族文化自信,增强民族凝聚力;而在外语环境中,民俗文化的意义重在传播,其作用在于丰富第二语言学习者对目的语文化的认知,增进不同文化之间的对话与交流,加深彼此之间的理解,进而为文明互鉴与构建人类命运共同体做出贡献。

20 世纪 80 年代,随着文化语言学与民俗语言学的兴起,学界对文化词语的关注与研究日益增多。受苏联学者“语言国情学”概念的影响,王德春(1990)将文化词语称为国俗词语,并率先开展了国俗语义学理论研究,出版了《汉语国俗词典》,将国俗语义学引入语言教学,特别是对外汉语教学领域。民俗文化词语一度作为国俗词语或汉语文化词语的组成部分被加以考察(梅立崇,1993;金晓阳,1996;常敬宇,2009)。赵明(2009)认为,学界对汉语文化词语的界定主要有“文化意义说”“文化内容说”“文化附加义说”三种代表性观点,而“明确汉语文化词语的界定标准,对对外汉语教学中文化词语的处理、教学有着十分重要的意义”[①]。值得关注的是,谭汝为(2004)从民俗语言与民俗文化的关系入手,对熟语、社会交际词语与民俗文化的关系进行了深入系统的研究,并将民俗文化词语分为数字词语、颜色词语、方位词语、动物词语、植物词语、器物词语、饮食词语、宗教文化词语八大类别,为民俗文化词语的研究奠定了基础。但总体来看,国际汉语教学领域对汉语文化词语的应用研究多集中在国俗词语方面(刘晓娟,2003;徐萍等,2020),对民俗文化词语的实证研究较少,相关理论基础比较薄弱,对“民俗文化词语”这一概念没有进行明确界定,也没有结合《等级标准》和《课程大纲》进行统计分析。

---

① 赵明:《汉语文化词语界定研究述评》,《现代语文(语言研究版)》2009 年第 4 期第 7 页。

有鉴于此，本文从汉语国际教育的跨学科视角对教学实践中的民俗文化词语进行考察，将汉语中的民俗文化词语界定为“在中华民族历史和社会发展进程中创造和传承的、能体现中国民俗基本特征和丰富文化内涵的词语”。作为中国百姓生活文化的重要载体，汉语中的民俗文化词语既具有传统性，又具有现代性。其传统性主要体现在群体思维方式、地域文化特征和相对稳定性等纵向传承上，其现代性则体现在因横向传播、时代变迁而产生的新事物、新词语等方面。

二、民俗文化词语的等级划分问题

中国民俗事象十分丰富，民俗文化词语数量庞大，因此对外文化教学必须有所选择，根据教学对象的特点和汉语水平分级进行。2021 年 7 月，教育部中外语言交流合作中心重磅推出了《国际中文教育中文水平等级标准》，其中词汇分册共收录 11092 个词语，包括初等 2245 个、中等 3211 个、高等 5636 个。《等级标准》的颁布为全面提升国际中文教学水平打下了坚实基础，但从对外文化教学的角度看，其中仍有需要改进和完善之处。为此，本文从教学实践中的问题出发，以北京语言大学汉语学院二年级上学期“中国文化基础”、三年级上学期“新闻阅读”和四年级上学期“中国民俗”等课程中的春节民俗文化教学内容为考察对象，对中级、中高级和高级三个不同层级课程中的相关民俗文化词语进行统计分析，初步探讨对外民俗文化词语的等级划分和教学策略问题。

“中国文化基础”是汉语学院为本科二年级留学生开设的一门文化选修课，虽然内容较难，但对提高学生的跨文化认知能力有很大帮助。自开课以来，选课人数始终保持在较高水平。目前该课使用的教材《尔雅中文：中国文化基础》分为上、下两册[①]，其中上册共有 15 篇课文，分别为《长城》《北京烤鸭》《太极拳》《京剧》《中国龙》《中国画》《孔子》《曹雪芹与

---

① 李春雨：《尔雅中文：中国文化基础（上）》，北京语言大学出版社，2020 年；舒燕：《尔雅中文：中国文化基础（下）》，北京语言大学出版社，2019 年。

〈红楼梦〉》《印刷术》《中国人的姓名》《春节》《旗袍》《中国传统婚礼》《北京城》《黄河、长江与中国文明》。第11课主课文是《春节》，有20个生词和4个文化注释。其中，民俗文化词语15个，占该课生词总量（包含文化注释）的62.5%。在15个民俗文化词语中，高等词语6个，占该课生词总量的25%；超纲词语8个，占该课生词总量的33.3%。在面向中级汉语学习者的文化教学中，高等词语和超纲词语占比较多是学习者感到文化课难学的一个主要原因。

表2　二年级上"中国文化基础"第11课中的民俗文化词语等级划分统计表

等级	民俗文化词语	数量	比例
初等	无	0	
中等	除夕（五级）	1	4.2%
高等	腊月、鞭炮、长辈、团聚、爆竹、农历	6	25%
超纲词	横批、避邪、正月、辞旧迎新、晚辈、邪祟、祭灶、压岁钱	8	33.3%

相比之下，为本科三年级留学生开设的"新闻阅读"第3课《当春节遇上互联网：是坚守传统，还是做出变革》①中的民俗文化词语数量不多。与二年级上的"中国文化基础"课不同，"新闻阅读"是从中国社会生活变化的角度引导学生了解春节习俗在当代中国社会的变迁。该课共有生词23个，文化注释3个，其中民俗文化词语5个，占该课生词总量（包含文化注释）的19.2%。

表3　三年级上"新闻阅读"第3课中的民俗文化词语等级划分统计表

等级	民俗文化词语	数量	比例
初等	无	0	
中等	无	0	
高等	庙会、祭祀	2	7.7%
超纲词	守岁、春晚、春运	3	11.5%

① 于洁、刘丽萍、夏可心：《新闻阅读》，北京语言大学汉语学院三年级本科生电子版教材。

与上述两门课既有联系又有区别，“中国民俗”是汉语学院为本科四年级留学生开设的一门文化选修课，近年来教学对象主要是汉语国际教育专业的学生。该课主要引导学生系统了解中国民俗文化，同时进行中外文化对比。其中，第 8 章“岁时节日民俗”是十分重要的内容①。该章首先从二十四节气入手，介绍中国传统节日的起源、形成和发展变化；其次介绍春节的来历、过年前的准备活动、初一到初五的节日活动、春节的民间社火以及中国各地年俗；此外还介绍了与春节密不可分的元宵节习俗。教材对民俗文化词语的解释多采用随文释义的方式。

表 4　四年级上“中国民俗”第 8 章第 1 节中的民俗文化词语等级划分统计表

等级	民俗文化词语
初等	春节（二级）
中等	红包（四级）、雨水（五级）
高等	农历、节气、对联、年夜饭、拜年、庙会、禁忌、谜语
超纲词	腊祭、腊月、桃符、春联、扫尘、年货、团拜、舞狮、舞龙、秧歌、旱船、高跷、谐音、年糕、立春、惊蛰、春分……

郭曙纶（2008）认为，超纲词是一个内涵明确、外延模糊的概念。一种是从字面上理解，即凡是不在词汇等级（大纲）列表中的词都是超纲词；另一种是从意义上理解，即难度超出词汇等级（大纲）列表的词都是超纲词。上述课文中有些词语是中国人生活中常用的，体现了中国民俗文化的基本特征，中国人的精神、情感、智慧以及汉语的特点，却没有被收入《等级标准》的词汇分册中，如“辞旧迎新”“守岁”“春联”“舞狮”“舞龙”“谐音”等。其原因或许是中国人对这些词语过于熟悉，习焉不察，但从对外文化教学的角度看，它们应该被列入《等级标准》的词汇表中。

在文化教学和教材编写中，为解决民俗文化词语超纲词过多的问题，教师和教材编写者可采取多种方式降低词语难度，除补充生词和文化注

① 舒燕：《中国民俗》，北京语言文化大学出版社，2002 年。

释外，还可以在课文中对重要词语进行随文释义。目前文化教材中存在的另一个问题是针对民俗文化词语的练习数量不足，已有练习对民俗文化词语的选择亦存在随意性。笔者认为文化教材中的练习设计应充分考虑学习者的汉语水平，将民俗文化词语分为被动词语和主动词语，前者只要求学习者准确理解其意，以输入为主；后者则需要学习者在理解的基础上正确运用，将输入与输出结合在一起。

此外，由于目前尚无文化类词汇大纲、内容大纲可供教学参考，故各教学层级选取的民俗文化内容缺乏系统性和层次性，民俗文化教学难以遵循从易到难、循序渐进的原则展开。不同教学层级之间的话题内容和语言难度如何衔接以体现教学设计的科学性与梯度，亦是提高文化教学质量必须深入思考的问题。

三、民俗文化词语的对外教学策略

2021 年颁布的《等级标准》体现了国际中文教育的新理念与新思路。在现有标准下，教师在进行以民俗文化为主题的教学时应根据课程性质和学生汉语水平采取不同的教学策略。陈申(2001)将语言文化教学策略分为地域文化(兼并)模式、模拟交际实践(融合)模式和多元文化互动(综合)模式。本文借鉴这一理论，以“中国文化基础”“新闻阅读”和“中国民俗”三门课程为例，初步探讨不同教学层级的课程中可采取哪些与民俗文化词语有关的教学策略。

本科二年级留学生处于中级汉语学习阶段，多数不分专业或专业方向，学院应为其开设通识类文化基础课程。在教学中，我们需要着重讲授基础性文化内容，侧重培养学习者的语用能力。在教学策略上，教师可以考虑以地域文化(兼并)模式为主，除进行一般教学外，还可以采用文化参观、文化欣赏等形式，如观看以春节习俗为主题的短片，通过鲜活、生动、立体的视觉形象帮助学生掌握相关民俗文化词语。

本科三年级留学生处于中高级汉语学习阶段，为其开设的“新闻阅读”课时效性强，内容具有浓厚、鲜活的时代色彩。在教学策略上，教师可以考虑以模拟交际实践（融合）模式为主，通过组织小组活动，实施任务型教学，以若干民俗文化词语为切入点，采取文化会话、文化合作等形式，帮助学生增进对民俗文化在当代社会传承与变迁的认识与理解。

为本科四年级留学生开设的“中国民俗”课属于专业选修课，目前该课教学对象以汉语国际教育专业的学生为主。这些学生毕业以后多是成为本土汉语教师，因此该课所安排的教学内容既有一定的系统性又具有一定深度，在帮助学生系统掌握中国民俗文化知识、提高跨文化理解力和汉语表达能力的同时，还加入了中外文化对比。在教学策略上，教师可以考虑以多元文化互动（综合）模式为主，围绕民俗文化词语所体现的丰富文化内涵，采取文化谜语、文化研究、文化创新等形式，实现汉语国际教育专业的人才培养目标。

总之，国际汉语教师在对外文化教学中需要以既不同于母语者也不同于汉语学习者的跨文化视角认知中国民俗文化的特点，将民俗文化教学与语言教学紧密联系在一起。语言与文化的融合不仅应体现在理论层面，也应体现在等级标准（大纲）的制定、课程的设置、教材的编写和教学策略的选择等实践层面。为此，本文建议进一步完善《国际中文教育中文水平等级标准》中的词汇分册，在修订时增补与当代中国人生活密切相关的民俗文化词语，如二十四节气中的“立春”“春分”“立夏”“夏至”“立秋”“秋分”“立冬”“冬至”等，以凸显中国文化的基本特征，同时亦能体现联合国教科文组织所倡导的非物质文化遗产保护理念和中国民俗文化在当代的传承、创新与发展。

参考文献

常敬宇．汉语词汇文化（增订本）[M]．北京：北京大学出版社，2009.

陈申．语言文化教学策略研究[M]．北京：北京语言文化大学出版社，2001.

郭曙纶．试论对外汉语教材中的超纲词[J]．宁夏大学学报（人文社会科学版），2008(4).

教育部中外语言交流合作中心. 国际中文教育中文水平等级标准(国家标准·应用解读本)第二分册:词汇[S]. 北京:北京语言大学出版社,2021.

金晓阳. 国俗语义研究的开拓——评《汉语国俗词典》[J]. 辞书研究,1996(2).

孔子学院总部/国家汉办. 国际汉语教学通用课程大纲(修订版)[S]. 北京:北京语言大学出版社,2014.

李春雨. 尔雅中文:中国文化基础(上)[M]. 北京:北京语言大学出版社,2020.

刘晓娟. 试论对外汉语教学中的国俗词教学[J]. 云南师范大学学报(对外汉语教学与研究版),2003(6).

梅立崇. 汉语国俗词语刍议[J]. 世界汉语教学,1993(1).

舒燕. 关于对外开设中国民俗课的调查与思考[C]//北京语言文化大学汉语学院. 语言文化教学研究集刊(第四辑). 北京:华语教学出版社,2000.

舒燕. 中国民俗[M]. 北京:北京语言文化大学出版社,2002.

谭汝为. 民俗文化语汇通论[M]. 天津:天津古籍出版社,2004.

王德春. 汉语国俗词典[M]. 南京:河海大学出版社,1990.

徐萍,赵丽霞,宋佳佳,等. 对外汉语教学中国俗词语教学研究[J]. 哈尔滨学院学报,2020(7).

赵金铭. 谐音与文化[J]. 语言教学与研究,1987(1).

赵明. 汉语文化词语界定研究述评[J]. 现代语文(语言研究版),2009(4).

钟敬文. 民俗学概论(第二版)[M]. 北京:高等教育出版社,2010.

悲情红楼解析之无常篇

陶小红

（北京语言大学汉语学院）

摘　要　无常是世间万法的固有属性。“聚际必散，积际必尽，生际必死，高际必堕”乃自然规律。曹雪芹通过《红楼梦》把充斥于浮世人生中的无常本性昭然于读者面前：以《好了歌》及其解注总说无常，以贾府的由盛转衰揭示无常，通过大观园理想生活的毁灭以及年轻女性美好人生的消亡展示无常，又以宝黛爱情演绎叙说无常，同时经由对男女主人公的个性塑造烘托无常。无常的威胁自始至终贯穿于小说之中，赤裸裸地暴露于读者眼前，从而成就了《红楼梦》不同寻常的悲剧艺术魅力，并引发读者对生命的终极意义进行探索。

关键词　《红楼梦》　悲剧　无常

前　言

曹雪芹的《红楼梦》是“悲剧中之悲剧”（王国维语），“悲凉之雾，遍被华林”（鲁迅语），此早成定论。从《红楼梦》诞生伊始，无论是博学鸿儒还是寻常爱好者，都纷纷以各自的眼光对这部小说的悲剧景象及悲剧原理进行阐释与论证。有社会悲剧说、道德悲剧说、人生悲剧说、命运悲剧说、人格悲剧说等，兹不一一赘述。现试从佛学的角度，对悲情红楼做一番粗浅的解析。

一

无常是潜伏在《红楼梦》中的一大悲剧根源。无常相对于常住而言，指世间的一切均无恒常之相，流转无刹那停息，终将变异，即谓："一切有为法生灭迁流而不常住。一切有为法皆由因缘而生，依生、住、异、灭四相，于刹那间生灭，而为本无今有、今有后无，故总称无常。"①此即《金刚经》云："一切有为法，如梦幻泡影，如露亦如电，应作如是观。"②这是佛经对无常的最佳描述。

无常无处不在，它是世间真理，是不可改变的客观规律。无论微观世界还是宏观世界，一切事物都处于不断的运动之中，所以变化在所难免。然而，忽略无常的普遍存在，是有情众生的一大无明。人活于世，便有对财、色、名、食等的持续不懈追求，仿佛此身千秋万代永远不灭。有此执着贪婪的欲念，便会产生因求得求不得或得而复失而伴生的喜怒哀乐悲恐惊。我们不去思考这些情绪、烦恼有无意义，因为忘记了无常，一切似乎早已习以为常。佛经中有这么一桩公案：

> 昔佛在罗阅祇竹园中，与诸弟子入城受请，说法毕讫，晡时出城。道逢一人驱大群牛放还入城，肥饱跳腾，转相抵触。于是世尊即说偈言："譬人操杖，行牧食牛，老死犹然，亦养命去；千百非一，族姓男女，贮聚财产，无不衰丧；生则日夜，命自攻削，寿之消尽，如荥穽水。"佛到竹林洗足却坐，阿难即前稽首问言："世尊，向者道中说此三偈，不审其义，愿蒙开化。"佛告阿难："汝见有人驱放群牛不？""唯然见之。"佛语阿难："此屠家群牛，本有千头，屠儿日日遣人出城，求好水草养令肥长，择取肥者日牵杀之。杀之死者过半，而余者不觉，方相抵触，跳腾鸣吼，伤其无智故说偈耳。"佛语阿难："何但此牛？世人亦

---

① 宽忍主编《佛学辞典》，中国国际广播出版社，1993，第228页。

② 罗世平、如常主编《世界佛教美术图说大典》，湖南美术出版社，2017，第199页。

尔。计于吾我不知非常，饕餮五欲养育其身，快心极意更相残贼，无常宿对卒至无期。曚曚不觉，何异于此也？”（《法句譬喻经·卷一·无常品》）

这群牛的盲目乐观，固然令人悲戚，但它们毕竟无知无识，不明生存真相。我们人类对于无常竟也知而不见，见而不识，识而不屑，懵懵懂懂，更为可叹。

于是，《红楼梦》的悲剧魅力便光华四射了。曹雪芹借助这部小说，把无常赤裸裸地展示在读者面前。我们阅读这部小说，看到了无常，体味了无常，忆起了无常，联想起了现实世界，以及我们人生中无处不在的无常，艺术共鸣油然而生。

二

利用《红楼梦》揭示无常，似乎是曹雪芹的特别用心。小说开篇，作者便借跛足道人之口，唱出了著名的《好了歌》：

> 世人都晓神仙好，惟有功名忘不了！古今将相在何方？荒冢一堆草没了。世人都晓神仙好，只有金银忘不了！终朝只恨聚无多，及到多时眼闭了。世人都晓神仙好，只有娇妻忘不了！君生日日说恩情，君死又随人去了。世人都晓神仙好，只有儿孙忘不了！痴心父母古来多，孝顺儿孙谁见了？[①]（第一回）

这首《好了歌》提到了功名、利禄、娇妻、子孙，它们正是世人终其一生孜孜以求的。以为得到了就是幸福，唯恐不得或少得，为此焦心急虑，不惜一切攫取之拥有之；及至得来，转眼无常已至，刹那成空。这首歌里“好”的是“神仙”，而“神仙”意味着一种超越，指向一种终极解脱的境界，是灵性彻底自由的完美。然而，世人却有太多耽著而不能“了”，财、色、

---

① 曹雪芹、高鹗：《红楼梦》，中华书局，2020，第49页。本文引用的曹著原文均据此版，随文标明回次，不另为注释。

名……像一个个紧箍咒，紧紧地束缚住了人们的灵魂。所以作者又借道人之口云："好便是了，了便是好。若不了，便不好；若要好，须是了。"（第一回）想要得到终极的生命自由，就要放下，就要"了"。但是，世人终究难"了"，而性命无常，待到无常倏忽而至，悲剧便悄然演成了。

甄士隐对《好了歌》的解注，更是直接向读者点出了无常的状况。

> 陋室空堂，当年笏满床。衰草枯杨，曾为歌舞场。蛛丝儿结满雕梁，绿纱今又在蓬窗上。说甚么脂正浓，粉正香，如何两鬓又成霜？昨日黄土陇头埋白骨，今宵红绡帐底卧鸳鸯。金满箱，银满箱，转眼乞丐人皆谤。正叹他人命不长，那知自己归来丧！训有方，保不定日后作强梁。择膏粱，谁承望流落在烟花巷！因嫌纱帽小，致使锁枷扛。昨怜破袄寒，今嫌紫蟒长。乱烘烘你方唱罢我登场，反认他乡是故乡。甚荒唐，到头来都是为他人作嫁衣裳。（第一回）

这篇解注进一步揭示了人世间无处不在的无常。世间繁华，转眼衰微；官运亨通，也不过一时之盛；青春娇艳，如鲜花般未几凋谢；情爱难久，钱财难守，寿命也可能随时断送。对子孙未来、富贵、官禄的执着追求，结果可能适得其反；不过，今日寒酸，倒也可能是无常所赐，明日即为显贵。人间所有皆无常，世运无常，性命无常，名利无常，情爱无常，子孙无常…… 财、色、名、食等无一不无常。世间诸事，你来我往好不热闹，却都是轮回无常，不可久恃；而世人却"反认他乡是故乡"，把这个充斥无常的短暂人间当成了永远的归所。这本身就是一场大悲剧。无常随时可能降临，生命本就在一呼一吸之间。待到命终之时，人们平生耗尽心血所追求的一切顷刻化零。这自然是"甚荒唐，到头来都是为他人作嫁衣裳"。

甄士隐这个解注，可谓是作者对无常的总写。《红楼梦》中的人物、情节所反映出的无常，似乎多可以从中找出对应之处。甲戌本有脂批在解注头两句侧批"宁荣未有之先"与"宁荣既败之后"，在"蛛丝儿结满雕梁"处侧批"潇湘馆、紫芸轩等处"，在"绿纱"句侧批"雨村等一干新荣暴发之家"，在"脂粉"句侧批"宝钗、湘云一干人"，在"黄土"句侧批"黛玉、晴雯一干人”。下面各句相关对应处，侧批分别有“熙凤”“甄玉”“贾玉”“柳湘莲”“贾赦”“雨村”“贾兰”“贾菌”等诸多“一干人”。[①]

虽然能找出一些对应的伏笔，但《好了歌》是无常的总纲，是曹雪芹对于世事无常的总说，它已经超越了《红楼梦》的文本故事。正如俞平伯(1997)所说：“《红楼梦》既是小说，它所反映的面是有限的，总不外乎一姓或几家的人物故事。《好了歌》则不同，它的范围很广，上下古今、东西南北，无所不可。《红楼梦》故事自然包孕其中，它不过是太仓中的一粟而已。妙在以虚神笼罩全书，如一一指实了，就反而呆了。”[②]

《好了歌》及其解注虽然不完全对应《红楼梦》全书，但它们是对无常规律的总写，是“虚神笼罩”。曹雪芹把无常作为总纲，统领全书，打造悲剧，是显而易见的。小说开篇那块补天遗石想让僧道携下红尘经历一番，两位仙师便说：“善哉善哉！那红尘中有却有些乐事，但不能永远依恃，况又有‘美中不足，好事多魔’八个字紧相连属，瞬息间则又乐极悲生，人非物换，究竟是到头一梦，万境归空，到不如不去的好。”(甲戌本第一回)世事无常，瞬息万变，美好难以依恃，终究是梦。甲戌本“万境归空”旁有侧批：“四句乃一部之总纲。”[③]甲戌本《脂砚斋重评石头记》卷首诗云：“浮生着甚苦奔忙，盛席华筵终散场。悲喜千般同幻渺，古今一梦尽荒唐。”[④]悲情红楼，源于无常，作者意图不言而喻。

三

曹雪芹悲情红楼演说的重要组成部分是贾府由盛而衰。这出家族盛衰悲剧就是由无常主导的。以贾家为代表的贾、史、王、薛四大家族原先极为繁盛，权势财力几为人间极致。护官符写道：“贾不假，白玉为

---

① 曹雪芹：《乾隆甲戌脂砚斋重评石头记》卷一，台北商务印书馆，1961，第19a页。
② 俞平伯：《评〈好了歌〉》，载《俞平伯全集·第六卷》，花山文艺出版社，1997，第431页。
③ 曹雪芹：《乾隆甲戌脂砚斋重评石头记》卷一，台北商务印书馆，1961，第6a页。
④ 同上，凡例第4a页。

堂金作马。阿房宫，三百里，住不下金陵一个史。东海缺少白玉床，龙王来请金陵王。丰年好大雪，珍珠如土金如铁。”(第四回)不仅如此，四大家族还互为姻亲，一荣俱荣，使得他们的势力如日中天。贾府盛极一时从贾元春省亲便可窥见一斑，大观园便是为了这次省亲专门修建的。其中的园林布局、装饰陈设极尽奢华，繁华风光旖旎无限，元春看了这种盛景，也“默默叹息奢华过费”(第十八回)。乡下来的刘姥姥进入大观园便觉目眩神迷，感觉景致“竟比那画儿还强十倍”(第四十回)。怡红院室内“四面墙壁玲珑剔透”，“锦笼纱罩，金彩珠光，连地下踩的砖，皆是碧绿凿花”(第四十一回)，好一个神仙境地。一份茄鲞要用十来只鸡做配料，一顿对贾府来说最普通便宜的螃蟹宴让刘姥姥感慨：“这一顿的钱够我们庄家人过一年了。”(第三十九回)这可真是“烈火烹油、鲜花着锦之盛”(第十三回)。

《红楼梦》浓墨重笔书写贾府的豪华，向读者展示了人间美好生活的极致，然而这并不是作者的真正用意。揭示无常，才是曹雪芹的实际用心。随后便有秦氏托梦凤姐说，虽然眼前是“烈火烹油、鲜花着锦之盛”，但是“要知道，也不过是瞬息的繁华、一时的快乐，万不可忘了那‘盛筵必散’的俗语”(第十三回)。这才是作者的大实话。人间的快乐只是暂时的，无常才是规律，切不可眷恋瞬间的欢乐，而永久迷失原本清明的本性。

在无常规律的操纵下，贾府的风光难以维系，繁花似锦迅速落幕。贾府在经济上很快入不敷出，捉襟见肘。“再两年再一回省亲，只怕就精穷了”(第五十三回)。渐渐地，由于“旱涝不定，田上的米都不能按数交”，贾母的红稻米粥“都是‘可着头做帽子’了，要一点儿富余也不能的”(第七十五回)。而作为维系家族兴旺的子孙，也是“一代不如一代了”(第二回)，“遗之子孙虽多，竟无可以继业”(第五回)。更有甚者，这个原本的“钟鸣鼎食之家，翰墨诗书之族”失去了本该具有的长幼有序、父慈子孝、家族成员相亲相爱的局面，温情脉脉只是表面功夫，底下则是尔虞我诈、明争暗斗，而且愈演愈烈。季新的《红楼梦新评》中说：“今读《红楼梦》，见其父子叔侄兄弟姊妹之间，姑媳妯娌之间，宗族戚串之间，纷纷然相倾相轧，相攘相窃，加膝堕渊之态，衫臂夺食之技，极残忍，极阴鸷，极诡谲，极愁惨。”[①]种种状况，使得这个世族大家迅速衰亡，直至被抄家查封，最终只落得“树倒猢狲散”“食尽鸟投林”“忽喇喇似大厦倾”“落了片白茫茫大地真干净”（第五回）。

展卷《红楼梦》，贾府的富丽堂皇、奢华讲究让无数读者心醉神摇。透过对人生绚丽生活的描写，揭示无常存在的内在本质，似乎是作者要点醒读者的。从某种意义上说，曹雪芹应该是一位超越时空的智者，他清醒地觉知浮世人生中无处不在的无常本性，对短暂人生的绚丽浮华做出了根本否定，试图引导读者对生命本质进行终极思考。

四

通过对美好生活毁灭的叙写来揭示无常，似乎也是《红楼梦》作者的特别用心。小说中美好生活的代表当属大观园。作者笔下“天上人间诸景备”的纸上园林，几近人间天堂。这里景色宜人，亭台楼阁、小桥流水、草木花卉……处处匠心别具；这里的人物青春靓丽、尽态极妍、才情并茂……尽显人间极致；这里的生活恬静温馨，趣味盎然，仿佛世外桃源。小说作者精心打造的这个诗意世界，几乎成为人类现实生活的理想净土，集中表现了人类生活所有美好的一面。因此，人们常说大观园就是桃花源，就是伊甸园。

这个几近完美的理想世界，同样要经受无常的摧残，在无常面前是那么脆弱、那么不堪一击。先是第五十九回“各处大小人儿都作起反来了，一处不了又一处”，春燕娘当众打骂春燕，只因看到宝钗丫鬟莺儿折其承包区的柳枝编花篮而心疼；第六十回，赵姨娘和唱戏的芳官等小女孩儿们打作一团；第六十一回，迎春的大丫鬟司棋领着一群小丫头大闹园中厨

① 季新：《红楼梦新评》，载一粟主编《红楼梦卷》，中华书局，1963，第 309 页。

房。大观园已显尘世乱象，失去了柔情诗意的氛围。很快“离散”的阴影就悄然掩来，第七十回林黛玉重建桃花社，多人所填柳絮词不约而同暗合“离散”之意。黛玉《桃花行》的结尾则是：“泪眼观花泪易干，泪干春尽花憔悴。憔悴花遮憔悴人，花飞人倦易黄昏。”春尽人散的悲凉景象已跃然纸上。接下来便是“惑奸谗抄检大观园”。至此，这个人间乐园已不复存在，在无常的摧毁下灰飞烟灭了。到底是瞬息间便“乐极悲生，人非物换，究竟是到头一梦，万境归空”。

美好人生的毁灭同样是曹雪芹叙写无常的重笔所在，这集中表现在大观园里众多女性身上。笔者曾指出：“《红楼梦》小说文本把女性置于显著位置，曹雪芹宣言性地表明要为‘闺阁昭传’，女性成为其作品不可或缺的叙事主题。”[①]大观园里的女儿们似乎都是青春与美的化身，堪称人间极品。林黛玉犹如出水芙蓉，妩媚婀娜；薛宝钗端庄贤淑，任是无情也动人；史湘云率性质朴，英豪阔达；贾元春温婉贤良，端庄雍容；贾迎春温柔可亲，沉静和善；贾探春“才自精明志自高”；贾惜春清心恬静。还有率真不阿、“风流灵巧”的晴雯，无微不至、“温柔和顺”的花袭人，体贴忠心、聪慧情重的紫鹃。更有超凡孤傲、高雅脱俗的妙玉，和蔼忠诚、温柔敦厚的李纨，善良俊俏、善识大体的平儿。各有各的美好，各有各的动人之处，个个青春绽放，流光溢彩，尽情地展现着人生的美丽。

娑婆世界，无常无处不现。在无常面前，人生的美丽只是瞬间的闪现。花落春残、香消玉殒在作者笔下自是必然。很快，黛玉泪尽而亡，宝钗独守空房，元春大梦早归，迎春“误嫁中山狼”，探春远嫁不归，湘云好景不长，妙玉“白玉遭泥陷”，晴雯冻饿而死，鸳鸯为主悬梁，司棋殉情撞壁……好一副“千红一窟”（哭）“万艳同杯”（悲）的悲惨结局。

大观园及大观园里的美丽人生犹如夜空中闪亮的流星雨，华美绽放之后瞬间便陨落了。读者正在为其美好心摇神怡之际，便失落于一无所有的夜空之中。于是，悲剧的震慑力产生了。《红楼梦》由此生发出不同

---

① 陶小红：《曹雪芹与张爱玲的女性悲情言说》，《红楼梦学刊》2012年第2期第163页。

寻常的艺术魅力，并衍生出形而上的哲理——“那红尘中有却有些乐事，但不能永远依恃……究竟是到头一梦，万境归空”。正如《佛说无常经》所云：“外事庄彩咸归坏，内身衰变亦同然。”（《大正新修大藏经》经集部四）。无常是宇宙运转的基本规律。

五

借由爱情的演绎来揭示无常，是小说作者要传达给读者的重点所在。爱情主旨说是学界研究《红楼梦》由来已久的一个观点，贾宝玉和林黛玉的爱情故事是曹雪芹重点打造的情节。要引发读者思考，提升小说的哲理性，作者自然要倾情于此。宝黛爱情自始至终就是关于无常的演说。

宝黛爱情自《红楼梦》诞生以来就广为讴歌，被认为是具有超越性的精神之爱，是脱离“皮肤淫滥”的心灵之爱，至真至纯，诗意盎然。脂砚斋说贾宝玉是“今古未有之一人耳。听其囫囵不解之言，察其幽微感触之心，审其痴妄委婉之意，皆今古未见之人……恰恰只有一颦儿可对，令他人徒加评论，总未摸着他二人是何等脱胎，何等心臆，何等骨肉”（己卯本第十九回夹批）。这是心心相印的知己之爱。这种奠基于心灵交融之上的感情臻于爱情的最高境界，是世人最为渴求的纯美情感。曹雪芹通过小说实现了这种人类理想情感的完美打造。然而，无常法则无可逃遁。爱情是世间法，世间万法都会生灭变化，迁流不住，没有永恒不变的常性。因此，宝黛爱情虽然美丽，但也难逃苦空的悲剧结局。

爱情的美好短暂易逝，这是作者首先展示给读者的。受制于无常法则，短暂性成为宝黛爱情的显著特征。在作者笔下，宝黛二人从“言和意顺，略无参商”的两小无猜到因情窦初开自然产生的“不虞之隙，求全之毁”，从相互试探和斟情的“求近反远”到心心相印、互敬互谅，作者几乎叙写了宝黛爱情演绎的全过程，但宝黛爱情充其量也不过延续了几年而已。“静日生香”的情意缠绵和共读《西厢记》的心灵和谐等美丽画面一晃而过。很快，林黛玉魂归离恨天，终结了所有的美好。

爱情具有不稳定的波折性,也是作者要告知读者的。变迁不停是无常的特征,无法摆脱无常属性的爱情自然就不具备恒常之相。人们总是希望既然爱了,那就时时刻刻都能相知相惜,温馨甜蜜,但这只是世人一厢情愿的美好臆想。宝黛爱情虽然被认为臻于爱情的最高境界,但其演绎过程也是波澜曲折,从贾宝玉“摔玉”“砸玉”“意绵绵静日玉生香”“诉肺腑心迷活宝玉”到林黛玉“探宝钗黛玉半含酸”“牡丹亭艳曲警芳心”以及“埋香冢飞燕泣残红”“痴情女情重愈斟情”,从《葬花吟》到《秋窗风雨夕》,从《桃花行》到“凹晶馆联诗”等,处于爱情中的宝黛二人时时为各种情绪所左右,有甜蜜、欣慰,更有哀愁、悲苦,乃至忧郁、愤懑甚至绝望。无常消解了想象中本应该因爱情而拥有的恒时的安宁、甜蜜、幸福。

曹雪芹对于宝黛爱情的叙写无疑是极为成功的。《红楼梦》自诞生以来,宝黛爱情故事震颤了无数读者的心灵。处于这个世界的众生都是情执深重的,所谓情不重不生娑婆。人们潜藏在内心深处对美好爱情的原始渴望,在作者笔下得到了宣泄,然而这种爱情的美好终究虚幻,美好觉受的白云刚刚飘来,便被心灵跌宕起伏的乌云冲散,接踵而来的则是宝黛二人永久的分离。无常的法则使得爱情的美好虚无缥缈,难以让人片刻依怙。其实,缥缈无常本是爱情的属性,爱情的产生只是因缘会遇时的一时显现,而因缘本身不具有任何牢固的自性,会迁变不停。所谓男女之爱情,源于心的幻化,远离实相。而心的真实本性,清净光明,远离一切概念。情爱是虚幻心念造作的产物,并不存在于心的光明本性中,自然无有清净恒常之相。恩爱无常,会合有离。爱情终属无常,绚丽之后必定落于凄凉,难逃坏苦的本性。爱情的所谓美好须臾即逝,纯粹意义上的美好爱情到底只是有情众生的美丽梦幻。或许这正是曹雪芹要告诉我们的。

六

通过小说主人公对无常的感知与恐惧来昭示无常,打造悲剧,是《红楼梦》的一大特点。萦绕在贾宝玉与林黛玉身上的悲剧情结非常显著,几乎自始至终贯穿整部小说。即便处于顺境之际，小说主人公源于对无常的觉知与无奈而产生的忧郁乃至悲怆的情绪也昭然书中。《红楼梦》第二回就说到宝玉“无故寻愁觅恨，有时似傻如狂”，这种状态在寻常人看来似乎很不正常，难以理喻，然而这正是贾宝玉较之常人更为清醒之处。自然界冬去春来、风霜雪雨，世事的兴衰荣辱，人身的生老病死……无论外相内相，无一不是在刹那间的更迭变化中。面对此种种无常显示，世人熟视无睹，反而对无常的外相及自身执为常有，产生常执，对一直在刹那变异的世俗法，执为恒常不变，这才是真正的颠倒执着。而贾宝玉则清醒地看到了无常，意识到了眼前所拥有的一切美好，包括自身的生命都转瞬即逝，难以久存。在这样无常的宇宙规则之前，他无法应对，无力抗衡，苦闷焦虑的情绪油然而生，在他人看来自然是“无故寻愁觅恨，有时似傻如狂”了。他因感知到无常而出现的近似癫狂状态在书中屡屡出现，如第十九回说道“只求你们同看着我，守着我，等我有一日化成了飞灰，——飞灰还不好，灰还有形迹，还有知识。——等我化成一股轻烟，风一吹便散了的时候，你们也管不得我，我也顾不得你们了”，再如第三十六回“比如我此时若果有造化，该死于此时的，趁你们在，我就死了，再能够你们哭我的眼泪流成大河，把我的尸首漂起来，送到那鸦雀不到的幽僻之处，随风化了，自此再不托生为人，就是我死的得时了”。这是面对死亡无常时无奈的情绪宣泄，他意识到了人在天地间的渺小，灵性毫无自由，无法主宰自我，因而悲怆地宣告“自此再不托生为人”。

贾宝玉拥有超越常人的敏锐感知，较之常人更能捕捉到生命中的美好，同时又清醒地觉知着其间的短暂无常。他下意识地想留住美好，因而他“喜聚不喜散”；但“盛筵必散”，这是无常的规律，他无法改变。他的个体意志与自然规律之间难以调和的矛盾，使他注定成为悲剧人物。生命中的每一个际遇乃至每一个场景都有可能触动他的觉知而使他彷徨无助。第二十八回，当林黛玉的《葬花吟》无意中飘入耳际之时，他便“不觉恸倒山坡”“试想林黛玉的花颜月貌，将来亦到无可寻觅之时，宁不心碎肠断！既黛玉终归无可寻觅之时，推之于他人，如宝钗、香菱、袭人等，亦可到无可寻觅之时矣。宝钗等终归无可寻觅之时,则自己又安在哉?且自身尚不知何在何往,则斯处、斯园、斯花、斯柳,又不知当属谁姓矣”。面对这种人生的无常,他何其悲怆。第五十八回,宝玉叹杏也表达了同样的悲苦。宝玉病后去看林黛玉,路上发现杏树已经“绿叶成荫子满枝”了,因而想起邢岫烟已择夫婿,“又少了一个好女儿”“不过两年,便也要‘绿叶成荫子满枝’了。再过几日,这杏树子落枝空,再几年,岫烟未免乌发如银,红颜似槁了,因此不免伤心,只管对杏流泪叹息”。人生的美好无法挽留,无常终将掩没一切,他只有痛惜。众所周知,贾宝玉具有女儿崇拜情结,他十分崇拜青春的美好,在他看来“女孩子未出嫁,是颗无价之宝珠;出了嫁,……是颗死珠子了;再老了,……竟是鱼眼睛了”(第五十九回)。笔者以为,这种在常人看来几近荒诞的逻辑,正是源于贾宝玉对无常的抗拒心理。然而无常无所不在,与之抗拒必定产生悲剧。

清晰地感知无常,觉知世间一切美好转眼成空,终无所恃,这份清醒同样造就了悲情的林黛玉。面对无常,她敏感忧伤,彷徨而无助,因而她喜散不喜聚,原因是“人有聚就有散,聚时喜欢,到散时岂不清冷?既清冷则生感伤,所以不如倒是不聚的好。比如那花儿开的时候儿叫人爱,到谢的时候儿便增了许多惆怅,所以倒是不开的好”(第三十一回)。别人相聚欢喜时,她内心反觉凄凉。平日所作的诗词歌赋更是频频流露出她的悲怆,从《葬花吟》到《秋窗风雨夕》再到《桃花行》等,无不如此。“侬今葬花人笑痴,他年葬侬知是谁”“一朝春尽红颜老,花落人亡两不知”“助秋风雨来何速?惊破秋窗秋梦绿”“连宵脉脉复飕飕,灯前似伴离人泣”“泪眼观花泪易干,泪干春尽花憔悴”“一声杜宇春归尽,寂寞帘栊空月痕”,这些著名的诗句无一不是出自对无常的感伤。

对无常的敏锐感受,并由此而产生的对生命存在与人生意义的追问与反思始终困扰着《红楼梦》小说主人公,造就了一个“痴”宝玉,一个“悲”黛玉。内心深处对无常的这份清醒是贾宝玉和林黛玉共有的,这种共同的觉知成为两人心灵连接的纽带,升华了宝黛爱情,同时成就了《红楼梦》震撼人心的艺术魅力。

七

无常是世间万法的固有属性。由因缘而生的一切世间有为法，处于刹那不停的运动之中，变化在所难免。然而，身处无常之境的芸芸众生却对此视而不见，抑或忘却了无常，不知“一切有为法，如梦幻泡影，如露亦如电”，而对万法执为常有，因而追逐色声香味触法的觉受，产生了种种颠倒执着，迷失了清净恒常的本性，痛苦和烦恼便纷至沓来，如影随形，挥之不去。曹雪芹通过《红楼梦》把无常昭然于读者面前：开篇便以《好了歌》及其解注总说无常，随后以贾府的由盛转衰揭示无常，又通过大观园理想生活的毁灭以及年轻女性美好人生的消亡来展示无常，同时以宝黛爱情演绎来叙说无常，经由对男女主人公的个性塑造来烘托无常。无常的威胁自始至终贯穿于小说之中，赤裸裸地暴露于读者眼前。面对无常，我们无可回避，《红楼梦》光华四溢的悲剧艺术魅力油然而生。窃以为《红楼梦》作者的用意正如《正法念处经》所云：“愚痴无智慧，不能渡苦海。色种姓财富，及以诸乐具，一切皆无常，智者不应信。”（《大正新修大藏经》经集部四）贾府种姓高贵，富丽堂皇；大观园风光旖旎，仿佛仙境；年轻女性色貌卓绝，才情盎然……《红楼梦》展现了世间的一切圆满，然而“瞬息间则又乐极悲生，人非物换，究竟是到头一梦，万境归空”（第一回）。智者应该警醒，无常无处不在，所谓世间的一切美好终究不可依恃，应该转而思考人生的终极意义。或许这正是小说作者的真正意图。

参考文献

曹雪芹.乾隆甲戌脂砚斋重评石头记[M].台北：商务印书馆，1961.

曹雪芹，高鹗.红楼梦[M].北京：中华书局，2020.

季新.红楼梦新评[G]//一粟.红楼梦卷.北京：中华书局，1963.

宽忍.佛学辞典[M].北京：中国国际广播出版社，1993.

陶小红.曹雪芹与张爱玲的女性悲情言说[J].红楼梦学刊，2012(2).

俞平伯.俞平伯全集·第六卷[M].石家庄：花山文艺出版社，1997.

论当代视角下《红楼梦》中的超性别意识

刘美仪

（北京语言大学汉语学院）

摘　要　《红楼梦》是中国古典小说的巅峰之作，曹雪芹以高超的技巧搭建起宏大的框架并用无数微小的细枝末节填充，创造了似幻非幻的红楼之梦。作为现实主义的百科全书著作，《红楼梦》从人物塑造、情节描写等方面揭露了二元性别秩序对人造成的戕害和压迫，并通过塑造贾宝玉等人物的个性投射了对未来人类性别文化的美好理想。本文在现有研究的基础上，结合性别主义及精神分析理论对文本进行细读，从书中男女角色气质“错位”的现象出发，分析性别错位的表现以及人物性格成因，指出处在性别二元论下的人们存在的普遍困境，并运用“超性别意识”理论，挖掘曹雪芹构造的文化理想在当代社会的指导性作用。

关键词　当代视角　超性别意识　《红楼梦》　性别研究

前　言

《红楼梦》被誉为中国封建社会的百科全书，内容宏大，包罗万象，由此中国文学界产生了一门专门研究《红楼梦》的学问——红学。红学研究成果丰硕，涉及多个学科领域。近几十年来性别角色研究成为文学研究的一个热点，但从这一角度研究《红楼梦》的成果还比较少。

中国女作家陈染于1994年发表文章《超性别意识与我的创作》，首次提出了“超性别意识”的观点。依据陈染的表述，“超性别意识”是要超越单一的性别视角来关注人本身，感受人格力量而不是性别角色定位下的规范。

《红楼梦》作为世情小说典范之作，以青年男女为主要描写对象，以男主人公贾宝玉的视角为当日的“闺阁良友”作传，在一定程度上流露出消解性别差异乃至超性别意识的倾向，颇为引人瞩目。贾宝玉、史湘云、王熙凤等人都表现出一定的“男性女性化”或“女性男性化”倾向，他们独特的人格魅力与陈染的“超性别意识”不谋而合。

本文采用文献研究法以及跨学科研究法，对文本进行分析整理，从超性别意识、心理学、女性主义等角度对《红楼梦》性别研究展开深入探讨，以开放的态度对书中人物进行新解，以期挖掘其中蕴含的人文启蒙精神，解构二元化的性别秩序。

一、《红楼梦》中“男性女性化”的表现

在曹雪芹笔下，贾宝玉充分地体现了“男性女性化”的特征。他一反常规，从外在行为到内心观念都显现出与传统男子格格不入之处。

1.1 贾宝玉女性化的外在表现

贾宝玉面容秀美，透着一股阴柔之气。作者笔下的贾宝玉有着面若中秋月、色如春晓花的面容，眼角含情，似笑非笑，画面感极强，使人在脑海中勾勒出一副清秀的美人面孔。

贾宝玉的装扮以阴柔之风、带有女性色彩为主。文中男子的服饰通过图案、材质、配饰体现人物的身份、地位，而在宝玉这里，除了表明其养尊处优之外，还多次暗示了他浓郁的女性气质。贾宝玉多次身着颜色绚丽的衣物出场——红、紫、金、绿，而且他喜换衣物，不同场合要搭配不同

服饰。第三回宝玉初登场,便写他“头上戴着束发嵌宝紫金冠,齐眉勒着二龙抢珠金抹额”,穿“二色金百蝶穿花大红箭袖”,束“五彩丝攒花结长穗宫绦”。他去舅舅家身穿“大红猩猩毡盘金彩绣石青妆缎沿边的排穗褂子”,竟使贾母误以为是位姑娘。

贾宝玉有“爱红”之癖。他周岁时,其父贾政安排抓周,他只抓了些脂粉钗环,长大发展成好吃胭脂,人人皆知这“爱红”癖好。因这“女气十足”的行为,丫鬟们对宝玉并不设防,打闹玩笑时常有姐妹嬉戏之感。例如金钏与宝玉打俏,问宝玉吃不吃她嘴上的胭脂;宝玉也曾央着鸳鸯赏他一口胭脂吃。

受荷尔蒙影响,女性情绪波动一般比男性大,感知情绪的能力也更强。贾宝玉在这一点上比女子有过之而无不及,初次与林黛玉见面,得知只有自己有通灵宝玉,“登时发作起痴狂病来”,狠狠摔玉。

传统观念认为“男儿有泪不轻弹”,但书中前八十回里总共有十九次宝玉哭泣的描述。黛玉葬花有感吟诗,宝玉听得后,心绪万千,竟也在山下痛哭一场。第五十七回,紫鹃骗他说林黛玉要回苏州,他急得发病,手脚凉了,话不说了,大哭不让黛玉回去。也难怪在 1842 年,居茨拉夫在发表的文章上竟称贾宝玉为“少女宝玉”。(胡文彬,1993)

1.2 贾宝玉的“尊女厌男”情结

贾宝玉眼中的大观园好似中国版伊甸园,笼罩着和平、诗歌和情感。大观园里充满了未婚少女,是纯洁清爽的象征,在那里他隔绝了来自成人社会的野心、贪婪和表里不一。因此,他在儿时便说出“女儿是水作的骨肉,男人是泥作的骨肉。我见了女儿就觉得清爽,见了男人就觉得浊臭逼人”这稀罕言论。他心中的女儿是“天然去雕饰”的清水芙蓉,是不沾世俗污秽的圣洁天使。

除了尊崇女性外,贾宝玉对男子也饱含厌恶之情,因而在女性面前有种自卑感,更是多次称呼包括自己在内的男性为“浊物”,在太虚幻境中他怕他这浊物“污染清净女儿之地”;第二十回他认为“须眉男子不过是些渣滓浊沫而已”；悼金钏时妙玉道出宝玉所想，来生“再不可又托生这须眉浊物”。

戴锦华曾说过，对某个秩序不满而激烈反抗的人，常常是将既存秩序刻在脑海里的人；他们这些“反叛者”比“顺民”更为紧密地与权力结构、权力中心联系着；他们不仅在反叛秩序和主流群体，也在与自己搏斗。贾宝玉斥责“须眉浊物”只知道“文死谏，武死战”，罔顾自身本事，盲目地邀名图利，弃君王与国家于不顾。由此可见，贾宝玉心里其实早已形成一套坚定的伦理价值体系，但这体系与时下盛行的“文死谏，武死战”相互冲突，故而他默默隐忍。因为他清楚地知道这种叛逆思想不会被世人接受，于是索性投身于未沾染这些污浊习气的清白女儿中去。

虽说贾宝玉有“女清男浊”的独特观念，但不得不指出来的是，他的性别观念存在局限性——女性内部也分等级。在他眼里，只有未出嫁的年轻少女才是散发光芒的。女人出嫁后，受社会礼教规劝便会“出嫁从夫”，所思所想围绕着她的夫婿，从一个有自主意识的女性变成依附于男性的“他者”，故而“染了男人的气味”，最终变成沾了浊气的鱼眼睛。从贾宝玉在作诗上表现出来的才思以及好读《南华经》来看，他对男性的厌恶是出于对追逐功名、阶级的厌恶，是对性别角色所必须遵从的社会规范的厌恶。封建社会里的女性被圈在家庭中，一旦出嫁参与家庭琐事，这份纯洁便也不再，继而在他眼里便变得面目可憎了。他在心里重构了性别秩序，以“女儿精神”为最上等，判断人格高下的依据不是两性的生理属性而是精神气质，因此女人可以变得失却光彩，男子也能变得神清气爽。

二、《红楼梦》中“女性男性化”的表现

《红楼梦》中不少令人印象深刻的女性角色是杂糅了男性气质的。由于作者笔下的这些女性角色或多或少都存在男性化气质，我们认为他借此也在向世人传达他的观念：两种性别融洽结合才是理想的性格特征。

2.1 史湘云

史湘云是《红楼梦》中"女性男性化"的典型代表。作为四大家族中的一员,史湘云理应深受教化,循规蹈矩,然而从日常生活中的点点滴滴可以看出,史湘云可谓是一个"假小子",自带一股"真名士自风流"的韵味。

史湘云行为放诞,不拘小节。她喜扮男装,第三十一回借宝钗之口道出她曾经按照宝玉平日装扮穿戴,贾母看其背影信以为真,以为是宝玉;第四十九回大家商议作诗,湘云打扮得像个"孙行者",显得"蜂腰猿背",引得众人也认为她更适合扮个小子。倘若换林黛玉穿上贾宝玉的衣服,只怕是依葫芦画瓢,一看便知是个柔柔弱弱的姑娘家。史湘云能够以假乱真的原因在于她身上那股掩不住的英气和活泼劲儿。

史湘云豪爽耿直,洒脱旷达。她心直嘴快,不像闺阁女儿娴静少语,常常有什么说什么,不做过多考虑。黛玉心思敏感,宝钗、宝玉与她说话时常常把握分寸,唯恐她心生不快,只有湘云好与她斗嘴。林黛玉笑她"真真你是个糊涂人",湘云不假思索就回嘴"你才糊涂呢",后又说黛玉是"假清高,最可厌"。另外,史湘云性格豪爽,和宝玉合计吃鹿肉,爱放大炮仗,得意忘形时还会挥拳拇战,颇有少年意气。

史湘云对于阴阳的看法,也隐含了作者对于男女关系的思考,即"阳尽了就成阴,阴尽了就成阳"。《周易》指出男为阳,女为阴,阳气主宰万物,阴气则顺从阳气,以调和万物,此时"阴"虽协助"阳",但《周易》没有明确指出阴属于阳。后来随着男权制社会的发展,"三礼"的出现才规定了以男性为权威性别。史湘云对阴阳的看法蕴含着阴阳两极二元对立统一的辩证思想,阴阳互相依存,互相转化,不存在绝对的界限。

2.2 王熙凤

王熙凤生于财力雄厚的武将家庭,堪称"脂粉英雄",自小被假充男孩儿养大,因此她的性格中也表现出许多男子气概。若说史湘云是"假小子”，那王熙凤则更像成熟的男儿郎。首先从名字上分析，古代凤为雄，凰为雌，王熙凤的小名“凤哥儿”从侧面昭示了她“雌雄”混合的性格特征。

王熙凤性格爽利，大胆泼辣，因此还有“凤辣子”的称号。她做事干练妥帖，比贾府男子更加杀伐果断。在协理宁国府时，她严于律己，每日卯正二刻即到，发现下人迟到不管缘由，下令怒打二十大板，扣一个月工钱，以儆效尤。她不喜矫揉造作，曾言“别像他们扭扭捏捏的……急的我冒火”。王熙凤受教育程度不高，除了不识字以外，还说话粗俗，脾气暴躁，对下人奴仆动辄打骂，自己也经常做出蹬着门槛拿耳挖子剔牙的举动，好像个没受过教育的底层男性。

王熙凤精明强干，有管理能力和执行力。虽然目不识丁，不认识几个字，但仅凭下人念账本，她便能将贾府打理得井井有条，还以绝妙的洞察力点明宁国府存在的五大弊病，可见王熙凤能力超群，心思细腻。虽是被请去协理宁国府，但毕竟年纪轻，辈分不高，难免不能服众。她表面上是对来升媳妇说话，实际上“众人不敢擅入，只在窗外听觑”，先声夺人，目的是让宁国府内的婆娘媳妇们知道“我可比不得你们奶奶好性儿”。这一方面表现了王熙凤的管理才能，另一方面又表现出她滴水不漏的深沉心机。

三、《红楼梦》性别错置的归因性分析

《红楼梦》中人物的双性气质成因分析可以借精神分析理论探究一二，而精神塑造离不开社会环境对人认知层面的影响，因此社会心理学也是探究性别角色不可或缺的重要理论。除此之外，我们更不能忽视人物身上深深浸染的中国传统文化的作用。

3.1 精神分析“我”的异化

奥地利心理学家弗洛伊德创立了精神分析学说，他将人格结构分为本我、自我和超我三部分并表明人的精神活动会在三个层次即意识、前意识、潜意识里发生。本我遵循快乐原则，要求满足本能的欲望；自我受理

性支配，按照现实原则发展，为本我服务；超我代表理想层面，遵循道德原则，负责管束、指导自我和本我。

贾宝玉的支配人格部分是超我。他的本我倾向于不受约束的生活，并在无意识中表现出亲近女性的行为。自我人格可以意识到他的女性化倾向，但考虑到身处的社会环境绝不支持自己的性格行为，自我和本我拉扯，故而厌恶起男性社会角色。而超我为了迎合社会对男子气概的要求，所以约束贾宝玉自身的行为，让他在公众场合、家庭聚会等场景中颇有贵族子弟之风。超我的作用是抑制本我对女性的喜爱和向往，监督自我放纵本我发展，最后指导贾宝玉成为流露出女性化特质的叛逆男性。

史湘云的主导人格部分是自我。本我的女儿性格在父母双亡后成为弱点。过着寄人篱下的生活，若是女儿的敏感多愁占据上风，史湘云只怕会成为第二个林妹妹。超我理应要求史湘云成长为知书达礼的大家闺秀，但自我支配史湘云保护本我不受伤害，因此形成了大大咧咧、豪爽开朗的性格，身上的男性气质能够使史湘云在不尽如人意的现实生活中勇敢前行。

王熙凤的主导人格部分是本我。武将家庭出身、作为假小子的她以男性姿态成长是最自然放松的，其本我表现为在说话时的不拘小节和对管事主导权的贪婪。自我和超我未能及时做好调节，使王熙凤过度放纵本我，屡屡越过儿媳妇和妻子的职能界限，最终导致悲剧命运。

3.2 社会学习后的角色认知转变

社会心理学家班杜拉认为行为主义的刺激—反应模式不足以解释人的行为动机，他将外部的刺激同内在的认知过程结合起来，提出观察学习说，强调榜样和示范者在习得过程中的地位。

家庭对性别社会化的影响主要在于思想教化和行为引导两方面，班杜拉认为儿童形成性别角色的行为方式来源于模仿和认同成人行为。贾宝玉生活在女眷众多的大观园，他的成长过程中永远都伴随着女性眷属，耳濡目染之下就会无意识地习得和模仿，时间一长便会对自己的男性生理性别不屑一顾。此外，他向来深得贾母宠爱，贾母说过他哪怕做个“混世魔王”也是极为可爱的。在贾母这个大家长的庇护下，他的“出格”行为一再被默许甚至褒扬，导致他的男性女性化倾向反复被强化直至最终定型。

班杜拉参考了众多人类学文献，发现人类存在“无尝试学习”的现象。世界上很多地方的女性虽然只见过男性日复一日地进行狩猎、搏斗等激烈活动，但只要给她们机会，她们也会在同一领域表现出不凡的成绩。王熙凤自小假充男孩儿被教养，从行为主义心理学的角度看，她在童年时期一直在接受家庭发出的刺激强化，这种刺激强化让她认识到将自己表现得男孩子气更易得到夸奖和赞扬，因此穿男装、与男孩儿玩耍便是家常便饭，算不上稀罕事，这难免让她的性格沾染上男性色彩。王熙凤生于江南，明清时期资本主义萌芽，以丝织制造业为主的南方家庭结构出现松动，不少家庭“女主外男主内”，从王熙凤在贾府手握大权干劲儿十足的表现来看，江南地区不同寻常的家庭结构也对王熙凤的性格有着潜移默化的影响。

在形成性别角色的过程中，母亲起着至关重要的作用，她会依据孩子的性别对其行为进行不同的教导和约束。史湘云自幼父母双亡，在叔婶家里过着寄人篱下的生活，能够得到的关注不多。从小仰人鼻息、情绪敏感的史湘云明白事事必须依靠自己，而化解这种种不幸要有一个强大坚毅的灵魂支撑，燃烧旺盛的生命激情也许才能对抗命运的多舛。因此，她表现得像男孩儿一般洒脱不羁也不失为一种排遣压力和失落感的方式。

3.3 不同凡俗的人文追求

中国传统文化构成丰富，时空跨度广。一方面，阴柔元素贯彻千年，早有楚地遗风，后有六朝唐宋盛行艳丽婉约风尚，中国自古就不缺对秀美男子的刻画和对芝兰玉树的喜爱。古人推崇的士人精神包含清、淡、逸、洁的气度风韵，天然地带有阴柔之美。贾宝玉在读书学习的过程中不可避免地会接触此类文化，潜移默化地受此影响。另一方面，花木兰替父从军、穆桂英挂帅等巾帼英雄事迹在历史烽烟中留下了属于女性的浓墨重彩的一笔，她们身上的英勇豪迈与同时代的男子相比毫不逊色，为后世女性树立了不可多得的榜样。史湘云、王熙凤的性格里都能找出英气豪爽的一面。

四、《红楼梦》“超性别意识”的人文走向

正因为《红楼梦》创造的世界“如实描写无讳饰”，我们才能从贾府众人悲欢离合的字里行间看到金钗们的意志思想被不停拉扯摇摆，命运和归宿在家族与家族之间流转不停。若是做一个像贾宝玉这样有违正统的“性别叛逆者”，则是冒天下之大不韪，余生注定要在痛苦挣扎和打压怀疑中度过。

4.1 女性困境——家庭天使

中国古代对女子的终生期待便是将其塑造成一名恭俭淑良的贤妻良母，使其满足于被眷养的现状，通过将其视为父系所有物，实现对女人一生的控制。

贾府内眷居住的地方整天有人看守，若无人差遣，即使管家也不得入内。表面上看，这是对女眷的保护，实则是对女眷的压制。她们被切断了与外界的接触，也无法参与到带有社会性质的工作中去。贾探春素有“改革家”的称号，她心怀抱负不甘困在深宅大院，说下“我但凡是个男人，可以出得去，我必早走了，立一番事业，那时自有我一番道理”的豪言壮语。虽然“才自精明志自高”，但当时社会给女性定义好的角色就是妻子、母亲，最后探春还是以远嫁收场。只要站在历史的边缘，女性就无法改写她们成为附属者的未来，就无法得到参与、书写历史的机会，因为她们被默认为对历史无关紧要。

虽然不能在社会公共领域参加工作，但家庭向来被视为女人的天地，只要掌控权与主导权依然在男性手里，女性就能通过出嫁成为丈夫权力

集团的一分子，进而拥有管理家庭的权力。王熙凤正是通过这种方式获得管理贾府的权力的，虽说她通过一系列暗中操作为自己敛财，但家庭中的女性没有固定收入，只能按时领取月例度日，经济大权仍然牢牢掌握在男人手中。男性成员通过让渡部分权力获得女性成员全身心的付出，女性注定无法实现超越性的命运。

另一方面，女人不是和女人站在一个阵营，而是和创造财富的丈夫形成一个紧密的联合体，以维持自己享有的一切。这些获得让渡权力的女人也在沿袭父权社会及其宗法制度派生出来的种种邪恶。正如波伏瓦在《第二性》中所言："由于忍辱负重和顺从的传统，缺乏团结和集体意识，才使她们面对新出现的可能性，毫无还手之力。"[①]当出现了威胁自己地位的二房——尤二姐时，王熙凤开始了女人间的争斗，重复着女性共有的受制于家庭的命运轮回。女性群体四分五裂，有学者认为是父权社会"系统地消解女性之间深厚而强大的联系纽带，以便将她们带入男性世界成为第二性"[②]。王熙凤的所有荣耀、权力全是仰仗贾琏，她虽然功劳苦劳兼具，但处处压过贾琏，不愿做一个听从丈夫意见的女人，这也为王熙凤被休埋下伏笔，最终王熙凤被贾琏休弃，一切过往辉煌毁灭成烟。

想要破解这种困境，关键要改变女性在家庭中度过一生的命运，承认女性的杰出能力。就像"超性别意识"中提倡的那样，一个具有伟大人格力量的人，往往能脱离性别来看待他人的本质。

4.2 男性困境——无望的叛逆者

社会性别角色，俗称"第三性别"，是社会根据一个人的生理性别而对其方方面面做出的要求。男性作为社会、家庭的主体，承担了大多数的责任与工作，社会角色带来的强制性要求男性必须履行自己的义务与责任。传统性别观念下的男性勇敢、坚强、有毅力，这种角色模式拒绝给予男人

① 西蒙娜·德·波伏瓦：《第二性》，郑克鲁译，上海译文出版社，2011，第168页。

② 余剑虹、刘峰琳：《女性主义批评视野下的〈格林童话〉》，《景德镇高专学报》2010年第1期第52页。

逃避的机会,实际上也在压迫和侵害男人自身。在重重压力之下,男人只好咬牙硬撑,长此以往导致他们不堪重负。

男性成为社会主体的关键性原因在于他们是家庭里创造财富的主力军。宝玉不事生产,以被供养者的姿态自居。不但如此,他主观上非常排斥承担社会责任(抗拒读书求取功名),无法满足社会对他的性别期待。作为一个典型的性别“叛逆者”,贾宝玉淡化了男性气质,这与社会的普适价值观背道而驰,故而在传统观念的拥护者和执行者贾政眼里,他就是一个不思进取的混世魔王。他的这种叛逆,是性别与阶级的双重反叛,势必会招致男权社会的典范——贾政以父亲的权威暴力压制。

贾宝玉选择违抗封建传统礼教规约和社会性别意识,表示他其实已经踏上了一条不归路,因为在性别秩序牢不可破和社会主流思想已成铜墙铁壁的当时,背离社会主流集体意识注定没有希望。他最好的结局可能是被贾政放弃,依靠贾府的金钱权势了却余生。当一个男性透露出拒绝与男性同盟为伍的念头时,他就会面临来自男性同盟成员的暴力相向和恶语攻击,甚至最终会被开除,成为男性认同圈之外的游离者。最后贾宝玉出家的结局,其实并不令人意外。

对于男性来说,他们的困境源于对男性气质的过分追求。“超性别意识”认为,伟大的作家可以把男性和女性两股力量融洽地结合在一起。极富人文主义情怀的曹雪芹有意无意中创造了独一无二、惊世骇俗的贾宝玉,其对女性怀有极大的同理心,拥有坚持原则不悔改的毅力和勇气,为理想人格创建了前瞻性的文化模型。

五、结语

“超性别意识”是女性文学的发展方向,但它不应该局限于此。事实上,它涉及男女两性双方,表现出对性别标准的宽容和对人文理想的尊重。唤醒女性自我意识和提高女性地位已被社会广泛接受,但实现真正的男女平等不应将男女两性塑造成对立的姿态,男性和女性都需要拥有更宽松的性别观念，自由地按照自己的性格倾向去生活，最终构建一个满怀人文精神的和谐社会。

曹雪芹在《红楼梦》中的颠覆性书写直观地将贾宝玉、史湘云、王熙凤等人物人性中复杂有层次的性别角色多角度地还原，辅以精密的脉络和重叠的结构，模糊甚至颠覆了传统观念中的性别刻板印象，展现了“超性别意识”下的人格魅力。

参考文献

曹雪芹，高鹗．红楼梦[M]．北京：人民文学出版社，1996.

陈染．超性别意识与我的创作[J]．钟山，1994(6).

胡文彬．《红楼梦》在国外[M]．北京：中华书局，1993.

降红燕．关于“超性别意识”的思考[J]．文艺争鸣，1997(5).

王璐．陈染：否定性叙述——对抗菲勒斯中心主义[J]．文艺争鸣，2005(6).

西蒙娜・德・波伏瓦．第二性[M]．郑克鲁，译．上海：上海译文出版社，2011.

《2020—2021年度中华文化国际传播十大案例》研究分析

郭　九

（北京语言大学汉语学院）

摘　要　本文通过对《2020—2021年度中华文化国际传播十大案例》（以下简称《十大案例》）的研究分析，总结归纳出了"真实形象的内容，多样化的中外传播主体，本土化、受众喜闻乐见的传播方式，传统文化与现代技术的创新表达，'线上+线下'新型传播模式"等有效的文化传播策略，为国际汉语教学和中华文化传播树立了模范和榜样，进而为讲好中国故事，传播好中国声音，展示真实、立体、全面的中国提供了一定的借鉴和启示。

关键词　中华文化　国际传播　案例分析

前　言

2021年5月31日，习近平总书记在中共中央政治局第三十次集体学习时强调，讲好中国故事，传播好中国声音，展示真实、立体、全面的中国，是加强我国国际传播能力建设的重要任务。[①] 为了更好地贯彻习近

① 习近平主持中共中央政治局第三十次集体学习并讲话，http://www.gov.cn/xinwen/2021-06/01/content_5614684.htm，访问日期：2022年5月9日。

平总书记提出的“讲好中国故事,传播好中国声音,展示真实、立体、全面的中国”的重要指示,在来华留学生本科教育中讲好中国故事,传播好中国声音,我们将从以下几个方面对《十大案例》进行研究分析:

一、对《十大案例》的界定

2021年9月11日,中国日报网与大连外国语大学中华文化海外传播研究中心、新闻与传播学院联合发布了《2020—2021年度中华文化国际传播十大案例》,此次评选的对象为2020年3月至2021年2月与中华文化国际传播有关的重大活动和项目、热点事件、优秀作品、先进典型等。该活动为鼓励创新,树立典范,更好地推动中华文化走出去做出了重要贡献。其中,“‘云·游中国’系列项目架起中外文化交流新桥梁、‘阿木爷爷’用灵巧双手展现中国文化之美、中国网络文学吸引越来越多的海外读者和作者、纪录片《寻找功夫》连获国际大奖、国产游戏海外市场增速加快、藏族小伙丁真带火四川甘孜文化旅游、中国影视‘走出去’步伐加快、海外社交媒体外籍粉丝江苏行活动效果显著、中国歌剧舞剧院等引领云端演出新模式、《唐宫夜宴》掀起海外社交平台中国风”等案例成功入选《2020—2021年度中华文化国际传播十大案例》。[①]

二、对《十大案例》的分析

研究发现,受全球新冠肺炎疫情的影响,《十大案例》无一例外都利用了网络媒体、社交平台、云端等现代技术手段进行中华文化的国际传播,并在国内外都取得了良好的传播效果。为进一步挖掘《十大案例》成功的传播经验,本文主要从传播内容、传播主体、传播形式及方式三个方面对《十大案例》进行详尽的分析和总结,具体如表1:

---

① 《2020—2021年度中华文化国际传播十大案例》发布,http://cn.chinadaily.com.cn/a/202109/16/WS6143084da310f4935fbee1c4.html,访问日期:2022年5月9日。

表 1 《2020—2021 年度中华文化国际传播十大案例》详情表

序号	题目	传播内容	传播主体	传播形式及方式
案例 1	“云·游中国”系列项目架起中外文化交流新桥梁	旅游图片暨视频展播、中国抗疫主题短片和音乐作品展映、在线实时汉语课程、太极网课等	政府(文化和旅游部、各驻外使领馆文化处组、中国文化中心、驻外旅游办事处等部门)	网站、国外各种社交媒体平台
案例 2	“阿木爷爷”用灵巧双手展现中国文化之美	通过锯、刨、凿、磨等中国传统木工手艺，不用一根钉子、一滴胶水，制作出了各种精致木器，展现了中国工匠精神	民间大众、网红	短视频、社交媒体
案例 3	中国网络文学吸引越来越多的海外读者和作者	网络文学	企业(起点国际)	网络、媒体
案例 4	纪录片《寻找功夫》连获国际大奖	功夫的起源和发展、功夫所蕴含的武学思想与中国精神、功夫对世界各国的影响	他者、受众	纪录片、电影
案例 5	国产游戏海外市场增速加快	以中华传统文化为精神内核进行角色、故事创作和活动设计的国产游戏	企业	游戏、年轻群体喜闻乐见的表达方式
案例 6	藏族小伙丁真带火四川甘孜文化旅游	原生态风光、多元多彩的民族文化	民间大众、网红	宣传片、社交媒体
案例 7	中国影视“走出去”步伐加快	影视剧	企业	电视台、社交媒体

续表

序号	题目	传播内容	传播主体	传播形式及方式
案例8	海外社交媒体外籍粉丝江苏行活动效果显著	外籍粉丝线下行活动，共有来自美国、印度等十几个国家的40多名外籍粉丝走进江苏，亲身感受各地的风土人情和文化魅力	政府、他者、受众	“线下＋线上”、社交媒体
案例9	中国歌剧舞剧院等引领云端演出新模式	歌剧舞剧	中国歌剧舞剧院	在线直播、社交平台
案例10	《唐宫夜宴》掀起海外社交平台中国风	唐代侍女俑、中国水墨画、现代博物馆、舞姿、丰富厚重的历史文化	河南卫视	现代技术创新表达传统文化

根据上述《十大案例》相关内容，我们做出如下分析：

2.1 传播内容

从传播内容上看，《十大案例》的传播内容呈现出真实、形象、丰富、厚重、地域性等特征。案例1“‘云·游中国’系列项目架起中外文化交流新桥梁”既包含旅游图片暨视频展播活动、中国抗疫主题短片和音乐作品展映，也涵盖了在线实时汉语课程和太极网课等，极大地体现了传播内容的丰富性；案例2“‘阿木爷爷’用灵巧双手展现中国文化之美”通过锯、刨、凿、磨等中国传统木工手艺，不用一根钉子、一滴胶水，制作出了各种精致木器，体现了真实、形象、博大精深的中国工匠精神；案例6“藏族小伙丁真带火四川甘孜文化旅游”则通过宣传片向人们展示了四川的原生态风光和多元多彩的民族文化，体现了传播内容的真实性和地域性特色。

2.2 传播主体

从传播主体看,《十大案例》的传播主体呈现出政府、企业、民间大众、网红、受众、他者共同主导、共同参与的多元化特征,如由政府机构主导的"云·游中国"系列项目,由企业主导的国产游戏、中国影视"走出去"等案例,由民间大众、网红主导的"阿木爷爷"和"丁真"等案例。再如,由他者、受众主导的"纪录片《寻找功夫》连获国际大奖"和"海外社交媒体外籍粉丝江苏行活动效果显著"等案例,前者从国外资深功夫爱好者的视角探究功夫的起源和发展、功夫所蕴含的武学思想与中国精神、功夫对世界各国的影响;后者从来自美国、印度等十几个国家的 40 多名外籍粉丝的他者视角,让他们亲身感受江苏各地的风土人情和文化魅力。这两个案例都是通过他者讲述中国故事的成功范例,对我们的国际汉语教学和中华文化传播有极大的借鉴意义。

2.3 传播形式及方式

从传播形式及方式看,《十大案例》的传播形式及方式呈现出投受众之所好、充分利用社交媒体和平台、符合国际化讲述等特征。《十大案例》无一例外都采用了社交媒体、平台、短视频、纪录片、直播或"线上+线下"等方式进行传播,同时还非常注重结合国内外受众的特点融合中华传统文化,将其和现代技术相结合,采用受众喜闻乐见的形式呈现给大众,如"网络文学""国产游戏""唐宫夜宴"等案例都受到了海外社交平台的广泛关注。

综上所述,《十大案例》在传播内容上的真实、形象、丰富、本土化,传播主体上的多元化,传播方式上的媒体化、本土化等特征,使其获得了良好的传播效果,为我们的国际汉语教学和中华文化传播积累了成功的传播经验,同时为践行习近平主席提出的"塑造可信、可爱、可敬的中国形象"的理念做出了重要贡献。

三、《十大案例》对中华文化传播的借鉴和启示

上述《十大案例》的成功传播，给来华留学生汉语教学和中华文化传播带来了新方向、新思路和新方法。根据上述研究和分析，本文认为成功的中华文化传播应从如下几个方面做进一步的努力：

3.1 注重传播内容的真实性、形象性、丰富性、民族性和普适性

冀小峰(2015)认为，文化鸿沟的跨越不是民族文化立场的退场，更不是崇洋媚外，它实际上是创作主体能够超越自身文化心理深层积淀的约束与规制，放弃自身习惯的叙事套路和通常范式，转而以一种为世界上大多数文化所能接受、愿意接受的普遍性方式去讲述中国故事。《十大案例》的传播也表明，成功的中华文化传播应注重内容的真实性、形象性，在注重民族性的同时兼顾普适性。例如，藏族小伙丁真之所以能带火四川甘孜文化旅游，成功推动四川文化的国际传播，除了其帅气阳光的面庞外，还在于其传播的内容具有较大的普适性，是世界上大部分国家都存在且向往的美，这样的传播内容让受众更容易产生情感共鸣。因此，在对来华留学生进行文化传播时，我们也应该做到真实、形象、不强推、多呈现、少评论，以潜移默化的方式达到润物细无声的效果。

3.2 注重传播主体的多元化和民间化

陆俭明(2015)指出，中华文化的有效传播，很重要的一个方面，是靠学好并掌握了汉语，特别是学好并掌握了汉语书面语的外国学者。由他们来向自己的国人介绍中华文化，这是中华文化走向世界最有效的途径之一。《十大案例》研究也表明，成功的中华文化国际传播应充分发挥政府、企业、民间大众、受众等传播主体的协同作用。相关研究表明，近年来的国际汉语教学和中华文化传播已经开始注重发挥民间大众、网红和国际人才的力

量，但是大部分高端国际汉语人才，如汉学家、国际学者、青年学生等的力量并未得到充分发挥。这启示我们在国际汉语教学和中华文化传播中应充分发挥社会各界和世界各国汉语人才的力量，实现传播主体的多元化和民间化。中华文化的国际传播既要充分发挥国际汉语教师的作用，更要调动民间大众和国际汉语人才的力量；既要“自己讲”，也要“国际学生讲”，实现“自己讲”和“别人讲”的有机结合，进而讲好中国故事，传播好中国文化。

3.3 注重传播形式的媒体化和云端化

受全球新冠肺炎疫情影响，“线上教学”以迅雷不及掩耳之势发展起来，云端活动、直播教学、媒体传播等形式日渐成为常态。《十大案例》也表明，后疫情时代的文化传播应多采取短视频、纪录片、云端、“线上＋线下”等新型传播形式，这样的传播形式方便、快捷、易操作，具有强大的跨时空性，更容易将民间大众和国外知华友华人士等传播主体囊括进来，促进传播范围的全球化。我们对来华留学生的汉语传播也应注重媒体化和云端化，我们可以重点开发一些高质量的汉语教学、文化教学、文化体验等系列网络资源，以满足不同区域、不同国别和不同水平的学生的学习需求。

3.4 注重传播方式的区域化和精准化

习近平总书记指出，要采用贴近不同区域、不同国家、不同群体受众的精准传播方式，推进中国故事和中国声音的全球化表达、区域化表达、分众化表达，增强国际传播的亲和力和实效性；要广交朋友、团结和争取大多数，不断扩大知华友华的国际舆论朋友圈。[①]《十大案例》也表明，注重传播方式的区域化和精准化，应根据留学生的国别、区域、个性特征等制订精准化的传播方案，这样才有利于实现中华文化的有效传播。例如，我们可以将汉语教学、中华文化传播和留学生及国外受众的习惯和特点

---

① 《2020—2021 年度中华文化国际传播十大案例》发布，http://cn.chinadaily.com.cn/a/202109/16/WS6143084da310f4935fbee1c4.html，访问日期：2022 年 5 月 9 日。

结合起来，采用中外融通的、受众喜闻乐见的表达形式传播他们易于接受的概念、知识和文化。

3.5 注重传播人才培养的专业化和跨学科化

习近平总书记强调，要全面提升国际传播效能，加强适应新时代国际传播需要的专门人才队伍。① 《十大案例》也表明，国际汉语教学和中华文化传播也需要培养一支专业的、高层次的、跨学科的人才队伍。随着传播手段和技术的日益更新，我们急需培养一批既懂语言又懂传播，既懂技术也懂方法的专业化、跨学科国际传播人才。只有这样，我们在新时代才能讲好中国故事，传播好中国声音。

四、结语

来华留学生作为听故事的受众和重要的潜在故事讲述者，在讲好中国故事、传播好中国声音中发挥着至关重要的作用。结合《十大案例》的成功传播经验，未来的来华留学生教育应做到语言教学和文化熏陶有机结合，充分利用各种现代化技术手段展示真实、立体、形象的中国，培养更多高水平汉语人才并借由他们的视角讲好中国故事，传播好中国声音。

参考文献

冀小峰.“中国故事”的国际化讲述——纪录片《1937南京记忆》的跨文化叙事策略[J].中国广播电视学刊，2015(7).

陆俭明.汉语国际教育与中华文化国际传播[J].同济大学学报(社会科学版)，2015(2).

陆俭明.汉语国际传播方略之我见[G]//北京语言大学汉语国际教育研究院.汉语应用语言学研究(第8辑).北京：商务印书馆，2019.

① 习近平主持中共中央政治局第三十次集体学习并讲话，http://www.gov.cn/xinwen/2021-06/01/content_5614684.htm，访问日期：2022年5月9日。

附:《2020—2021 年度中华文化国际传播十大案例》一览表

序号	题目	关键词	类型	借鉴和启示
案例 1	“云·游中国”系列项目架起中外文化交流新桥梁	文化旅游、线上活动、2020 年全年	重大活动	利用网站和国外各种社交媒体平台,开展“云·游中国”在线系列活动,内容包括旅游图片暨视频展播活动、中国抗疫主题短片和音乐作品展映、在线实时汉语课程和太极网课等,让各国民众足不出户便可领略中国大好风光,感受中国文化魅力,取得了良好效果
案例 2	“阿木爷爷”用灵巧双手展现中国文化之美	网红、工匠精神、YouTube、2020 年 7 月	先进典型	通过视频,吸引了无数海外粉丝,他用自己的独特方式向世界展现出中国文化之美,传递出中国智慧之光
案例 3	中国网络文学吸引越来越多的海外读者和作者	网络文学、2020 全年	先进典型	中国网络文学与生俱来地带有跨文化传播基因,正在以富有创意的方式推动着不同文化的融合和交流
案例 4	纪录片《寻找功夫》连获国际大奖	传统文化、纪录片电影、国际电影节、2020 年 10 月	优秀作品	从一位国外资深功夫爱好者的视角,探究功夫的起源和发展、功夫所蕴含的武学思想与中国精神、功夫对世界各国的影响。《寻找功夫》是一个通过他者讲述中国故事的成功范例,也是深入挖掘中华传统文化的当代价值和世界意义的有益探索

续表

序号	题目	关键词	类型	借鉴和启示
案例5	国产游戏海外市场增速加快	网络游戏、文化贸易	热点事件	国产游戏所蕴含的文化价值和内容意义，通过年轻群体喜欢的表达方式传递到了全世界
案例6	藏族小伙丁真带火四川甘孜文化旅游	文化旅游、四川、2020年11月	热点事件	吸引人们眼球的，不仅是“甜野男孩儿”帅气的外表、纯真的笑容，还有康巴草原美丽的原生态风光，更有活态传承的多元多彩的民族文化
案例7	中国影视“走出去”步伐加快	影视剧、版权发行	优秀作品	创意和内容
案例8	海外社交媒体外籍粉丝江苏行活动效果显著	文化体验、社交媒体、外籍粉丝	创意活动	这种通过外国人视角开展的线下、线上相结合的传播模式，对于其他各地开展中华文化国际传播工作都有借鉴意义
案例9	中国歌剧舞剧院等引领云端演出新模式	艺术演出、在线直播、社交媒体、2021年	热点事件	疫情可以阻断人员往来，但阻挡不了中华文化的魅力，阻挡不了中外文化交流的潮流
案例10	《唐宫夜宴》掀起海外社交平台中国风	传统文化、河南春晚、2021年2月	优秀作品	把弘扬传统文化与运用现代技术创新表达相结合

韩国汉语学习者文化教学的方法探析

王中南
（香港岭南大学）

摘　要　随着中韩两国关系的日益改善，汉语在韩国的日益普及，对韩汉语教学已经成为国际汉语教学的重要组成部分。韩国与中国有一定的历史渊源，且同属汉字文化圈，所以两国在文化上、语言上有很多相似之处。本文从语言和文化的关系出发，通过对比中韩两国的饮食文化、礼仪文化、节日文化，就对韩汉语学习者文化教学的方法展开讨论，以期对韩国汉语学习者的文化教学提供启示。

关键词　中韩文化　汉语教学　文化教学

一、语言和文化的关系

语言学家萨丕尔认为，“语言是人类特有的、非本能的一种方式，借助于自身创造的一种符号体系，用来交流意见、感情和愿望”[①]。语言学家陈原认为，“语言是一种社会现象。语言是人类最重要的交际工具。语言是人的思想的直接现实”[②]。文化是什么？英国人类学家爱德华·泰勒

① Sapir Edward, *Language: An Introduction to the Study of Speech* (New York: Harcourt Brace Jovanovich, 1921) p. 8.

② 陈原：《社会语言学》，商务印书馆香港分馆，1984，第 3 页。

1871年在《原始文化》一书中给出了著名的定义:“文化或文明,就其广泛的民族学意义来说,乃是包括全部的知识、信仰、艺术、道德、法律、风俗以及人作为一名社会成员而获得的任何能力和习惯在内的复杂整体。”①

从语言和文化的定义可以看出,语言与文化的关系是密不可分的,语言是文化的载体,文化是语言的基础。学习语言的过程同时也是掌握该语言文化的过程,没有文化的国际汉语教学只是词汇和语音的堆砌。美国语言学家萨丕尔在他的《语言论》中说过:“语言背后是有东西的,而且语言不能离开文化而存在。”②语言与文化的关系是动态的,学习语言必须要了解其文化才能更好地交流,想要了解一种文化就要掌握相应的语言。语言是文化的重要组成部分,也是文化最重要的载体之一,同时受文化的影响,是文化的反映。如果没有语言,文化就不为人所知。另一方面,文化是语言的基础,对语言有着重要的影响。如果没有文化,语言就好比无源之水、无本之木。语言是背后文化内容的缩影,离开了文化谈语言是行不通的。语言与文化二者相互影响,彼此制约,共同发展。

二、中韩文化的对比

语言和文化密不可分,学习一种语言必然要了解该种语言所承载的文化。每种语言都是自己民族文化的一面镜子,反映着该语言背后的文化,而文化体现了不同民族的生活方式和思想经验,对语言具有重大影响。

中韩两国具有一定的历史渊源。在地理上,中韩两国隔海相望,韩国是中国的近邻;在文化上,韩国也属于汉字文化圈,历史上曾从中国引进儒家思想,而且还效仿中国建立科举、行政等制度,深受中国文化的影响。因此,中韩两国在文化方面存在很多共性。但是由于社会环境差异,中韩

① 爱德华·泰勒:《原始文化》,连树声译,上海文艺出版社,1992,第1页。

② Sapir Edward, *Language: An Introduction to the Study of Speech* (New York: Harcourt Brace Jovanovich, 1921), p. 221.

两国人民在不同的社会生活体验中形成了不同的人生观、价值观，他们在思维方式、风俗习惯、饮食文化、礼仪礼节、节日习俗、社会信仰、语言等方面都有所不同。随着自身的发展演变，加之与西方文化的交流互动，韩国文化也在不断丰富，最终形成了自己的特色。因此，中韩文化在生活方式、礼仪礼节、风俗习惯上都体现着极大的不同。

2.1 中韩饮食文化对比

"民以食为天"，饮食不管在哪个国家都是日常生活中非常重要的部分。由于地理位置、风土气候、生活习惯等的不同，中韩两国在饮食文化上有很多不同之处。

中国人比较注重饮食礼节，吃饭时应让主人或长辈先食用，然后客人或晚辈再开始进餐以示尊敬。吃饭的礼节很多，比如坐姿应端正，身体不能趴在桌子上；应该端着碗吃饭，使用汤匙喝汤，不应端着碗喝汤；等等。"食不言"是中国人吃饭时的传统规矩，但如果是在请客，通常大家会高兴地边聊天儿边吃饭。如果有长辈或为了表示对朋友的照顾，中国人会为长辈或朋友夹菜斟酒。

韩国人的用餐礼仪也非常讲究，同样也要优先服务长辈，长辈动筷后晚辈才能动筷，并且对于餐桌的宾主座次有严格的规定。韩国人几乎每顿饭都有汤有饭，并按照左饭右汤的顺序摆放，再摆好一个勺和一双筷子。韩国人非常喜欢喝汤，因此勺子在韩国人的饮食生活中非常重要。筷子只负责夹菜，不能用来捞汤里的菜。与中国最大的不同是，韩国人认为端着碗吃饭是一种不礼貌的行为。一般情况下，左手也不能随便放在桌上。韩国人就餐时会注意保持安静，就餐完毕后，会将勺子和筷子放在桌子或筷架上。

由此可见，中韩两国在饮食文化上还是有一定差异的。当一个韩国人和中国人一起吃饭时，如果他不知道中国人的餐桌礼仪或饮食文化，可能就不理解中国人为什么要端着碗吃饭，为什么要"勉强"自己多吃多喝，聚餐时为什么那么爱热闹，等等，这或多或少会造成一些不必要的误会。

因此在对韩汉语教学中，教师应该在了解韩国饮食文化的前提下，在课堂教学中渗透一些中国饮食文化，让学生在比较中了解中国的餐桌礼仪和饮食习惯，掌握中韩饮食文化的异同，这样在遇到真实的情况时(如和中国人一起喝酒、用餐时，被中国人邀请做客时)，就可以很好地处理可能会遇到的文化冲突，也就更容易融入中国人的社交生活圈中。

2.2 中韩礼仪文化对比

礼仪是指人们在社会交往活动中形成的行为规范与准则。打招呼、做介绍、称呼别人等都是人们在生活和工作中最基本的交际礼仪。在礼仪规范上，中韩两国存在一定的差异，这些礼仪差异反映着深层的文化差异。

例如在称呼方面，若是在正式场合或职场中，中国人常按照对方的职务以姓相称，如“王教授”“李主任”等；在非正式场合则需要根据自己和对方的关系礼貌地称呼对方，不能随便。中国人面对长辈或亲朋好友时，可以用自己的名字或者小名自称，这样显得亲切自然。称呼同事、朋友、邻居、熟人，可直呼其名，关系较近的也可以省略姓氏只叫对方的名字，或者以“老×”“小×”的方式称呼其姓。这在中国人看来并不是无礼的表现，只是为了显得亲近熟络。在公共场合称呼陌生人时，中国人常根据对方的年龄、性别、工作进行称呼，如“女士”“先生”“师傅”“阿姨”“大爷”“大妈”等。

韩语中有尊敬语和平语之分，因此在看韩剧时，我们经常能发现两个人即使是男女朋友关系，称呼对方时依然非常客气，通常会在名字后加一个后缀“씨”以示尊敬。韩国人通常不直接用名字来称呼别人，一般要在名字或姓后加上表尊敬意义的后缀，如“아”“님”“씨”“군”等。长辈可以直接称呼晚辈的名字。在社交活动中，相互间不会直接称呼对方的名字。对有身份的人，他们一般称对方为“先生”“阁下”等。关系亲密的朋友之间，称呼对方的时候往往会在名字之后加上“哥哥”“姐姐”“弟弟”“妹妹”等称谓。对不相识的男性年长者，韩国人一般称对方为“大叔”或“大伯”；

对不相识的女性年长者，韩国人一般称对方为“大婶”或“大妈”。

此外，韩国人有极强的集体意识，习惯于把整个团体的成员都当作亲属一样去称呼。在言语交际中，韩国人会用这样的称呼方式拉近彼此之间的心理距离。例如韩国人经常使用“我们”一词，他们介绍“我的家”时会说“我们家”，去朋友家时称呼对方的父母为“我们爸爸”“我们妈妈”，妻子介绍自己的丈夫时也说“我们丈夫”，以此拉近双方的心理距离。中国人在称呼的使用上则注重保持一定的距离。

可见，在称呼方面，中国与韩国有着很大的不同。如果不讲清楚，韩国汉语学习者可能会不习惯中国式的称呼方式。除了各种尊称以外，韩国人即使面对不认识的人也可以很亲近地用“大叔”“大婶”称呼对方，但在中国，这种现象不是很普遍。而且在中国，我们一般不会称呼年轻的女性为“小姐”，因为“小姐”一词在特定场合有特殊的含义，这些有特殊含义的称呼语也应该向韩国汉语学习者解释清楚。

2.3 中韩节日文化对比

韩国的节日文化大多受中国的影响，因此中韩两国在节日文化上有很多相同的地方，例如都有春节、元宵节、端午节、中秋节，但是两国在节日习俗上却有很大差异。

中国的春节是一年中一家人团聚的节日。中国人有除夕守岁的习惯，全家人在除夕夜晚一定会聚在一起吃团圆饭，也称“年夜饭”。“年夜饭”上会准备各种丰盛的菜肴，重头戏是饺子，当然南方还有八宝饭、年糕等其他美食。除夕之夜，一家人围坐在一起一边吃年夜饭一边观看春节联欢晚会，一起守岁跨年。过年时，中国人还会进行舞龙、舞狮、放鞭炮、贴春联、贴“福”字等庆祝活动。长辈们会给孩子们压岁钱，祝愿他们健康成长。从大年初一开始，人们还会走亲访友互相拜年祝福。

韩国的春节与中国相似，叫作“雪日”。不同的是，春节当天早晨，全家人都要穿上美丽的韩服去祭祀祖先。祭祀，既是为了表达对过世的祖先与亲人的悼念，同时也是为了祈求祖上保佑全家在新的一年里能够幸福安康。祭祀活动还包括扫墓。祭祀完成后,家中的晚辈一定要向长辈行大礼拜年,也就是跪拜,祝愿长辈幸福安康,并且接收长辈给的压岁钱,然后一家人围坐在一起吃祭品和年糕汤,韩国人认为吃了年糕汤就算长了一岁。

再如中秋节,中国人一般是全家团圆在一起,一边吃月饼一边赏月;而韩国人却是全家围坐在一起,一边制作着松糕,一边共享天伦之乐。韩国人认为,如果女孩儿松糕做得好看,将来就会找到很好的婆家。

另外,韩国的端午祭更是与中国的端午节相差甚远。虽然时间都在农历五月初五,但是韩国的端午祭并非为纪念屈原,传统活动也不是吃粽子、赛龙舟,他们主要进行祭祀、演戏、游艺、摔跤、绘画、打糕等民俗活动,其风俗仪式完全不同于中国的端午节。

尽管这些节日源于中国,但是具体的风俗习惯、祭祀礼仪还是有较大差异的。

三、对韩汉语学习者文化教学的方法

3.1 课堂上加强文化知识的渗透

文化教学一方面是为了避免学习者用语言进行交际时产生障碍,导致沟通不畅;另一方面是为了培养学习者的语言综合运用能力。在课堂教学中,我们应深入挖掘语言形式所蕴含的民俗文化含义,在传授语言知识和训练听、说、读、写等语言技能的同时,解释语言形式所蕴含的民俗文化意义、民俗文化心理,使学生更深入、全面地理解和掌握语言技能。例如在讲到中国饮食时,学生会学到许多菜名,那么教师就可以事先搜集一些有关中国饭菜的图片或影视资料,然后集中在课堂上展示给学生,甚至可以当堂演示一种中国菜的做法,这样学生不仅知道了中国传统料理有什么,还了解了这些料理的做法。这样的教学不仅注重参与者的亲身体验,也可让其进一步了解中国的饮食文化和习俗礼仪。

此外，教师还可以利用形象的视听刺激促进概念和信息的保持。例如，教师借助投影、影片等形式，给学生展现生动、形象的学习内容，以促进学生记忆，并以这些形象的内容为线索训练学生提取信息的速度。因此，除了图片的展示与教师的讲解以外，利用影视资料进行中国民俗文化的介绍和讲解也是非常直观和有效的一种教学方式。学生通过观看影视资料，能够看到真实的中国、真实的中国民俗文化，留下深刻的印象。

3.2 要有针对性地选择教学内容

在选择对韩民俗文化教学内容时，我们也应该遵守一定的原则。民俗文化教学的侧重点不应是文化知识，而应是那些和汉语学习、汉语运用以及交际背景直接相关的文化。也就是说，我们所教授的文化内容应该是能够直接帮助学生交际的内容，是对语言运用产生影响的部分。因此笔者认为，在教授民俗文化时我们应注意以下两个方面：第一，所教授的民俗文化应该根据民俗内容的重要程度和学生的汉语水平、知识水平进行选择和排序，其内容应该实用，且有利于学生的语言交际；第二，教师应根据学生对民俗内容的感兴趣程度安排教授顺序，对同一个文化主题的介绍应体现循序渐进、迂回往复的教学策略和原则，同时随着学生语言水平和思维能力的提高，逐渐深化教学内容。

教师可以根据学生的兴趣、年龄、语言水平以及实际需要开展一些有针对性的文化专题讲座，如中国人的饮食习俗、婚丧习俗、节日民俗、民间禁忌、民间传说等，通过讲解和讨论，让学生进行两国文化的对比，并尽量用汉语表达自己的观点，说出自己的收获，这样有利于学生系统地掌握中国民俗文化，同时提高汉语水平。教师所选择的专题内容应是学生关注的热点，这样才能调动起学生的学习兴趣。

3.3 重视中韩文化的对比

对韩国留学生来说，汉语所承载的民俗文化令他们感到陌生，所以他们在学习的时候会不自觉地对两国文化进行对比。因此,教师在上课之前,只有对中国文化与韩国文化都有充分的了解和掌握,才可以树立两国文化对照体系。教师应从韩国汉语学习者的角度对比两国文化,从而确定语言文化教学的范围和内容。在教学过程中,教师要注重对比两种语言所代表的文化背景的差异,避免学生因为文化负迁移而产生交际障碍。

例如,中韩两国都有春节,而且部分习俗是相同的,因此学生会对中国的节日民俗文化产生更大的学习兴趣,在某种程度上也会产生一种认同感,主动进行对比,并从中找出共性和差异。如果教师在对韩汉语教学中能够意识到中韩文化对比的重要性,并向韩国汉语学习者讲解和展示中国主要节日的历史背景、习俗活动等,韩国汉语学习者就能够更容易地理解中国岁时节日的文化寓意及传统做法,也能够更顺畅地理解中国人的某些行为习惯。

3.4 开展文化体验活动

中国对世界的影响体现在很多方面,特别是中国的美食,已经被越来越多的国家和地区所接受,并深受大家喜爱。韩国也有很多中餐馆,韩国人也非常喜欢吃中餐。教师可以在教授完中国饮食民俗和交际礼仪之后,让学生按照中国人的饮食礼仪去一家中餐馆吃饭,体验一次中国饮食文化,或鼓励韩国汉语学习者在条件允许的情况下去中国朋友家做客,并用所学到的中国饮食民俗和交际礼仪进行语言交际练习。除此之外,教师还可以安排品茶活动,让学生在品尝中国茶的同时,学习中国的茶文化。

另外,在重要的节日时,教师也可以安排学生参与与节日有关的民俗活动。例如,春节时让学生互说吉祥语,鼓励学生和家人一起剪纸、包饺子、做中国菜,这样的活动不仅可以让韩国人感受中国人的过年习俗,也可以增进家人和朋友之间的感情。

四、结语

语言是文化的载体，文化渗透于语言。文化教学不仅可以让韩国汉语学习者更好地用汉语进行交际，还可以提高他们对汉语学习的兴趣，消除文化差异带来的阻碍。本文通过对中韩两国的饮食文化、礼仪文化、节日文化进行对比，意识到在对韩汉语教学中需要树立文化教学的重要地位。对韩汉语教师应注重中韩两国民俗文化对比，将语言教学和文化教学相结合，并采取多样化的教学方法进行中国文化的讲解和渗透，让韩国汉语学习者置身于文化体验中，让他们在良好的学习氛围下从本质上认知汉语和中国文化，并提高跨文化交际能力。

参考文献

爱德华·泰勒. 原始文化[M]. 连树声，译. 上海：上海文艺出版社，1992.

陈原. 社会语言学[M]. 香港：商务印书馆，1984.

SAPIR E. Language：An introduction to the study of speech[M]. New York：Harcourt Brace Jovanovich，1921.

跨文化视域下的中韩“面子”文化差异

——面子文化和体面问题

张　晶

（北京语言大学汉语学院）

摘　要　众所周知，中韩两国是友好邻居，同属于东亚文化圈，且均在不同程度上受儒家文化的熏陶，但这并不代表两国在各方面趋于一致。事实上，两国在各方面都存在一定的差异。在尊严文化上，中国人看重“面子”，而韩国人在意“衣着和等级”。本文试图从比较的角度描述两种近似文化里“面子”概念化的共同点和差异，这一点实际上体现了汉语和韩语关于同一侧面的不同思考。

关键词　跨文化视域　面子　体面　中韩“面子”文化　差异

前　言

“面子”对中韩两国人民来说都是非常重要的，甚至可以说是两国文化的一部分，渗透于人们的日常行为习惯中。但当我们真正想说明“面子”是什么时，似乎又一下子难以说清。为了探究汉语和韩语中“面子”的本质，我们可以通过两种语言中含有“面子”的熟语考察两种文化里关于“面子”的智慧。

一、中韩“面子”定义差异

“面子”是一种抽象的存在，我们看不见，闻不出又尝不到。

鲁迅先生曾经给中国人的“面子”下过定义，他说“面子”之有无，情况相当复杂，并且富于变化，至少有两种类型：一种是“每一种身份，就有一种‘面子’，也就是所谓‘脸’。这‘脸’有一条界线，如果落到这线的下面去了，即失了面子，也叫作‘丢脸’”①；另一种类型是“只要和普通有些不同便是‘有面子’，而自己成了什么，却可以完全不管”②。只要升官发财，就觉得自己“倍儿有面”，这其实是一种优越感。人类学家胡先缙女士则从语义学角度给“面子”下了定义，她认为“面子”是涉及个人与社会关系的象征性意义，中国的“面子”就等同于“社会声望”。

中国的“面子”在《新华大辞典》里有三个层面的意思，即：①体面光彩，表面上好看；②情面；③事物的外表。而中国人通常讲求的“面子”，是这里的“体面、情面”，是中国人的社交通行证。

韩国的“面子”，即“체면(体面)”。它在韩国《国立大辞典》里唯一的释义是“남을 대하기에 떳떳한 도리나 얼굴”，即“对别人展示出来的堂堂正正脸面或道理”，通俗一点也可以理解成“面对别人时，理直气壮或正气凛然的样子”。

二、韩国特有的“面子”概念化差异

2.1 “面子”就是衣服

在语言的诸多因素中，词汇最能反映一个民族的文化。（胡文仲，

① 张效民主编《鲁迅作品赏析大辞典》，四川辞书出版社，1992，第725页。
② 同上，第726页。

1999)“面子”就是衣服，这意味着“面子/体面”被概念化成了“衣服”。在韩语中，与衣服搭配使用的动词“穿”“脱”“叠”“卷”“起皱”等与“面子/体面”有着自然的搭配关系，具体如表1。

表1 “面子”就是衣服

与“面子”搭配的动词	与韩语中的“体面”搭配	与汉语中的“面子”搭配
차리다(穿)	√	×
벗다(脱)	√	×
접다(叠)	√	×
걷다(卷)	√	×
구겨지다(起皱)	√	×

2.2 “面子”是个人形象

在韩语里，与“体面”最常用的搭配是“체면을 차리다”，意为“讲究体面，要面子”，“차리다”有穿衣的意思，而“옷차림”意为“讲究衣着，注重穿衣打扮”。另外，韩语里的“丢脸(창피하다)”从词汇发展的脉络上看，也与外在的个人形象有着莫大的关系。“창피(猖披)”的本义是“衣服没系上带子，不整齐不体面”(许春花，2017)，而后逐渐演变为“遇到丢脸的事或不顺心的事感到羞愧”。“面子”是为了展示给他人看的，是心理上想展示给别人的自我形象，同时也是外在的个人形象。

韩国人对外在美的追求反映了韩国民族文化的需求，穿衣打扮是韩国人对“面子”的内在需求。

2.3 “面子”是顶梁柱

“面子”是顶梁柱，这意味着“面子/体面”被概念化成了“柱子、顶梁柱”。韩语中的“서다(立)”“세우다(站立)”“세워주다(树立)”等动词与“체면(体面)”也存在自然的搭配关系。例如：

(1)형이 후행 겸 벗들을 대표해서 참석해준다면 혼인도 빛날뿐 아니라 한결 체면이 설거라는 부탁을 했다.

译文:如果哥哥能代表后辈和朋友参加的话,那妹妹不仅婚礼能更出彩,而且更有面子。

(2)가족들에게 체면을 세운다.

译文:给家人留面子。

(3)저자들 체면도 적당히 세워 주면서 물러서는 것이 좋을 것 같아요.

译文:给作者一些面子,适当地退让一下比较好。

(例句均选自韩国国立国语院)

如例句和表2所示,韩语中的"面子"可以像"顶梁柱"一样被"立起来",而汉语中是没有像"立面子"这样的搭配的。汉语里和"面子"搭配最多的动词是"给""留"和"丢",这也代表着中国人的"面子"像普通的物件一样,可以赠送,可以交换,也可以弃之不顾。

表2 "面子"是顶梁柱

与"面子"搭配的动词	与韩语中的"体面"搭配	与汉语中的"面子"搭配
서다(立)	√	×
세우다(站立)	√	×
체워주다(树立)	√	×

三、韩国人"面子"的社会化体现

3.1 等级观念

韩国的等级观念深入人心,且反映在社会生活的各个角落,校园、职场、演艺圈和政界尤为突出。同时,确定等级关系的标准也较为复杂,既要看职位,又要看年龄,还要看是否同届毕业。

在韩国职场中，等级划分标准首先以职位为首；同等职位的情况下，以入社时间长短为依据；同等职位同一年入社的话，就再看年龄。另外，不同圈层，例如管理岗和生产岗、正式员工和非正式员工之间也存在等级关系。

韩国人彼此认识后，首先要做的就是定长幼序列。一般情况下，他们根据身份证上的出生年月来定次序，即使只大一天，也要叫对方哥哥或者姐姐。在韩国，“친구(朋友)”指的是“동갑(同岁)”的人，即使关系再密切，只要大一岁就不能称呼其为朋友。

3.2 不同的语阶

语言与文化紧密地交织在一起，不同语言蕴含着不同的民族文化，韩国社会严格的上下等级观念也反映在韩语中。

韩语的语阶分为三部分，分别是尊敬阶、准敬阶和平阶。尊敬阶一般是比较亲和的一些尊敬语，一般是晚辈对长辈或者对比较尊敬的人说，表达敬意，句尾一般都以“요”结尾；准敬阶是晚辈对长辈、下属对上司说的，没有尊敬阶那么客气、疏远，句尾一般以“습니다/입나다/십시다”结尾；平阶就是平语，也叫半语，是亲近的朋友和同事之间经常会用到的，有时候对比较亲近的长辈也可以说。半语语句比较短，省去了句尾。韩语中的半语是对话双方关系特别亲密时，或者年长者对晚辈说话时才会用的一种表达。在韩国，如果用错了半语，后果相当严重。如果在韩剧里有人突然说“你话说得很短嘛?!”，其实他就是在介意对方没有讲敬语，失了尊重。

3.3 上级或前辈文化和跪文化

韩国是一个特别注重礼仪的国家。韩国人在任何公共场所看到上级或前辈，一定要原地恭恭敬敬地向对方弯腰并主动问好，直到上级或前辈做出回应。

在韩国的餐桌礼仪文化中，当晚辈陪长辈喝酒时，晚辈必须跪坐在自己的脚底板上作陪。无论是谁，任何时候都不能把双腿伸直或叉开，否则会被认为不懂礼貌或侮辱人。除非长辈允许坐下，不然晚辈要一直跪着说话、喝酒。当长辈赐酒时，晚辈要双手接杯。

面对不同性别、不同年龄、不同资历、不同地位和声望的人，韩国人有不同的语言交流模式和礼节要求。在韩国，跪着、下跪和罚跪都是极为普遍的社会现象。但对于中国人来说，下跪或罚跪的意义却是天差地别的。汉语熟语里有“男儿膝下有黄金，上跪天地，下跪父母”，也就是说，中国人一般只有在祭祀和特殊节日（如春节）时才会进行跪拜，其他情况下，跪拜几乎是不允许的。如若当众被逼下跪，这不单涉及颜面，甚至还会被认为是一种人格侮辱。

3.4 理直气壮地训斥与绝对服从

事实上，韩国人早已对长辈或者上级的批评习以为常了，他们认为这是理所当然的事情。在韩国的公司、学校、家庭里，我们常常可以看到社会等级高的人理直气壮地训斥晚辈或下级，同时也能看到晚辈或下级绝对服从的场景。在韩国，如果下属办事不力，上级可能会毫不顾忌地对下属进行指责，这时下属也会一直低着头，一声不吭地接受批评。

值得注意的是，比起中国人倾向于顾及双方的面子，韩国人更注重维护长辈或上级的脸面。

3.5 对个人形象的展示

韩国人对面子的追求也体现在对自己良好形象的追求上。他们乐于展示个人的成就、长处、礼节以及在社会和家庭中的地位。《朝鲜日报》曾经有过这样的报道，说韩国人在参加老同学聚会的时候，有人会专门雇用司机来帮自己开车，希望在老同学面前展示较好的外在形象。

中国人对于面子的理解，是以展示内在优点为主，让别人知道自己的长处，尽管有时得到的只是奉承，但爱面子的需求得到了满足，这其实是一种内在的展示。而韩国人对面子的理解，是以展示外在光鲜为主，他们在意形象装扮，崇尚服饰的光鲜与整洁。两者是截然不同的。

四、中国人"面子"的社会化体现

4.1 要照顾对方的面子，也要考虑自己的面子，常常"话不说透"

礼仪之邦的中国也有年龄、辈分相差较多的忘年交，不过中国人更讲求人人平等，始终保持着相互间的尊重。绝大多数中国人坚持"人要脸，树要皮"的说法，觉得面子比天大，与人打交道会先考虑给人留面子。

为给别人留面子，中国人常常看透了却不当面说出来，信奉心中有数，嘴上不说。中国有句熟语："良言一句三冬暖，恶语伤人六月寒。"无论什么情况下，中国人都会考虑对方的感受，认为"给别人留面子也是给自己留面子"。

4.2 维护彼此的面子，自己不能当众出丑，也不能让人"下不来台"

中国人强调彼此尊重，从而减少麻烦。在中国，自古就有很多与面子相关的俗语，譬如"打人不打脸，骂人不揭短""当着矮子，不说短话"，这些都是强调要在意别人的面子。即便自己不认同对方，也要采取委婉的方式告知，不要过多地贬低对方的观点。这样既利于彼此接受，又能较好地维护彼此的面子。

4.3 对庇护、和谐和融洽的看重

以和为贵，追求和谐是中国的传统文化。中国人一方面追求"天人合一"，这表现在寻求人与自然的和谐关系上；另一方面追求"中庸"，而"中庸"则强调对待事物、关系要把握好度，即分寸感。讲究面子的中国人几乎不会当面去批评别人，一般会先肯定或夸赞对方，强调优点所在，接着

再指出错误和问题，委婉地表达出症结所在，以避免对立和冲突。这也反映出中国人对庇护、和谐和融洽的看重。

五、结语

文化的万花筒折射出不同民族文化之间行为方式与处事准则的差异。韩国人做事从韩国的文化习惯考虑，中国人做事则从中国的文化习惯考虑。如果在交流合作中，我们能敏感地意识到这些不同，就能更好地避免摩擦、误会和冲突。我们要主动培养自己的跨文化交际能力，交流前多做准备，主动学习和了解他国文化，这样才有可能顺利达成跨文化交际的目的。

参考文献

初枋林.基于中韩文化价值观对比的对韩汉语文化教学策略研究[D].烟台：鲁东大学，2017.

胡文仲.跨文化交际学概论[M].北京：外语教学与研究出版社，1999.

胡先缙.中国人的面子观[G]//黄光国.中国人的权力游戏.台北：巨流图书公司，1989.

孟繁平.中韩委婉表达对比研究[D].哈尔滨：黑龙江大学，2014.

许春花.韩语和汉语里"面子"的概念化形式[J].韩中人文学研究，2017(55).

张雅静.跨文化视阈下的中韩"面子"文化比较[J].青年文学家，2019(36).

郑元溶.中韩文化特征的比较——以中国人的面子文化和韩国人的等级观念为主要对象[J].时代教育，2014(2).

第四部分

区域/国别述评研究

国内商务汉语研究近二十年述评与展望

朱世芳

（北京语言大学汉语学院）

摘　要　商务汉语是专门用途汉语的重要组成部分。为了了解2002年至今国内商务汉语的研究现状并预测其发展趋势，本文采用文献计量法和内容分析法相结合的方式，以CNKI检索出的特定文献为主要研究对象，从发文数量、发文期刊、发文作者和机构、高被引文献、高频关键词五个维度对218篇文献进行深入分析。研究发现，目前商务汉语研究整体发展趋势良好，发文量呈上升趋势，有核心期刊作为交流平台，高产作者与高产机构高度重合，研究热点比较集中，商务汉语教学、教材编写是研究者持续关注的焦点。未来，我们需要在需求分析的前提下开展各项研究并关注教育技术发展所带来的影响。

关键词　商务汉语研究　文献计量法　内容分析法　发展现状　发展趋势

前　言

2001年中国加入世界贸易组织之后，与世界各国的贸易往来日益频繁。在这样的背景下，商务汉语教学也迎来了新的发展机遇。从2002年至今，国内商务汉语研究已走过近二十年的发展历程。张黎(2016)提出，商务用途汉语教学自2002年以来进入了高速发展阶段；曹彩虹(2016)对商务汉语研究文献进行了可视化分析；史中琦等(2019)从课程设计、教材编写、教学方法、测试评估四个方面对发表于1997—2017年的50篇商务汉语论文进行了梳理和分析，对商务汉语研究热点进行了反思。本文尝试将文献计量法和内容分析法相结合，扩大检索范围，从多视角解析国内商务汉语研究自2002年以来的研究现状、热点及薄弱环节，在此基础上对未来的发展做出预测并提出建议，以期为相关研究提供参考。

一、数据来源与研究方法

1.1 数据来源

本研究以中国知网(CNKI)为数据来源，检索范围设定为学术期刊库，以"主题＝'商务汉语'OR 主题＝'经贸汉语'OR 主题＝'商贸汉语'OR 主题＝'商业汉语'OR 主题＝'外贸汉语'"为检索式，检索年限为2002年至今，截止日期为2021年10月。我们共检索出461条结果，通过人工方法删除会议通知、征稿启事、重复发表的文章和相关度不大的文章后，共得到有效文献218篇。

1.2 研究方法

"文献计量法是一种定量分析方法，以科技文献的各种外部特征作为研究对象，采用数学与统计学方法来描述、评价和预测科学技术现状与发展趋势……内容分析法的研究对象是文献信息的内容特征，既包括显性的信息内容，也包括潜在的或隐含的信息内容。"[①]我们首先通过文献管理软

① 朱亮、孟宪学：《文献计量法与内容分析法比较研究》，《图书馆工作与研究》2013年第6期第64—65页。

件 NoteExpress 抽取文献题录信息，对发文数量、发文期刊、发文作者和机构、高被引文献、高频关键词等信息进行量化分析，在此基础上按研究主题对所有文献进行归类，据此分析目前研究的热点和薄弱环节。

二、国内商务汉语研究现状

2.1 发文数量

发文数量可以在一定程度上体现该领域的发展速度和受学者关注的方面。从总量上看，商务汉语研究尚未进入快速蓬勃发展时期。在 218 篇文献中，CSSCI 来源论文 27 篇，仅占 12.39%，可见研究的整体质量还有待提升。我们将所有文献按发表年份进行统计，得出的结果如图 1 所示。

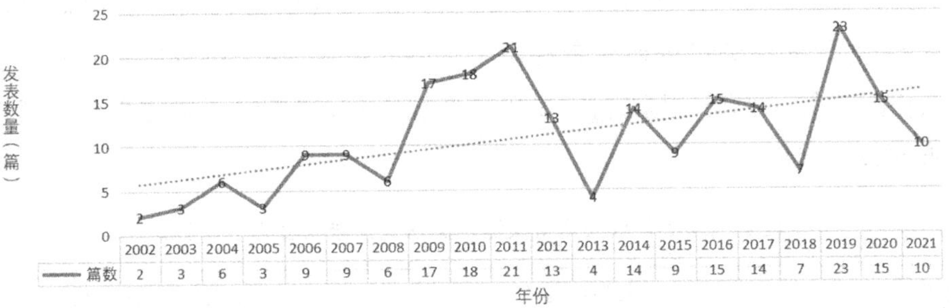

图 1　2002 年以来商务汉语相关研究文献年度发文数量统计图

从图 1 来看，总体发文量虽然呈上升趋势，但时有波动，2011 年、2019 年达到高点。我们以 2011 年为例进行具体分析。首先，2010 年 5 月至 10 月，第 41 届世界博览会在上海举行，进一步推动了中外科技文化交流。金海鸥等(2011)以世博园内餐饮及零售业为例，对上海世博会期间欧美人群的汉语应用状况进行了调查。其次，为了更好地适应商务汉语研究的需要，原国家汉办/孔子学院总部(现在的中外语言交流合作中心)分别于 2010 年 2 月和 5 月在上海财经大学和对外经济贸易大学设立

“国际商务汉语教学与资源开发基地”。这两个机构的研究人员在次年均有发文(黄锦章,2011;唐兴全、张丁月,2011)。另外,从2010年开始,海外孔子学院开始轮流举办商务汉语教学国际研讨会,因此探讨海外商务汉语教学情况的文章也随之出现(李铁根,2011;武彦军、孙炜,2011)。可以看出,商务汉语研究的健康发展,与国家宏观经济形势、研究机构的推动以及研讨会的定期举办有密切的联系。

2.2 发文期刊

期刊论文可以体现一个领域最新的研究成果。本研究分析的218篇论文共计发表在133种期刊上,平均每种期刊发文1.64篇,非常分散。表1为发文量排在前六位的期刊。这七种期刊上的发文量占论文总数的26.15%,可以说,这七种期刊是发表商务汉语相关研究成果的主要期刊。具体来看,排在前面的《语言教学与研究》《语言文字应用》和《华文教学与研究》均是CSSCI来源期刊。可见,核心期刊也很重视商务汉语研究的发展,为国内商务汉语研究者提供了很好的平台,在学科发展中起到了引领作用。另一方面,从期刊所属研究领域来看,商务汉语研究主要归属于语言教学领域。

表1 2002年以来商务汉语相关研究文献来源期刊统计表

排名	期刊名称	发文量	百分比(%)
1	《海外华文教育》	13	5.96
1	《云南师范大学学报(对外汉语教学与研究版)》	13	5.96
2	《国际汉语教育(中英文)》	9	4.13
3	《语言教学与研究》	7	3.21
4	《语言文字应用》	6	2.75
5	《华文教学与研究》	5	2.29
6	《现代语文(语言研究版)》	4	1.83
合计		57	26.15

2.3 发文作者和机构

经统计，2002 年以来关于商务汉语研究的 218 篇论文共涉及作者 209 位。其中，独著及第一作者共计 166 位，占比 79.43%；合作发文 41 篇，占比 18.81%，有形成合作研究团队的趋势。发文数量位居前五的 12 位作者如表 2 所示。其中，北京语言大学的张黎、沈庶英发表的论文不仅数量多，质量也高，二人为推进商务汉语研究的发展做出了较大的贡献。

表 2　2002 年以来商务汉语相关研究高产作者统计表

排名	作者	发文总数	独著及第一作者文章数	CSSCI 来源期刊文章数	作者单位
1	张黎	10	9	8	北京语言大学
2	沈庶英	9	9	8	北京语言大学
3	丁俊玲	5	5	0	上海财经大学
4	姜国权	4	4	2	首都师范大学
4	关道雄	4	3	0	美国加州大学圣塔芭芭拉分校
4	杨东升	4	4	0	大连外国语大学
4	周红	4	4	0	上海财经大学
5	罗燕玲	3	3	1	暨南大学
5	王燕飞	3	3	1	华南师范大学
5	胡匡迪	3	3	0	河南理工大学
5	刘巍	3	3	0	北京青年政治学院
5	魏玉红	3	3	0	辽宁师范大学

从发文机构来看，218 篇论文共涉及 99 家发文机构，位居前八的 11 家发文机构集中在语言、财经、师范类院校，如表 3 所示。

表 3　2002 年以来商务汉语相关研究高产机构统计表

排名	发文机构	发文量	百分比(%)
1	北京语言大学	35	16.06
2	上海财经大学	18	8.26
3	对外经济贸易大学	9	4.13
4	厦门大学	8	3.67
5	暨南大学	7	3.21
6	大连外国语大学	6	2.75
7	北京大学	5	2.29
7	广西大学	5	2.29
8	北京青年政治学院	4	1.83
8	华南师范大学	4	1.83
8	首都师范大学	4	1.83
合计		105	48.17

结合表 2、表 3 我们可以看出，既有高产作者，本身也是高产机构的有北京语言大学、上海财经大学、首都师范大学、大连外国语大学、暨南大学、华南师范大学、北京青年政治学院。北京语言大学作为一所以对来华留学生进行汉语、中华文化教育为主要任务的大学，早在 1988 年就率先开设长期进修性质的外贸汉语班（张黎，2016），无论是在作者发文量还是机构发文量中都位居第一，可以说是商务汉语研究的重要阵地。

2.4　高被引文献

文献的被引频次是衡量文献质量的又一重要指标，它在一定程度上反映了该文献在学术研究领域的影响、地位以及对学科发展的贡献。我们将 218 篇文献按被引频次进行排序，统计出了截至 2021 年 10 月，被引频次排在前九的 10 篇文献，具体如表 4 所示。

表4　2002年以来商务汉语相关研究中高被引文献统计表

排名	标题	作者	文献来源	发表年份	被引频次
1	《商务汉语教学需求分析》	张黎	《语言教学与研究》	2006	295
2	《商务汉语的特点及其教学》	朱黎航	《暨南大学华文学院学报》	2003	162
3	《关于"商务汉语"课程、教学和教材的设想》	袁建民	《云南师范大学学报(对外汉语教学与研究版)》	2004	154
4	《商务汉语教材编写初探》	杨东升	《辽宁工学院学报(社会科学版)》	2003	114
5	《商务汉语教材选词考察与商务词汇大纲编写》	周小兵、干红梅	《世界汉语教学》	2008	112
6	《商贸类汉语教材编写和研究的基本情况述评》	路志英	《云南师范大学学报(对外汉语教学与研究版)》	2006	98
7	《新一代商务汉语教材建设的初步构想》	张永昱	《东北财经大学学报》	2004	94
8	《面向商务汉语教材的商务领域词语等级参数研究》	辛平	《语言文字应用》	2007	87
9	《商务汉语词汇教学重点浅析》	罗燕玲	《暨南大学华文学院学报》	2003	83
9	《对外商务汉语与基础性对外汉语的教学比较》	万谊娜	《云南师范大学学报(对外汉语教学与研究版)》	2004	83

从表4我们可以清晰地看出，10篇文献内容涉及商务汉语的特点、教学、教材编写等课题。值得一提的是，与教材研究相关的文献有六篇，其中两篇涉及教材选词，这说明商务汉语教材编写是近年来学者们关注的热点问题，且研究正逐渐走向深化。另外，张黎(2006)的《商务汉语教学需求分析》被引频次明显高于其他文献，影响力很大，说明学者们认识到了专门用途汉语教学必须重视学习者需求这一特点，这有利于该研究领域向纵深发展。

2.5 高频关键词

为了对这一阶段的商务汉语研究热点进行全面考察，我们提取了218篇文献的534个有效关键词，并对这些关键词的出现频次进行了统计。在统计过程中，我们将意义相近的关键词进行了合并，如把"教材"和"商务汉语教材"合并，结果如表5所示。

表5 2002年以来商务汉语相关研究文献高频关键词统计表

排名	关键词	出现频次
1	商务汉语、经贸汉语	111
2	教学、对外汉语教学、汉语国际教育、语言教学、汉语教学、商务汉语教学	57
3	教材、汉语教材、商务汉语教材	26
4	"一带一路"	9
5	课程设置	7
5	需求分析	7
6	教学方法	6
6	教学模式	6
7	案例教学法	5
7	词汇	5

从表5我们可以看出，除去主题检索词"商务汉语、经贸汉语"外，教学、教材、"一带一路"、课程设置等成为该领域的研究热点，这与上文我们对高被引文献的分析结果基本吻合。需要注意的是，关键词"需求分析"的出现频次为7，并不突出。也就是说，虽然张黎（2006）的《商务汉语教学需求分析》一文广受关注，成为高被引文献，但学界并未形成研究合力。

我们进一步对高频关键词进行时段[①]统计（如表6所示），希望能够

① 由于某些年份发文量太少，样本不足，因此我们未采用逐年统计的方法，而采用了分时段统计。

大致看出不同时期研究热点的变化。从表6我们可以看出，教材和教学一直是商务汉语领域的研究热点，而“语体”作为高频关键词仅出现在2002—2006年，“话语分析”作为高频关键词仅出现在2007—2011年，这体现出早期商务汉语研究重视语言本体分析的特点。另外，2017年至今的高频关键词中既出现了“一带一路”这一国家层面的合作倡议，也出现了“案例教学法”这样具体的教学方法，充分说明与通用汉语相比，商务汉语与国家经济形势结合更紧密，实用性更强，教学方法更有针对性，这也对相关研究者提出了更加迫切的要求。

表6　2002年以来商务汉语相关研究文献高频关键词分时段统计表

时间段	高频关键词(前五)
2002—2006年	商务汉语、教材、语体、经贸汉语、汉语教学
2007—2011年	商务汉语、教学、教材、话语分析、教学模式
2012—2016年	商务汉语、商务汉语教学、教材、国家汉办、教学方法
2017年至今	商务汉语、商务汉语教学、“一带一路”、留学生、案例教学法、商务汉语教材、需求分析①

2.6　研究主题分析

根据主题对文献信息的内容进行归类分析，有助于我们全面了解一个研究领域的发展现状，总结出相对成熟的研究成果和相对薄弱的研究环节。刘珣(2000)将对外汉语的应用研究总结为总体设计、教材编写、课堂教学、测试评估、教学管理和师资培养等几个方面，本文借鉴这一分类，并根据商务汉语研究的特殊性进行了微调，最后将所有文献按商务汉语总体设计、商务汉语教材编写、商务汉语课堂教学、商务汉语测试评估、商务汉语师资培训与学习者研究这五大主题进行归类分析。

从整体分布(具体如图2所示)来看，近半数的论文集中在对商务汉

① 部分关键词出现频次相同，故总数超过五个。

语总体设计的讨论上，具体包括课程性质、定位及不同类型商务汉语课程的比较，这都属于一个研究领域发展初期需要厘清的基本问题。紧随其后的是对课堂教学和教材编写的研究，这与上文我们对高被引文献和高频关键词的分析结果是一致的。从数量上看，师资培训与学习者研究、测试评估这两个方面研究成果较少，可以说是目前商务汉语研究的薄弱环节。

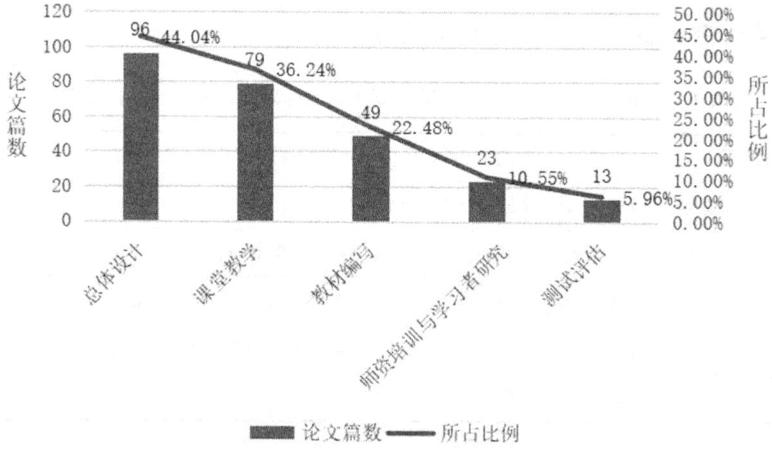

图 2　2002 年以来商务汉语相关研究文献主题分布图①

三、国内商务汉语研究发展趋势

从上文对国内商务汉语研究现状的分析来看，目前该领域研究整体发展趋势良好，具体体现在：发文量呈上升趋势；有核心期刊作为交流平台；高产作者与高产机构高度重合，形成了研究的中心；研究热点比较集中，商务汉语教学、教材编写等一直是研究者关注的焦点。但结合研究主题看，目前商务汉语研究发展呈现出不平衡的态势，我们需要在以下几方面加强研究：

① 由于部分论文包含多个主题，因此各主题论文总数大于 218 篇。

3.1 在需求分析的前提下开展各项研究

根据 Hutchinson & Waters(1987)提出的专门用途语言教学理论，专门用途语言教学是建立在满足学习者需求的课程设计之上的，由此可见需求分析的重要性。可以说，学习者的特殊需求决定了专门用途语言教学有别于通用语言教学的基本特征，也决定了它能够作为一个专门的研究领域独立发展。

如果能以扎实的学习需求分析为基础，很多长期以来争论不休的问题就会迎刃而解。例如“能否在零起点开设商务汉语课程”，简单的肯定或者否定都是不全面的，结合学习者的需求评估，才能够得出更令人信服的答案。正如张黎(2014)指出的，“专门用途语言教学注重的是‘急用先学’，关注有限目标及内容的学习，它不一定需要像通用语言教学那样系统地从基本的语言要素开始按部就班地学习”[①]。

另外，将需求分析与商务汉语研究领域其他方面相结合，也能够帮助我们拓宽研究视野，找到区别于通用语言教学的研究方向。例如，在商务汉语教材研究方面，我们完全可以尝试打破传统教材全面系统的固有特点，不完全依据传统课型设计编写教材，而采用组合的方式形成丰富的教学资源，建立商务汉语案例库和知识库，让教师按需取用。至于不同行业的学习者需要什么样的案例和知识，这正是我们目前需要研究的课题。

3.2 关注教育技术的发展对商务汉语教学的影响

在新冠肺炎疫情还未完全过去、线上教学逐渐成为国际汉语教学常态的大背景下，教育技术的融入给传统语言教学带来了一些挑战，也带来了新的发展机遇，商务汉语教学也不例外。而且，商务汉语是结合了专业知识的汉语，教育技术在教学资源的数字化、教学过程的碎片化方面可能有更大的应用空间。我们注意到“大数据时代、慕课、慕课平台、微格实

① 张黎:《商务汉语教学的认识误区》,《国际汉语教学研究》2014 年第 4 期第 34 页。

训、微课、在线教学"等关键词开始频繁出现在2015年之后的文献中，这说明研究者已经注意到教育技术的优势并尝试提出新的教学模式。沈庶英(2015，2019)对商务汉语在线教学模式进行了探索，为我们提供了新的研究思路。

四、结语

本文尝试采用文献计量法和内容分析法对2002年以来商务汉语研究领域公开发表的期刊论文进行全面的梳理和深入的分析，目的是在总结本领域研究成果的基础上，反思现阶段还存在的一些问题，进而对未来的深入研究提出一些建议。

总而言之，在中国经济迅速发展、对外交流日益频繁的大背景下，商务汉语正面临着前所未有的发展机遇。我们应该把握时机，尽快厘清一些基础问题，形成自己的理论框架、研究方法，在此基础上将研究向纵深推进。

参考文献

曹彩虹.基于CNKI的商务汉语研究可视化分析[J].云南师范大学学报(对外汉语教学与研究版)，2016(4).

黄锦章.关于案例教学的若干理论思考[J].汉语学习，2011(2).

金海鸥，严小娟，唐云云，等.上海世博会期间欧美人群汉语应用状况调查——以世博园内餐饮及零售业为例[J].海外英语，2011(4).

李铁根."贸易通商中国语"教学方法浅谈[J].科教导刊(中旬刊)，2011(12).

刘珣.对外汉语教育学引论[M].北京：北京语言文化大学出版社，2000.

路志英.商贸类汉语教材编写和研究的基本情况述评[J].云南师范大学学报(对外汉语教学与研究版)，2006(5).

罗燕玲.商务汉语词汇教学重点浅析[J].暨南大学华文学院学报，2003(4).

沈庶英.商务汉语在线教学模式探索[J].中国远程教育，2015(6).

沈庶英.翻转课堂“三步十环节”班级教学模式构建探索——以商务汉语翻转学习为例[J].语言教学与研究,2019(6).
史中琦,袁桥樾,关道雄.1997—2017年商务汉语教学探索与实践:热点与反思[J].国际汉语教育(中英文),2019(4).
唐兴全,张丁月.商务汉语试题库建设探讨[J].长江大学学报(社会科学版),2011(2).
万谊娜.对外商务汉语与基础性对外汉语的教学比较[J].云南师范大学学报(对外汉语教学与研究版),2004(6).
武彦军,孙炜.埃及孔子学院开展汉语教育特色项目的实践与思考[J].华北电力大学学报(社会科学版),2011(S2).
辛平.面向商务汉语教材的商务领域词语等级参数研究[J].语言文字应用,2007(3).
杨东升.商务汉语教材编写初探[J].辽宁工学院学报(社会科学版),2003(1).
袁建民.关于“商务汉语”课程、教学和教材的设想[J].云南师范大学学报(对外汉语教学与研究版),2004(2).
张黎.商务汉语教学需求分析[J].语言教学与研究,2006(3).
张黎.商务汉语教学的认识误区[J].国际汉语教学研究,2014(4).
张黎.专门用途汉语教学[M].北京:北京语言大学出版社,2016.
张永昱.新一代商务汉语教材建设的初步构想[J].东北财经大学学报,2004(4).
周小兵,干红梅.商务汉语教材选词考察与商务词汇大纲编写[J].世界汉语教学,2008(1).
朱黎航.商务汉语的特点及其教学[J].暨南大学华文学院学报,2003(3).
朱亮,孟宪学.文献计量法与内容分析法比较研究[J].图书馆工作与研究,2013(6).
HUTCHINSON T, WATERS A. English for specific purposes: a learning-centred approach[M]. Cambridge: Cambridge University Press, 1987.

意大利汉语教学研究述评

张俊萍　史佳佳

（北京语言大学汉语学院）

摘　要　本文从四个方面综观意大利汉语教学研究现状，发现现有研究对意大利小学、初高中及大学的课程设置及课程衔接的关注不够，主要集中在孔子学院的发展、教材的对比分析、学习者学习难点及偏误分析上，其不足表现在研究数量不足、研究范围较窄、研究深度不够。我们建议在教材本土化（在地化）、本土汉语教师培养、后疫情时代教学模式的探索与完善、与新模式相适应的汉语课程及教学资源的开发等方面进行全面深入的研究。

关键词　本土化　孔子学院研究　教材适用性　课程设置　偏误

前　言

罗林、邵玉琢（2018）提出，“国别和区域研究是针对特定国家或区域的政治、经济、社会、军事、人文、法律等领域的社会科学研究，侧重于公共事务和公共政策的专门研究，具有多学科、跨领域的基本特点，是大国特

---

* 本成果受北京语言大学梧桐创新平台项目（中央高校基本科研业务费专项资金）资助，项目编号19PT03；亦受北京语言大学院级项目（中央高校基本科研业务费专项资金）资助，项目批准号20YJ010105。

有的学科体系”[①]。李如龙(2012)提出,“走出国门教汉语和教来华留学生汉语有很大差别,汉语国际教育提倡‘国别化’(在地化)是十分必要的”[②]。赵金铭(2014)认为,“汉语作为第二语言/外语教学加快走向世界的过程,就是国际汉语教育的国际化具体体现。需要进一步解决的问题,则包括如何适应各国、各地的汉语教学实际,体现国别化特点”[③]。

针对意大利汉语教学的研究属于国别化研究。随着“一带一路”倡议的逐步落实,中意双方的交流合作日益加强,意大利的汉语教学规模也日益壮大,取得了长足发展。

一、意大利孔子学院的研究综述

孔子学院是以教授汉语,传播中华文化,促进世界各国与中国友好交流为基本宗旨的非营利性教育机构。随着国际中文教育的深入发展,近十几年世界各地的孔子学院取得了长足发展。以意大利为例,自 2006 年第一所孔子学院——罗马大学孔子学院成立至今,意大利已有 11 所孔子学院和 34 个孔子课堂(包括 3 个独立孔子课堂)。孔子学院和孔子课堂致力于服务当地的汉语教学,在教师培训、本土化教材研发、HSK 考试、协助当地举办特色文化活动等方面发挥了重要作用[④]。目前与意大利孔子学院研究有关的论文主要有三类,如表 1 所示。

表 1　意大利孔子学院相关研究论文的内容分类统计表

研究分类	数量	文献类型
意大利孔子学院介绍	1	期刊论文

① 罗林、邵玉琢:《“一带一路”视域下国别和区域研究的大国学科体系建构》,《新疆师范大学学报(哲学社会科学版)》2018 年第 6 期第 79 页。

② 李如龙:《论汉语国际教育的国别化》,《语言教学与研究》2012 年第 5 期第 11 页。

③ 赵金铭:《何为国际汉语教育“国际化”“本土化”》,云南师范大学学报(对外汉语教学与研究版)2014 年第 2 期第 24 页。

④ 罗平(中国驻意大利使馆教育处参赞)在意大利高中汉语教学“回顾与展望”研讨会上的致辞。

续表

研究分类	数量	文献类型
意大利孔子学院发展现状、问题及策略	5	3篇期刊论文、2篇硕士学位论文
意大利孔子学院特色研究(以文化活动为主)	4	期刊论文

1.1 意大利孔子学院整体发展现状研究

学者们就意大利孔子学院整体发展情况、教学特色及遇到的问题进行了具体研究。

李宝贵、金志刚(2016)认为,“在过去的10年中,意大利孔子学院建设取得了长足进展。汉语教学发展特色突出:办学规模日益扩大,教学体系完善,课程设置针对性强;中意教师合作上课,优势互补;自主开发本土化教材,推动汉语教材当地化;多措并举,推动汉语教师本土化”[①]。金志刚、史官圣(2019)指出,目前意大利孔子学院学汉语的人数增多,汉语课程体系日益完善,HSK考生数量位居欧洲前列,本土教师联合培养模式已开启,本土化教材研发初见成效,大型创新型文化项目成为亮点。

上述两篇论文同时也指出了意大利孔子学院存在高年级学生流失严重、本土化汉语教材研发数量不足、本土汉语教师数量不足、优秀本土教师流失严重等共性问题。

总体来看,针对意大利孔子学院整体发展的研究数量较少,且研究模式千篇一律,一般都围绕着发展特点、存在的问题以及如何解决展开,但所提对策理论性较强,如何使之更加“落地”是亟待解决的问题。

1.2 聚焦于文化活动的研究现状

Zhang(2018)认为,孔子学院是海外的汉语教学机构,是为满足世界

① 李宝贵、金志刚:《意大利孔子学院汉语教学的特色、问题与对策——以米兰国立大学孔子学院为例》,《辽宁师范大学学报(社会科学版)》2016年第1期第108页。

各国、各地区人民对汉语学习的需要而设立的语言文化推广机构，它的目标是从各个方面推动学习者汉语学习的发生和发展。在传统课堂上，教师应该在尊重所有人文化的基础上，建立复合型文化课堂管理模式，并通过丰富的学习活动让学习者体验到学习汉语与了解中华文化的乐趣。近几年，意大利一些孔子学院结合自身的优势举办丰富多彩的文化活动，开展各种文化项目，促进了国家之间的文化交流。

金志刚、郑婕茹(2019)介绍了罗马大学孔子学院开展的《"一带一路"——亚洲宗教和哲学思想》新书座谈会、"一带一路"倡议报告会、"一带一路"引领新型中意关系主题活动，米兰国立大学孔子学院举办的"中国文化长廊"暨农历戊戌狗年春节联欢活动等文化活动。

杨迎(2020)分析了"余华意大利文学之旅系列活动"的安排和内容，认为此次活动充分发挥了孔子学院的资源优势，着眼当地民众实际需求，多方联动，实现了优势互补、经验互通和协同发展。

金志刚、史官圣(2020)对"试点文化孔子学院"的文化项目进行了分析，也提到了"余华意大利文学之旅系列活动"，并对该文化活动的举办效果和影响给出了较高的评价。

总体来看，意大利孔子学院开展的文化项目数量充足，质量较高，得到了学者们的认可。目前，意大利孔子学院总体上稳步发展，但也存在文化活动过于密集、师资缺乏、缺少具有针对性的本土化教材等问题。

二、意大利大学、高中、华文学校汉语课程设置研究现状

2000 年，意大利教育部发布了《大学课程大纲》，该大纲将与汉语相关的课程纳入意大利大学课程体系中。2016 年，意大利教育部颁布了《高中汉语教学大纲》，这是意大利第一个国家级汉语教学大纲，它不仅标志着汉语文化教学首次纳入意大利国民教育体系，也对规范意大利高中汉语教学有着十分重要的指导意义。下面我们将从大学、高中、华文学校三个不同侧面分析意大利汉语教学的课程设置。

2.1 意大利大学汉语课程开设情况

随着孔子学院的建立和发展，多所意大利大学都设置了汉语课程，并随着教学实践的深入逐步完善了自己的汉语课程设置。

金志刚、庄瑶瑶(2019b)以威尼斯大学、罗马大学、那不勒斯东方大学、米兰国立大学四所大学为代表，对意大利大学的汉语课程设置情况进行了调研。这四所大学本科和研究生阶段都开设了汉语言和中国文学相关课程，但各大学开设课程的具体情况、考核要求和要达到的标准都不相同。值得一提的是，威尼斯大学和米兰国立大学还分别开设了经贸汉语课程和专业翻译课程。具体见表 2。当前，意大利大学汉语教学目标明确，重点突出，持续为意大利培养出了多层次的汉语人才，这保证了汉语教学在意大利的健康发展，也使意大利的汉语教学始终处于欧洲领先水平。

表 2　意大利四所大学开设的汉语课程类型统计表①

大学名称	学生所处阶段	传统课程	专业课程
威尼斯大学	本科	汉语言相关课程、中国文学相关课程	经贸汉语课程
	研究生	古代汉语、现代汉语、现当代文学	
罗马大学	本科	汉语言相关课程、中国文学相关课程	
	研究生	中国语言和文学课程	
那不勒斯东方大学	本科	汉语言相关课程、中国文学相关课程	
	研究生	汉语课程	
米兰国立大学	本科	汉语言相关课程、中国文学相关课程	
	研究生	汉语选修课	专业翻译课程

由表 2 可知，意大利大学汉语课程覆盖率较高，本科和研究生阶段的汉语课程有一定的衔接性，部分课程对学生的汉语水平有一定要求，课程目标较为明确，课程设置较为合理。但目前关于意大利大学汉语课程设

① 表 2 是在参考金志刚、庄瑶瑶(2019b)《意大利高校汉语课程设置模式及其启示》一文的基础上，经笔者提炼而成的。

置的论文数量极少，之后我们可以多关注一下不同大学设置的汉语课程的异同。

2.2 意大利高中汉语课程开设情况

与大学汉语课程的开设不同，意大利高中汉语课程开设时间较短。意大利的高中学制为五年，分为普通高中、职业高中和技术高中。调查[①]显示，8%的意大利高中开设了汉语课程。其中，约60%将汉语设为选修课，40%将汉语设为必修课，个别学校把汉语课程兼设为选修和必修两种形式。意大利教育部对伦巴第州公立学校2003—2012年开设的汉语课程展开了调查，Gisella(2018)的统计数据显示，有200多所意大利学校为学生提供学习汉语和中华文化的机会，汉语已慢慢进入意大利教育体系。

表3　伦巴第州公立学校2003—2012年开设的汉语课程总数[②]

Anno scolastico **(学年)**	**Totale corsi** **(全部课时)**	**Di cui extracurricolari** **(非学历课程课时)**	**Di cui cueeicolari** **(学历课程课时)**
2003—2004	17	17	0
2004—2005	31	27	4
2005—2006	43	39	4
2006—2007	49	45	4
2007—2008	42	31	11
2008—2009	35	23	12
2009—2010	41	13	28
2010—2011	45	12	33
2011—2012	101	46	55
Totale(总计)	404	253	151

---

① 此调查出自2017年Fondazione Intercultura onlus，*La nuova via della seta：I giovani，la scuola e la Cina*.

② 表3出自Gisella(2018) *L'insegnamento di lingua e cultura cinese nelle scuole italiane*.

金志刚、史官圣(2018)认为,当前意大利高中汉语教学总体态势良好,但也暴露出一些问题,如大部分高中根据自己的实际情况自行安排教学内容,导致不同高中选取的教学内容随意性较强。

意大利《高中汉语教学大纲》对意大利高中汉语教学具体内容的规定还有待进一步细化,如语言部分与文化部分如何衔接配合,不同课时量应达到什么样的汉语水平,教学主题与词汇和语法教学内容如何对应。

2.3 意大利华文学校汉语课程开设情况

意大利华文教育主要分为周末制、下午制、全日制三种形式。随着近几年华文教育需求的增长,意大利华文教育的形式也日趋多样化。有些华文学校与当地中学联合办学,利用意大利学校放学早的特点,下午开办汉语班,采用见缝插针式的教学模式。2001 年成立的米兰华侨中文学校是意大利第一所周末全日制中文学校,其每学年分三个学期,第一和第三学期是课后制或周末制,第二学期则开展暑期全日制教学。(蒋忠华,2018)

三、意大利汉语教材研究现状

吴应辉(2013)认为,"'本土化'语言教材是与'普适性'语言教材相对的一个概念,指从某一国家或地区学习者的特点和需要出发,以满足特定国家或地区学习者的学习需要为目标而设计、编写和制作的某一语言作为外语或第二语言教学的教材"[①]。孔子学院在多地的蓬勃发展促进了国际中文教育的发展,但也对教材建设提出了更高的要求。

---

① 吴应辉:《关于国际汉语教学"本土化"与"普适性"教材的理论探讨》,《语言文字应用》2013 年第 3 期第 119 页。

3.1 意大利华文教材研究现状

赵金铭(2011)提出,"'华文教学'具有自身的特点,我们应据此全面思考有关华文教学的问题,针对华人、华侨的特点,加强华文教学的教材、教法和师资问题研究"[①]。近20年,意大利华文教育需求不断增加,华文学校的数量也越来越多,但华文教材编写却产生了一些问题。金志刚、李博文、李宝贵(2017)指出,"目前意大利各华文学校使用最广泛的华文教材是暨南大学华文学院编写的《中文》,少部分学校使用人民教育出版社编写的《语文》(共12册)或者华文教师自己编制的教材。如米兰华侨中文学校使用的主体教材为《中文》,最高级班使用人教版的《语文》五年级下册"[②]。《中文》的教学对象主要是北美、欧洲等英语国家和地区的华人华侨。

金志刚、李博文、李宝贵(2017)统计了《中文》的课文内容,发现其涉及的文化内容中国的和外国的(主要指的是英美国家)各占一半,而与意大利相关的占比很少。可见,意大利华文教学目前采用的《中文》、人教版《语文》等教材并没有充分考虑到意大利华裔青少年的学习环境和特殊需求,这也对我们编写意大利华文教材提出了更高的要求。意大利华文教学需要研发出适合华裔学生的教材。

蒋忠华(2018)考察了意大利罗马中华语言学校,发现该校采用国内的母语教学模式,即运用汉语进行母语式教学,全校所有汉语课上运用的是国内同步人教版教材。她肯定了这种模式的教学效果,并认为这是海外华文教学的一个突破。但这种教学模式对教学对象有一定的条件要求,如需要华裔学生有一定的汉语基础,并且在家庭中经常使用汉语进行交流。

---

① 赵金铭:《国际汉语教育研究的现状与拓展》,《语言教学与研究》2011年第4期第89页。

② 金志刚、李博文、李宝贵:《意大利华文教育的现状、问题与对策》,《辽宁师范大学学报(社会科学版)》2017年第5期第105页。

3.2 意大利本土汉语教材研究现状

2016年意大利教育部正式颁布《高中汉语教学大纲》后，汉语文化教学首次纳入了意大利国民教育体系，意大利人学习汉语的热情持续高涨，导致意大利汉语教学对汉语教材的需求愈发迫切。对于如何编写汉语教材，Silvia(2018)认为，我们要参考目前出版的教材，专门编写一个小册子。她基于自己的教学经验和学生的学习需求，认为小册子的内容应该包括汉字书写练习的标准、用于操练课堂所学的高度结构化练习、配合每个独立单元的测试、词汇目录等。

据金志刚、王莉、尚笑可(2018)的统计，意大利已出版的本土教材有20余种，各大学和高中使用的主要汉语教材见表4。该表呈现了近13年意大利四家出版社出版的本土汉语教材及对应的水平等级。

表4 意大利本土汉语教材出版情况统计表①

序号	教材名称	出版时间	出版社	HSK等级
1	《意大利人学汉语·初级篇》	2010	Hoepli	HSK1—2
2	《意大利人学汉语·中级篇》	2015	Hoepli	HSK3—4
3	《意大利人学汉语·提高篇》	2008/2014	Hoepli	HSK5—6
4	《我们学汉语·基础篇》	2016	Hoepli	HSK1—2
5	《我们说汉语1》	2014	Hoepli	HSK1—2
6	《我们说汉语2》	2017	Hoepli	HSK3—4
7	《说汉语 写汉字》	2016	Zanichelli	HSK1—2
8	《慢慢来》	2016	Gruppo Editoriale	HSK1
9	《基础汉语教程》	2014	Cuem	HSK3
10	《中级汉语教程》	2007	Cuem	HSK3—4
11	《报刊汉语》	2013	Hoepli	HSK5—6

① 表4是根据金志刚、王莉、尚笑可(2018)《意大利汉语本土教材研究——以〈我们说汉语〉和〈意大利人学汉语〉中级篇为例》一文整理而成的。

续表

序号	教材名称	出版时间	出版社	HSK 等级
12	《科技汉语》	2014	Hoepli	HSK3—4
13	《导游汉语》	2017	Hoepli	HSK4—5

李宝贵、庄瑶瑶(2020)也调查了意大利孔子学院/孔子课堂本土化(当地化)汉语教材的建设情况,其统计的是意大利孔子学院/孔子课堂本土化教材的使用情况,但其论文统计表格中出现的教材与我们这里所说的本土化教材不太一致,主要有以下问题:其图表中的《国际汉语教学通用课程大纲》能否算作教材(即大纲可否等同于教材)?《徐光启与跨文化对话》《米兰建筑艺术之旅》《世界史上的丝路》《利玛窦的思想帝国》和《丝绸之路上的人与宗教》等是不是为意大利孔子学院汉语教学开发的?孔子学院是否真的使用过?意大利语版的《当代中文》《新实用汉语课本》《快乐汉语》是在中国出版的教材,经意大利语编译后是否就属于意大利本土化教材?《欢迎光临》《旅游汉语》《学汉语》这些教材并不属于意大利本土化教材,但却被列在其中。总之,二人论文统计表格中列出的信息较为模糊,部分教材的类别归属值得商榷。

笔者汇总了罗马大学孔子学院、佛罗伦萨大学孔子学院、威尼斯大学孔子学院、那不勒斯东方大学孔子学院使用的汉语教材情况,见表 5。虽然近十几年出版了一些意大利本土汉语教材,但这些教材使用范围不大,使用频率也不高,大部分孔子学院使用的依旧是中国出版的通用教材,如《HSK 标准教程》《新实用汉语课本》等。

表 5　意大利四所孔子学院使用的汉语教材信息表

孔子学院/孔子课堂	使用的教材	出版社	主编
罗马大学孔子学院	内部教材	—	—
佛罗伦萨大学孔子学院	《意大利人学汉语》	Hoepli	Federico Masini、Zhang Tongbing、Bai Hua 等

续表

孔子学院/孔子课堂	使用的教材	出版社	主编
威尼斯大学孔子学院	《HSK 标准教程》	北京语言大学出版社	姜丽萍
那不勒斯东方大学孔子学院	《你好 中国!》	Cafoscarina	李雪梅
	《新实用汉语课本》	北京语言大学出版社	刘珣
	《变化中的中国》	Cheng & Tsui	Duanduan Li、Irene Liu
	《经理人汉语》	外语教学与研究出版社	张晓慧

李泉(2015)指出,"20 世纪 90 年代提出要编写'国别、语别'教材,是学科发展特别是教材更新换代研究的某种必然。其主要理由是:国内编写的通用型教材容量过大(多数内容也偏难),不适合国外的教学;课文内容缺少与当地国情、民俗的结合;通用型教材缺乏与学习者母语的对比"①。中国出版的通用教材在语音练习的重点、语法点的安排和练习的设计上很可能并不完全适合意大利学生,所以我们还是要加大意大利本土化教材研发的力度。

3.3 教材对比研究现状

有些学者针对某本具体的意大利本土化教材的适用性开展了研究。例如,孙云鹤(2012)对《意大利人学汉语》的适用性进行了分析,该教材是意大利汉语教学史上第一部本土化教材,由意大利罗马大学东方学院与孔子学院合作编写。他认为,该教材从编写目的、编写对象、课程设置、内容编排等方面都是为罗马大学东方学院汉语系的学生量身定做的,非常符合东方学院汉语系学生的需求,完全适用于该系学历本科生的汉语课程,但在具体使用中还需要根据实际情况进行调整。

另有一些学者选择了两套教材进行对比研究。具体来说,又分两种:

① 李泉:《汉语教材的"国别化"问题探讨》,《世界汉语教学》2015 年第 4 期第 529 页。

一种是对两本意大利本土化教材进行对比，另一种是对一本通用性教材和一本意大利本土化教材进行对比。教材对比有从整体出发的，也有从某一部分入手的，如对比教材中的文化因素。

王澍(2014)以《意大利人学汉语》和《当代中文》为比较对象，从语音、词汇、语法等角度对意大利初级汉语教材进行了分析。苏非岚(2015)以《汉语教程》(一年级语言技能类教材)和《意大利人学汉语·初级篇》为比较对象，对中意初级汉语教材进行了对比分析。张燕阳(2018)以《意大利人学汉语》和《慢慢来》为比较对象，研究了意大利本土化汉语教材的特点及适用性，并提出了针对意大利中学生的本土化教材编写建议。金志刚、王莉、尚笑可(2018)以《我们说汉语》和《意大利人学汉语·中级篇》为例，对意大利本土化汉语教材进行了比较。

马蓝(2015)从文化点的分布与呈现方式、本土词汇对比与难度分析、主要人物分析与人物活动三个方面考察了《当代中文》(意大利语版)和《意大利人学汉语·初级篇》的文化内容。不同教材所包含的文化内容各有不同，但意大利本土化教材应更具有针对性。金志刚、李博文、李宝贵(2017)认为，"意大利化的华文教材首先要'讲好中国故事'，其次要弘扬普世价值，第三要多讲一些'意大利故事'，最后少部分讲'其他国家的故事'"[①]。本文认为，意大利本土化教材的文化内容编排总体上应与本土化华文教材相同，即要兼顾中意文化内容。

教材研究应从横向和纵向两个维度进行，专门针对某本教材的系统性研究能让我们了解教材在使用过程中的适用性，而教材间的对比研究则能让我们了解不同教材的优缺点。

四、意大利学生学习难点及偏误研究

汉语和意大利语差异较大，意大利学生学习汉语时特别容易在语言

① 金志刚、李博文、李宝贵：《意大利华文教育的现状、问题与对策》，《辽宁师范大学学报(社会科学版)》2017年第5期第109页。

要素方面产生语际偏误和语内偏误。就目前所掌握的文献看，这类偏误研究主要以学位论文的形式为主；从语言要素的角度看，语音和语法偏误研究最多，词汇和汉字偏误研究较少，详见表6。

表6　意大利学生学习难点及偏误研究论文的分类统计①

论文分类	论文数量
语音	10篇
语法	9篇
词汇	3篇
汉字	1篇
语用	1篇
其他	1篇

4.1　语音研究

龙藜（2012）、丹妮娅（2015）对意大利学生语音习得过程中出现的声、韵、调偏误进行了描写分析，发现意大利语语音系统和汉语语音系统差异很大。龙藜（2012）对比分析了意大利语和汉语的语音系统后，提出了通过舌位图、模仿等方法帮助学生掌握汉语发音的建议。丹妮娅（2015）通过调查发现意大利学生学习汉语声母时的最大难点是分辨不出送气音和不送气音，学习韵母时的主要难点是区分不出鼻音韵尾“n”和“ng”，学习声调时的主要困难在于区分不好第二声和第三声。

辛亚宁（2007）、李萱（2016）对意大利汉语学习者的声调偏误进行了深入研究。李萱（2016）通过研究发现，“意大利汉语学习者的声调感知偏误率远远低于发音偏误率……上声最易出现偏误，其中‘将上声发成阳平’是偏误率最高的偏误类型……相对于声调的发音，学习者在声调感知上碰到了不一样的困难，其感知难易顺序是阳平最难，阴平次之，上声再

① 表6是在卫雅（2018）《意大利汉语教学难点研究》一文基础上整理而成的。

次，去声最容易”[①]。

4.2 语法研究

在语法方面，秦涛(2011)分析了意大利学生学习汉语介词“在、跟、从”时产生的偏误，认为其主要偏误类型有遗漏、冗余、错序和误用，偏误成因有母语负迁移的影响、汉语介词知识的泛化、教学引导不足、教材编写不够严密和介词练习不够；金志刚、王莉(2017)则重点分析了意大利学生单个介词“在”的习得偏误并提出了教学对策。还有些学者对意大利学生学习让步复句、趋向补语、能愿动词“会”“能”时产生的偏误进行了分析研究。米顺天(2019)专门对意大利汉语学习者习得“了”的情况进行了调查，卫雅(2018)则对动态助词“着、了、过”和结构助词“的、地、得”进行了分析。

综上，学者们在语法方面的研究主要集中在某些介词、助词上，多是分析偏误类型与偏误成因，并有针对性地提出教学建议，但缺少对汉语句型、句式、句类的偏误分析。

4.3 词汇、汉字、语用研究

这三方面的论文非常少。谢宗旭(2013)运用对比分析和偏误分析理论，对 18 组易混淆词进行偏误分类，并提出了教学对策。肖潇(2014)对意大利汉语学习者口语词汇的流利性、多样性、复杂性和准确性进行了研究。丁安琪、肖潇(2016)从易混淆词、初级口语能力发展两方面开展了分析。可见，目前针对意大利汉语学习者词汇学习的研究不仅数量少，范围也窄。

陈晨、冯丽萍(2016)对意大利汉语初学者汉字基本笔顺书写规律进行了分析。卫雅(2018)讨论了汉字教学的特点以及汉字书写规律与意大

---

① 李萱：《意大利汉语学习者单字调习得研究》，硕士学位论文，华东师范大学汉语国际教育专业，2016，第 52 页。

利文书写规律的异同，包括书写规则的一致性和连笔书写的异同。程诚(2018)对汉语“请求”言语行为的句法表现、语用策略进行了分析。

上述研究多以学位论文的形式呈现，学生的专业方向以汉语国际教育为主，学生大多不具备熟练掌握中意两种语言的能力，因此研究质量还有待提高。此外，这些研究并未完全涉及意大利学生在汉语学习中会遇到的重难点，我们在意大利学生学习难点及偏误分析上还有很大的研究空间。

五、结语

目前，我们在意大利汉语教学研究上的不足主要表现在研究数量不足，研究范围较窄，研究深度不够，对新技术、新方法及线上教学新情况的关注不够。

我们能搜索到的论文只有 94 篇，具体分布见表 7，研究对象主要集中在意大利学生学习难点及偏误分析上。从意大利第一家孔子学院成立至今已有 16 年，意大利境内孔子学院/孔子课堂的数量逐年增长，但关于意大利孔子学院/孔子课堂研究的论文在 CNKI 上只搜到了 9 篇。意大利华文学校自开设汉语课程以来已有十几年，但研究它的论文在 CNKI 上只有 1 篇。

表 7　意大利汉语教学相关论文研究类型、数量分布表

研究对象	总数量(篇)	期刊数	学位论文数	会议论文数	百分比
意大利汉语教学设计及教学策略研究	11	0	11	0	11.70%
意大利学生学习难点及偏误分析	25	5	20	0	26.60%
意大利汉语教师及志愿者研究	6	1	4	1	6.38%
意大利教材研究	10	4	6	0	10.64%

续表

研究对象	总数量(篇)	期刊数	学位论文数	会议论文数	百分比
意大利孔子学院/孔子课堂研究	9	4	5	0	9.57%
意大利某一地区汉语教学情况调查研究	15	6	8	1	15.96%
意大利学习者研究	3	2	1	0	3.19%
意大利汉语课程设置研究	1	1	0	0	1.06%
意大利华文教育研究	1	1	0	0	1.06%
意大利 HSK 发展研究	5	2	2	1	5.32%
其他	8	2	5	1	8.51%
总计	94	28	62	4	100%

目前关于意大利汉语教学的研究范围较窄，很多方面尚未进行深入探索。例如，现有论文只对意大利华文学校的教学模式做了简单介绍，但没有对具体课程设置、教材使用情况等进行专门的分析。除此之外，汉语与汉学的关系、意大利本土汉语教师的培养、意大利小初高的汉语课程设置、孔子学院的进一步发展、本土化教材的研发等问题都亟待进一步研究。

研究数量不足，研究对象又较为分散，当前的研究在深度、广度和前瞻性上都还不够，很多问题如意大利低龄阶段的汉语课程设置、孔子学院的定位、本土化教材的编写、后疫情时代线上及线上线下融合的汉语教学模式的完善、基于“互联网＋”的智慧汉语教学模式的探索，以及与新模式相适应的汉语课程及教学资源的开发等都值得深入研究。

参考文献

陈晨，冯丽萍. 意大利汉语初学者汉字基本笔顺书写规律及其相关因素研究[J]. 云南师范大学学报(对外汉语教学与研究版)，2016(4).

程诚.汉语“请求”言语行为的句法表现、语用策略及其教学——以意大利汉语学习者为例[D].广州:广州大学,2018.

丹妮娅.意大利初级汉语学习者汉语语音学习的主要难点及教学对策[D].大连:辽宁师范大学,2015.

丁安琪,肖潇.意大利学习者初级汉语口语词汇能力发展研究[J].世界汉语教学,2016(2).

蒋忠华.试论意大利华裔华文母语教学模式的基础与特点——以罗马中华语言学校为例[J].世界华文教育,2018(3).

金志刚,李博文,李宝贵.意大利华文教育的现状、问题与对策[J].辽宁师范大学学报(社会科学版),2017(5).

金志刚,尚笑可.关于孔子学院奖学金获得者的调查研究——以米兰国立大学孔子学院为例[J].云南师范大学学报(对外汉语教学与研究版),2019(3).

金志刚,史官圣.《意大利高中汉语教学大纲》分析与应用[J].云南师范大学学报(对外汉语教学与研究版),2018(3).

金志刚,史官圣.意大利孔子学院发展现状、问题与策略研究[J].国际汉语教学研究,2019(3).

金志刚,史官圣.新时代“试点文化孔子学院”文化项目发展模式研究——基于AMO的理论分析和案例探讨[J].辽宁师范大学学报(社会科学版),2020(4).

金志刚,王莉.意大利学生汉语介词“在”习得偏误分析及教学对策[J].辽宁师范大学学报(社会科学版),2017(2).

金志刚,王莉,尚笑可.意大利汉语本土教材研究——以《我们说汉语》和《意大利人学汉语》中级篇为例[J].海外华文教育,2018(6).

金志刚,郑婕茹.欧洲孔子学院文化项目评述——基于汉办官网新闻[J].文化学刊,2019(9).

金志刚,庄瑶瑶.文学、文化与文明——余华访谈录[J].江苏大学学报(社会科学版),2019a(3).

金志刚,庄瑶瑶.意大利高校汉语课程设置模式及其启示[J].辽宁师范大学学报(社会科学版),2019b(1).

李宝贵,陈晨.意大利孔子课堂融合发展的路径[J].沈阳师范大学学报(社会科学版),2016(2).

李宝贵,金志刚.意大利孔子学院汉语教学的特色、问题与对策——以米兰国立大学孔子学院为例[J].辽宁师范大学学报(社会科学版),2016(1).

李宝贵，庄瑶瑶. 意大利孔子学院/课堂当地化汉语教材建设研究[J]. 辽宁师范大学学报（社会科学版），2020(1).
李泉. 汉语教材的“国别化”问题探讨[J]. 世界汉语教学，2015(4).
李如龙. 论汉语国际教育的国别化[J]. 语言教学与研究，2012(5).
李萱. 意大利汉语学习者单字调习得研究[D]. 上海：华东师范大学，2016.
龙藜. 意大利汉语学习者的语音偏误分析[J]. 世界汉语教学学会通讯，2012(1).
罗林，邵玉琢. “一带一路”视域下国别和区域研究的大国学科体系建构[J]. 新疆师范大学学报（哲学社会科学版），2018(6).
马蓝. 意大利初级汉语教材文化内容研究——以《当代中文》和《意大利人学汉语》为例[D]. 广州：中山大学，2015.
米顺天. 意大利汉语学习者习得“了”的情况调查与研究[D]. 大连：大连外国语大学，2019.
秦涛. 意大利学生汉语介词学习偏误分析[D]. 大连：辽宁师范大学，2011.
苏非岚. 意中初级汉语教材对比研究——以《汉语教程（初级）》和《意大利人学汉语（初级）》为例[D]. 上海：上海师范大学，2015.
孙云鹤. 国别教材的适用性研究——以《意大利人学汉语》为例[J]. 湖南师范大学教育科学学报，2012(6).
王澍. 意大利初级汉语教材研究——以《意大利人学汉语》和《当代中文》为例[D]. 上海：华东师范大学，2014.
卫雅. 意大利汉语教学难点研究[D]. 南京：东南大学，2018.
吴应辉. 关于国际汉语教学“本土化”与“普适性”教材的理论探讨[J]. 语言文字应用，2013(3).
肖潇. 意大利学生初级汉语口语词汇能力发展研究[D]. 北京：北京外国语大学，2014.
谢宗旭. 意大利学习者汉语易混淆词偏误分析及教学对策研究[D]. 沈阳：沈阳师范大学，2013.
辛亚宁. 意大利学生习得汉语声调的实验研究[D]. 北京：北京语言大学，2007.
杨迎. 浅析“余华意大利文学之旅系列活动”[J]. 参花（下），2020(2).
张燕阳. 意大利本土化汉语教材的本土特点及适用性研究[D]. 上海：华东师范大学，2018.
赵金铭. 国际汉语教育研究的现状与拓展[J]. 语言教学与研究，2011(4).
赵金铭. 何为国际汉语教育“国际化”“本土化”[J]. 云南师范大学学报（对外汉语教学与

研究版),2014(2).

GISELLA L. L'insegnamento di lingua e cultura cinese nelle scuole italiane[C]//ALESSANDRE B, TIZIANA L. Didattica del cinese nella scuola secondaria di secondo grado. Esperienze e prospettive. Roma: Sapienza Università Editrice, 2018.

SILVIA P. Materiali didattici: riflessioni e proposte operative[C]//ALESSANDRE B, TIZIANA L. Didattica del cinese nella scuola secondaria di secondo grado. Esperienze e prospettive. Roma: Sapienza Università Editrice, 2018.

ZHANG H. La didattica della lingua cinese negli Istituti Confucio[C]//ALESSANDRE B, TIZIANA L. Didattica del cinese nella scuola secondaria di secondo grado. Esperienze e prospettive. Roma: Sapienza Università Editrice, 2018.

加勒比地区不同群体汉语学习动机和态度的实证研究

李艳华
（北京语言大学汉语学院）

摘　要　本文采用定量调查的方法，考察了加勒比地区不同群体汉语学习动机和态度的类型，及其与学习持续性之间的关系。结果表明，非华裔中学生对中国人和中国文化的态度均优于华裔中学生，其融合型动机显著强于华裔中学生；而华裔中学生的汉语学习以工具型动机为主，且以家长支持动机最为典型。大学生中非学分生对中国、中国人及中国文化的态度均显著优于学分生，汉语学习的融合型动机明显，工具型动机同样强于学分生。加勒比地区汉语学习者的汉语学习持续性与外部动机、融合型动机、教学因素动机和对中国的总体态度呈显著正相关关系。

关键词　加勒比地区　汉语学习　态度　动机　持续性

前　言

社会心理因素在第二语言习得过程中起着重要作用，学习动机和态

* 本文为教育部中外语言交流合作中心资助项目“巴巴多斯中文教育研究”的阶段性成果。

度对习得效果的影响尤为显著。

学习动机是促使学习者习得第二语言的内在驱动力。Gardner & Lambert(1959,1972)从社会语言学的角度将动机分为融合型动机和工具型动机。融合型动机以兴趣为主导,其持有者希望融入目的语社群;工具型动机的持有者则将语言视为一种工具,为某种实用目的而学习语言。融合型动机驱动下的第二语言习得效果明显优于工具型动机。随后,有关动机的理论和实证研究不断深入。进入21世纪后,动机研究的角度更加多样化。Dörnyei(2009)提出"二语自我动机系统"(L2 Motivational Self System),这个系统具体包括三部分:①理想二语自我,指学习者在二语习得中对自己的稳定期望或愿景;②应该二语自我,指学习者为实现既定期望或避免负面结果而需要具备的特征;③二语学习体验,指与学习经历和学习环境相关的动机影响因素,如教师、教材、教学方法、课堂环境和学伴等。可见,"二语自我动机系统"考虑到的动机影响因素更加全面,对二语或外语教学实践更具指导意义。

学习态度是学习者在认知、情感上对某种语言的基本反应和具体感受。Gardner & Lambert (1972)认为,学习态度包括三个方面:对目的语及说目的语的群体的态度、对目的语社区的态度和对语言和语言学习的态度。Gardner(1985)认为,对目的语群体的良好态度是第二语言学习的重要动机,这一良好态度可以通过与目的语及目的语社区定期接触形成。一般来说,积极的态度会提高第二语言习得的效率,进而有助于第二语言习得,而消极的态度则恰恰相反。学习态度影响学习动机,学习动机反过来又作用于学习态度,二者与学习成绩和语言水平密切相关。

本文借鉴第二语言习得的学习动机和态度理论,以加勒比地区不同汉语学习群体为样本,采用定量调查的研究方法,考察加勒比地区第二语言学习者汉语学习动机和态度的主要类型,并开展不同学习群体间的对比分析,对不同群体汉语学习的持续性做出判断,进而为汉语学分课、汉语辅修专业及汉语专业的设立提供参考依据。

一、研究设计与研究假设

1.1 研究设计

1.1.1 被试者情况

本研究采用代表性抽样的方法，共抽取加勒比地区汉语学习者130人。中学生53人，其中华裔19人，非华裔34人；大学生77人，其中学分生33人，非学分生44人。被试者年龄从11岁至60岁不等，汉语学习时间从不足六个月到三年不等。被试者主要来自巴巴多斯、圭亚那、牙买加等国，少数来自加勒比地区其他国家，如巴哈马、多米尼克等。被试者的基本信息如表1所示。

表1 被试者基本信息统计表

被试者	分类	数量	合计
中学生	华裔	19	130
	非华裔	34	
大学生	学分生	33	
	非学分生	44	

1.1.2 测量工具

本研究通过量表测量被试者学习态度和动机方面的指标，部分题目参考Gardner(1985)的二语习得量表(Attitude/Motivation Test Battery, AMTB)编制而成，还有部分题目是笔者根据加勒比地区汉语学习的具体情况编写的。为避免被试者选择“不同意也不反对”的中间项，我们将Gardner(1985)的七级量表修改为六级量表，不同等级及代表数字分别为：“1”代表十分反对，“2”代表比较反对，“3”代表有点儿反对，“4”代表有点儿同意，“5”代表比较同意，“6”代表十分同意。题目统一采取积极的表述方式，如："我学习汉语是因为它对我未来的事业很重要"。

该量表共 27 题，考察了 8 种汉语学习态度和动机因子，分别为：①融合型动机，7 题；②外部动机，5 题；③家长支持动机，1 题；④社会责任动机，1 题；[①]⑤教学因素动机，3 题；⑥对中国的总体态度，3 题；⑦对中国人的态度，3 题；⑧对中国文化的态度，2 题。问卷中还有 2 个问题是调查学习者之后的汉语学习持续性的，即是否会选修汉语学分课，1 题；是否会选择汉语辅修专业和汉语专业，1 题。最终，问卷的整体信度达到 0.889。

1.1.3 数据分析

本文采用 SPSS 统计软件对数据进行描写性统计（Descriptive Statistics）和皮尔逊相关系数（Pearson Correlation Coefficient）分析，目的是探讨加勒比地区不同群体汉语学习动机和态度的类型及差异，进而分析学习动机和态度的类型与汉语学习持续性之间的关系。

1.2 研究假设

1.2.1 研究假设一

社会文化因素在第二语言习得中发挥着重要作用，第二语言习得的过程其实就是学习者不断适应目的语文化的过程。学习者文化适应的程度受到社会距离和心理距离两种因素的影响，且社会距离起着主导作用，这就是"文化适应假说"和"文化适应模式"的主要内容。（Schumann，1976a，1976b，1978）"社会距离指第二语言学习者群体和目的语群体之间的关系，它影响着第二语言学习者与目的语群体接触的程度，因而也影响着第二语言学习者语言习得水平的提高。"[②]具体来讲，社会距离越近，接触越多，越有利于第二语言习得。心理距离是指第二语言学习者因精神

① 外部动机、家长支持动机和社会责任动机可进一步合并，称为工具型动机。为了详细区分不同因子对汉语学习态度和动机的影响，我们具体考察时细分各因子，在后文归纳结论时再进行合并处理。

② 王建勤主编《第二语言习得研究》，商务印书馆，2009，第 155 页。

和情感因素而造成的与目的语群体的距离，“包括语言障碍带来的焦虑，文化震荡带来的恐惧紧张以及动机、自尊心等”①。具体来讲，心理距离越近，语言的输入越多，越有利于第二语言习得。

按照上述理据，加勒比地区华裔中学生与中国及中国人的社会距离、心理距离应该更近，因此研究假设一为：华裔中学生对中国、中国人、中国文化的态度均应优于非华裔中学生，其学习动机应更倾向于融合型动机。

1.2.2 研究假设二

大学生被试者主要分为学分生和非学分生。学分生主要是西印度大学汉语学分课学生、“中国—加勒比信息科技学院”②学生和巴巴多斯管理与生产力学院汉语口语课学生。这些学分生一般将学习半年到一年的汉语课程，周课时 4～6 节。非学分生主要是西印度大学巴巴多斯凯夫希尔分校孔子学院所开设的汉语课的学习者。为了避免与学分课上课时间冲突，该孔子学院的汉语课一般安排在下午或傍晚，周课时 1～2 节。我们的研究假设二为：学分生的学习动机更倾向于工具型动机，非学分生的学习动机更倾向于融合型动机；在对待中国、中国人及中国文化的态度上，非学分生应优于学分生。

二、研究结果

2.1 华裔背景与汉语学习动机/态度

单样本方差分析结果显示，在华裔背景与被试者所持的家长支持动机、融合型动机的研究中，华裔背景主效应均显著，统计结果分别为 F=

① 刘珣：《对外汉语教育学引论》，北京语言文化大学出版社，2000，第 178 页。

② “中国—加勒比信息科技学院”为西印度大学（University of the West Indies）与苏州高博软件技术职业学院的一个“2+2”教育合作项目。加勒比地区大学生在西印度大学学习两年，其中含一年汉语课程，然后去中国苏州学习和实习两年。目前此项目进展顺利，2019 年 8 月第一批加勒比地区大学生（共 26 人）已经赴苏州开始两年的学习生活。

128.254，P<.01；F=8.943，P<.01。多重比较结果表明，华裔中学生在家长支持动机上的平均值显著高于非华裔中学生，而非华裔中学生在融合型动机上的平均值显著高于华裔中学生。我们将外部动机、家长支持动机和社会责任动机三者归纳为工具型动机，单因素方差分析结果显示，非华裔中学生在工具型动机上的平均值低于华裔中学生，但差异不显著。

在对中国的总体态度上，华裔和非华裔中学生的平均值非常接近，无显著性差异；在对中国人和中国文化的态度上，非华裔中学生的平均值均高于华裔中学生，但差异不显著。

统计结果表明：针对中学生被试者来讲，非华裔中学生对汉语学习主要持融合型动机，而华裔中学生对汉语学习主要持工具型动机，其中以家长支持动机最为典型；非华裔中学生对中国人和中国文化的态度都优于华裔中学生，但差异不显著。至此，研究假设一被推翻。

2.2 学分课与汉语学习动机/态度

单样本方差分析结果显示，在学分课与被试者的融合型动机、教学因素动机的研究中，学分课主效应均显著，统计结果分别为 F=6.387，P<.05；F=5.691，P<.05。多重比较结果表明，非学分生在融合型动机、教学因素动机上的平均值均显著高于学分生。我们仍将外部动机、家长支持动机和社会责任动机三者归纳为工具型动机，单因素方差分析结果显示，学分生在工具型动机上的平均值略低于非学分生，但差异不显著。

单样本方差分析结果显示，在学分课与被试者对中国、中国人及中国文化的态度的研究中，学分课主效应均显著，统计结果分别为：F=4.696，P<.05；F=11.398，P<.01；F=8.426，P<.01。多重比较结果表明，在对中国的总体态度、对中国人和中国文化的态度上，非学分生的平均值均显著高于学分生。

统计结果表明：针对大学生被试者来讲，非学分生对中国、中国人及中国文化的态度均显著优于学分生，其学习动机明显倾向于融合型动机。但与研究假设二不同的是，非学分生在工具型动机上的平均值也略高于学分生，但差异不显著。至此，研究假设二部分被推翻。

三、讨论

3.1 对华裔背景与汉语学习动机/态度关系的进一步讨论

加勒比地区两组中学生被试者间最大的自变量为是否具有华裔背景。统计结果显示，华裔中学生学习家长支持动机偏高（平均值＝5.74），家长支持动机是华裔汉语学习者最典型的动机。换句话说，华裔中学生学习汉语不是源于自身的兴趣，而是因为家长的要求。这与张江丽（2018）对华裔和非华裔学习者汉语学习动机的研究结果一致。[①] 这一研究结果明显与我们的研究假设一相反，究其原因，这与加勒比地区华语社区尚未形成以及华裔对母语认同的代际差异有直接关系。

加勒比地区华裔汉语学习者内驱力不足有一个根本原因，就是该地区的华语社区尚未形成。加勒比地区的首次华人移民潮出现于1847年，第二次是在1853—1879年，14000名华人劳工被输入英属加勒比地区，可见早期华人移民数量少，社会地位低。加勒比地区华人新移民在数量上也并未出现井喷现象，多数华人从事餐饮业或零售业，社会地位仍然不高。少数华人会在家庭里说汉语，多数说的是粤方言或客家方言。走出家庭后，他们在生活领域、公共领域和工作领域中都找不到使用汉语的环境，不必也不能用汉语交际，这严重影响了华裔对汉语的认同，也使得汉

① 张江丽（2018）对来自9个国家的187名汉语作为第二语言学习者进行问卷调查，得出华裔学习者和非华裔学习者在学习汉语的动机上有不同的倾向。华裔学习者学习汉语的动机由强到弱依次是父母希望我学＞与中国做生意＞对汉语感兴趣＞就业＞对中国文化感兴趣＞考级＞申请中国大学，而非华裔学习者学习汉语的动机由强到弱依次是对中国文化感兴趣＞对汉语感兴趣＞与中国做生意＞申请中国大学＞考级＞就业＞父母希望我学。

语保持和汉语传承在这一地区难以延续。即使是在加勒比地区华人移民历史较长的国家，如牙买加和苏里南，华人大部分已经放弃了汉语，语言保持情况很不理想，语言传承几乎中断。姚敏（2021）指出，“华语社区正是语言保持活力的关键，是一种语言由学习上升到使用的关键渠道，是从应用到语言生活再到形成语言认同的重要路径”①。在加勒比地区华语社区尚未形成的大背景下，华裔汉语学习者内驱力不足也就可以理解了。

本次调查的被试者多数来自加勒比地区一些新移民国家，如巴巴多斯，华裔中学生大多在当地出生，其父母是加勒比地区第一代移民。新移民所面临的主要问题是如何尽快融入当地社会，这就使得华裔学生更注重英语的学习，而非汉语。很多国家华裔的语言保持都存在类似的现象。Chao（1976）发现，美国华人原先的语言在一代或两代人以后就会消失，第二代只对口语拥有有限的被动知识，而第三代就完全融入这个大熔炉里了。在本次调查中，加勒比地区的华裔被试者对汉语的学习兴趣不高，内驱力不足，但他们的父母却认识到了汉语学习的重要性。面对加勒比地区华裔学习者与其父母对母语认同的代际差异，我们应给予充分重视，并因势利导地将父母的希望与华裔学习者的兴趣结合起来，促进他们的学习进程。倘若不能，那很可能造成华裔学习者的学习压力，成为其汉语学习中的一个羁绊。（张江丽，2018）

3.2 对学分课与汉语学习动机/态度关系的进一步讨论

加勒比地区两组大学生被试者间最大的自变量为是否为汉语学分课的学生。本次调查得出了一个有趣的结论，即量表中有关工具型动机的7个问题得分都比较低，即使是普遍持有此动机的非华裔学生和汉语课学分生，其在工具型动机上的平均值也低于融合型动机，这与以往的研究结果很不一致。可能的解释是，绝大多数被试者学习汉语的时间太短，只有几个月。更重要的是，加勒比地区的汉语教学刚刚起步，汉语学习者有

① 姚敏：《马来西亚华人社会、华语社区与华语传承》，《语言战略研究》2021年第4期第17页。

限，使用汉语的大环境尚不具备，靠学好汉语找到理想工作的机会十分渺茫，因此加勒比地区的汉语学习者并不抱有外语学习者普遍持有的工具型动机。正如高彦德等(1993)的研究所表明的，当时的汉语学习者很多都是因对中国文化和社会感兴趣而学习汉语的。刘珣(2000b)也认为，汉语尚未成为世界范围内普遍使用的语言，在很多国家和地区依靠汉语能力求职还不太容易，与中国人直接用汉语进行交际的机会也不多，特别是目前国际中文教育的起点和所达到的程度都不高。因此，加勒比地区汉语学习者的工具型动机较弱是正常且必然的。

与工具型动机的研究结果相对，本次调查的结论中另一个区别于前人研究成果的是，外语学习者很少持有的融合型动机在加勒比地区汉语学习者中得分较高。这表明加勒比地区汉语学习者更多的是对汉语和中国文化感兴趣，想更多地了解、体验和融入。该结论从侧面证实了Dörnyei(2009)的融合型动机理论，即决定外语学习融合型动机的因素，不是对融入新的目的语社团的渴望，而是对语言学习的总的意向和对目的语所传达的价值的认同和向往。

3.3 学习动机/态度因子与汉语学习持续性的关系

量表中有2两个问题旨在测量加勒比地区汉语学习者汉语学习的持续性，分别为“我希望选修汉语学分课”和“如果将来有汉语辅修专业或汉语专业，我会选择学习”。这对调查加勒比地区汉语学习者汉语学习的持续性具有一定的意义，既可以对设计和改进汉语课程起到参考作用，又能为将来开设汉语专业或进行更高层次的汉语教学设计提供数据支持。通过对130名被试者的调查，我们发现大部分加勒比汉语学习者都有意愿继续学习汉语，保持其汉语学习的持续性，即希望将来选修汉语学分课，学习汉语辅修专业或汉语专业。

通过皮尔逊相关系数分析，我们发现加勒比地区汉语学习者的汉语学习持续性与四个动机/态度因子有着显著的正相关关系，即外部动机($r=.415$，$P<.01$)、融合型动机($r=.324$，$P<.01$)、教学因素动机

(r=.246，P<.01)和对中国的总体态度(r=.189，P<.05)。今后在面向加勒比地区的汉语教学中，我们应该对这四个学习动机/态度因子给予足够的重视，并继续在汉语课程设置、文化活动开展和教学水平提高等方面下功夫。

表 2　学习动机/态度类型与汉语学习持续性的相关系数

学习动机/态度	学习持续性		
	数量	相关系数	显著性(双尾)
外部动机	.415**	.000	130
社会责任动机	.169	.055	130
家长支持动机	—.068	.443	130
融合型动机	.324**	.000	130
教学因素动机	.246**	.005	130
对中国的总体态度	.189*	.031	130
对中国人的态度	.167	.057	130
对中国文化的态度	.140	.111	130

** Correlation is significant at the 0.01 level (2—tailed).

* Correlation is significant at the 0.05 level (2—tailed).

四、加勒比地区汉语教学策略

4.1　语言与文化并行

外国汉语学习者的学习需求主要来自 6 个方面：①了解新鲜事物；②到中国旅游；③就业；④到中国学习；⑤研究中国；⑥欣赏、传播中国语言和文化。(李宇明，2010)目前，加勒比地区的汉语学习需求主要是前两种。从这一语言学习需求出发，加勒比地区的汉语教学首先应做到语言与文化并行。

在语言教学层面，加勒比地区应注重生活汉语的教学，层次以初级阶段为主,体现教学的实用性、速成性和趣味性等特点;此外,也应组织编写初级阶段的本土化汉语教材和配套读物,制订兼具科学性和实用性的教学大纲和教学计划,吸引更多对中国和中国文化感兴趣的初学者,并将其发展为中长期汉语学习的后备军,实现该地区汉语教学的可持续发展。(李艳华,2020)

在文化教学层面,加勒比地区应充分重视文化教学在汉语教学中的作用,以文化为切入点,激发华裔学习者的学习兴趣和学习积极性,同时让非华裔学习者长期保持兴趣动机。(张江丽,2018)在文化教学内容上,加勒比地区不仅要注重对中国传统文化和主流文化的介绍,而且要兼顾对中国当代文化和特色文化的介绍,让学习者充分认识到中国文化的延续性和包容性,进而提升对中国文化的理解度和认同感。在文化教学形式上,加勒比地区应力求多样化,让学习者既可以在课堂上了解中国文化,也可以通过沉浸式语言文化交流项目理解中国文化,如开办"中国之行"夏令营等。

4.2 构建完整的汉语教学产出体系

加勒比地区的汉语教学起步虽较晚,但适逢国际中文教育在全球蓬勃发展的大环境,其发展迅速而顺利。到目前为止,加勒比地区已开设 8 所孔子学院和 2 家孔子课堂(见表 3),这些机构承担着加勒比地区汉语教学的主要任务。目前,各孔子学院运行良好,在中加教育、文化以及各领域的交流合作中发挥着重要的平台和桥梁作用。巴巴多斯西印度大学凯夫希尔分校孔子学院在 2017 年度荣获"全球先进孔子学院"称号,这是此项荣誉首次授予加勒比地区的孔子学院。

表 3 加勒比地区孔子学院/孔子课堂基本信息

序号	名称	所在城市和国家	揭牌/运行时间	中方合作机构
1	西印度大学莫纳分校孔子学院	金斯敦,牙买加	2010 年 7 月 19 日	太原理工大学

续表

序号	名称	所在城市和国家	揭牌/运行时间	中方合作机构
2	巴哈马大学孔子学院	拿骚，巴哈马	2012 年 10 月 17 日	南京信息工程大学
3	圭亚那大学孔子学院	乔治敦，圭亚那	2014 年 5 月 19 日	大连外国语大学
4	西印度大学圣奥古斯丁分校孔子学院	西班牙港，特立尼达和多巴哥	2013 年 10 月 21 日	中国农业大学
5	玛丽秀社区大学孔子课堂	圣乔治，格林纳达	2015 年 1 月 23 日	宁波工程学院
6	西印度大学凯夫希尔分校孔子学院	布里奇顿，巴巴多斯	2015 年 4 月 20 日	中国政法大学
7	苏里南大学孔子学院	帕拉马里博，苏里南	2017 年 2 月 16 日	浙江理工大学
8	安提瓜和巴布达孔子学院	圣约翰，安提瓜和巴布达	2019 年 12 月 1 日	浙江外国语学院
9	圣多明各理工大学孔子学院	圣多明各，多米尼加	2019 年 5 月 30 日	黑龙江大学
10	基斯奎亚大学孔子课堂	太子港，海地	2019 年 5 月 31 日	黑龙江外国语学院

西印度大学始建于 1948 年，是英语加勒比地区规模最大、历史最悠久的高等教育机构。学校共有牙买加的莫纳(1948)、特立尼达和多巴哥的圣奥古斯丁(1960)和巴巴多斯的凯夫希尔(1963)三个主校区，另设有一个开放校区(2009)。三个主校区已分别于 2004、2013、2012 年开设汉语学分课程，而且莫纳校区和凯夫希尔校区还分别于 2015 和 2018 年开设了汉语辅修专业。

这些都说明加勒比地区的汉语教学已初具规模，渐成体系，在“入口”端打下了很好的教学基础，目前急需解决的是“出口”端的搭建。简单地说，就是让学习者学完汉语以后能得到深造或用汉语求职的机会。这就需要提升汉语在加勒比地区的使用价值，进而保证汉语教学的持续性，形成教学“入口”端到求职深造“出口”端的良性循环。

值得一提的是，加勒比考试委员会（Caribbean Examinations Council，CXC）[①] 2016 年 6 月通过了《加勒比中级水平能力证书》（Caribbean Certificate of Secondary Level Competence，CCSLC）汉语科目的论证，并开始了汉语考试大纲的编写工作，计划在加勒比地区 16 个使用英语的国家和地区的中学全面开设汉语课程，并将汉语列为继西班牙语、法语、葡萄牙语之后的又一外语语种。这将极大带动加勒比地区汉语教学的发展，并有助于该地区中学与大学汉语教学的衔接，以及用汉语求职等美好愿景的实现。

参考文献

高彦德，李国强，郭旭. 外国人学习与使用汉语情况调查研究报告[M]. 北京：北京语言学院出版社，1993.

郭熙. 论祖语与祖语传承[J]. 语言战略研究，2017(3).

李艳华. 英语加勒比地区外语教育政策与汉语国际教育发展机遇[J]. 语言战略研究，2020(5).

李宇明. 中国语言规划续论[M]. 北京：商务印书馆，2010.

刘珣. 对外汉语教育学引论[M]. 北京：北京语言文化大学出版社，2000a.

刘珣. 迈向 21 世纪的汉语作为第二语言教学[J]. 语言教学与研究，2000b(1).

王建勤. 第二语言习得研究[M]. 北京：商务印书馆，2009.

闻亭. 不同文化距离下的态度与习得水平调查研究[J]. 语言教学与研究，2009(3).

姚敏. 马来西亚华人社会、华语社区与华语传承[J]. 语言战略研究，2021(4).

原一川，尚云，袁焱，等. 东南亚留学生汉语学习态度和动机实证研究[J]. 云南师范大学

① 加勒比考试委员会成立于 1972 年，主要任务是制订不同科目的教学大纲、组织和监管考试、颁发证书和文凭，并提供考试管理服务，向政府和机构等提供咨询服务，旨在通过保证教育质量和考试认证，确保加勒比地区的全球人力资源竞争力。目前，该委员会面向加勒比 16 个国家和地区开展工作，包括安圭拉、安提瓜和巴布达、巴巴多斯、伯利兹、英属维尔京群岛、开曼群岛、多米尼克、格林纳达、圭亚那、牙买加、蒙特塞拉特、圣基茨和尼维斯、圣卢西亚、圣文森特和格林纳丁斯、特立尼达和多巴哥以及特克斯和凯科斯群岛。

学报(对外汉语教学与研究版),2008(3).

张江丽.面向汉语第二语言教学的华裔与非华裔学习需求对比分析[J].云南师范大学学报(对外汉语教学与研究版),2018(6).

CHAO Y R. The language problem of Chinese children in America [G]// DIL A S. Aspects of Chinese sociolinguistics: essays by Yuen Ren Chao. Stanford: Stanford University Press, 1976.

DÖRNYEI Z. The L2 motivational self system [G]// DÖRNYEI Z, USHIODA E. Motivation, language identity and the L2 self. Bristol: Multilingual Matters, 2009.

GARDNER R C. Social psychology and second language learning: the role of attitudes and motivation[M]. London: Edward Arnold Publishers, 1985.

GARDNER R C, LAMBERT W E. Motivational variables in second language acquisition[J]. Canadian journal of psychology, 1959(13).

GARDNER R C, LAMBERT W E. Attitudes and motivation in second language learning[M]. New York: Newbury House Publishers, 1972.

SCHUMANN J H. Second language acquisition: the pidginization hypothesis [J]. Language learning, 1976a(26).

SCHUMANN J H. Social distance as a factor in second language acquisition [J]. Language learning, 1976b(26).

SCHUMANN J H. The acculturation model for second language acquisition [G]// GINGRAS R C. Second language acquisition and foreign language teaching. Washington: Center for Applied Linguistics, 1978.

新冠肺炎疫情下韩国拟来华学生留学意向调查分析

聂学慧　金慧慜　李允载

（北京语言大学汉语学院）

摘　要　中韩两国经贸文化交流频繁，但2020年新冠肺炎疫情暴发后韩国学生来华留学有了阻隔。本文在问卷调查的基础上，分析了韩国首都圈和庆尚道、釜山地区拟来华学生的留学目标、担心的问题及疫情过后对中国经济恢复的看法等。调查结果显示，疫情暴发后超过一半受访者虽不打算来中国留学，但认为中韩贸易交流的机会仍然很多。大部分受访者选择大学时主要看重大学的知名度，对中国的高等教育水平和中国文凭在韩国的认可度评价较高；认为学习汉语有助于他们在本国激烈的就业竞争中胜出。最后针对有关问题，本文提出加大医疗保险宣传力度及扩大中国各类奖学金申请范围等建议。

关键词　拟来华留学生　新冠肺炎疫情　首都圈　庆尚道

前　言

2020年初出现的新冠肺炎疫情给全球化背景下的国际贸易、物流运输、出境旅游及留学教育带来了巨大冲击。北京语言大学作为国内汉语国际教育的核心基地,在开展网上教学的一个多月内,仅承担本科来华留学教育的汉语学院就有几十名留学生申请延期毕业或休学。突如其来的公共卫生危机让各国留学教育都面临着两难的抉择——是维持正常的招生和教学秩序还是守护生命安全,中国的来华留学教育也不例外。当前,中国的来华留学教育正处于规模发展和质量提升的关键时期,中国已成为留学大国,但还不是留学强国。国际学历生在在校生中的比例关乎大学人才培养的国际声誉,体现大学国际教育服务的能力,是大学国际化发展的重要指标。根据中国教育部对 2013—2017 年来华留学人员的数据统计,随着中国"一带一路"倡议的推进和中国政府奖学金吸引力的不断提升,来华留学人数近年来快速增长,中国已成为亚洲最大的留学目的国。2017 年,中国共有来自 204 个国家和地区的各类外国留学人员 48.92万人,其中学历生 24.15 万人,占总数的 49.37%。来华留学生源国排在前十的依次是韩国、泰国、巴基斯坦、美国、印度、俄罗斯、日本、印度尼西亚、哈萨克斯坦和老挝。"一带一路"沿线国家在华留学生达 31.72万人,占比 64.84%。可见,目前中国高校的国际学历生主要来自亚洲的发展中国家,主要依靠中国政府提供的各种奖学金,欧美发达国家生源数量较少。总体而言,"一带一路"沿线国家的基础教育水平较差,国际学生生源质量有待提高,生源结构有待优化。相对而言,韩国的基础教育水平较高,韩国来华留学生数量又排在首位,因此我们有必要重视韩国来华留学群体,特别是以自费为主的韩国拟来华学生的留学意向,关注疫情等影响韩国拟来华留学学生数量的一系列因素。

本文采用问卷调查和访谈相结合的方法,通过网络、电话等形式调查韩国境内拟来华留学人群最关心的相关问题,如他们对疫情后公共卫生和自身健康的担忧、对留学城市的偏好、对专业选择的意向、对教育成本的承受范围、对来华留学课程的实际需求以及对就业的期望等,为中国高校提升国际生源市场竞争力,增强营销管理意识,采取更有针对性的教学改革提出一些合理化建议。

一、新冠肺炎疫情下韩国拟来华学生留学意向调查分析

1992年8月中韩建交，1994年3月中韩签订文化合作协定，之后两国的政治、经济、文化关系快速发展。随着中国经济的快速发展和中国国际地位和影响力的大幅提升，来华留学人数快速增长，以自费为主的韩国留学生持续多年成为中国高校人数排名第一的生源群体。根据韩国政府统计网站 e-나라지표发布的《2019年国外高等教育机构韩国留学生统计报告》，2017年在中国留学的韩国人最多，为73230人，2019年大幅减少至50000人。2020年初，新冠肺炎疫情暴发导致世界范围内的人才交流被迫中断，中韩之间的人才留学交流也大幅减少。《中韩留学生相互劝阻出入境协议事项》[①]的发布，说明韩国学生来华留学有了阻隔。

1.1 韩国首都圈地区拟来华学生留学意向调查分析

为了了解新冠肺炎疫情暴发后韩国拟来华学生的留学意向、选择因素、留学目标、就业目标以及对中国经济的看法，我们利用韩国互联网平台发放问卷，共收回有效问卷133份。调查地点以韩国首都圈为主。

1.1.1 韩国首都圈地区拟来华留学生主要看重中国大学的知名度，对中国的高等教育水平和中国文凭在韩国的认可度评价较高

调查发现，韩国首都圈拟来华留学生对中国的高等教育水平和中国文凭在韩国的认可度评价较高。对于中国大学的地理位置和所在城市，选择北京的最多，其次是上海。尽管北京和上海等大城市的教育费用相对较高，但韩国首都圈拟来华留学生选择大学时更看重大学的知名度，奖学金项目的影响力明显低于其他因素，可见他们对名牌大学的追求超过了经济考量。受访者中认为“中国的高等教育水平不错”的有68人，占

---

① 韩国教育部网站：https://www.moe.go.kr/boardCnts/view.do?boardID=294&lev=0&statusYN=W&s=moe&m=0204&opType=N&boardSeq=79905，访问日期：2022年5月21日。

51.13%;选择"大学文凭在韩国认可度较高""教学条件、设施、研究设备比较先进""教师素质、水平较高"的人数分别为 31 人、23 人、11 人,各占 23.31%、17.29%、8.27%。具体如图 1 所示。此外,在选择大学时看重的因素中,选择"大学的知名度"的有 61 人,占 45.86%;选择"教学条件、设施、研究设备"的有 27 人,占 20.30%;选择"师资水平""学费高低""居住、交通等生活条件""城市的文化氛围、生活方便度""地理位置""获得奖学金可能性大"的人数分别为 13 人、10 人、9 人、7 人、4 人、2 人,各占 9.77%、7.52%、6.77%、5.26%、3.01%、1.50%。具体如图 2 所示。

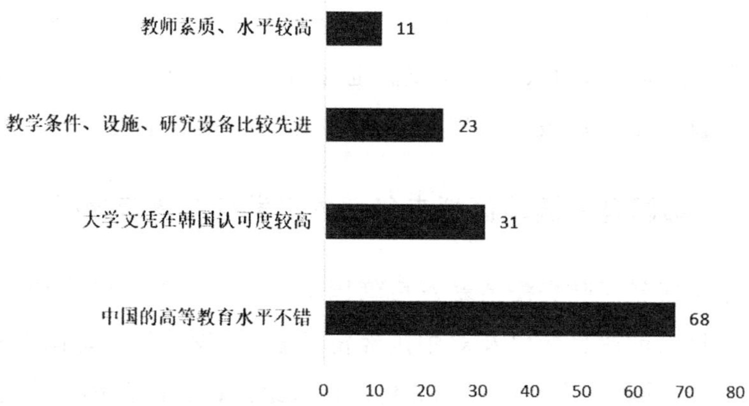

图 1　韩国首都圈拟来华留学生对中国高等教育的评价

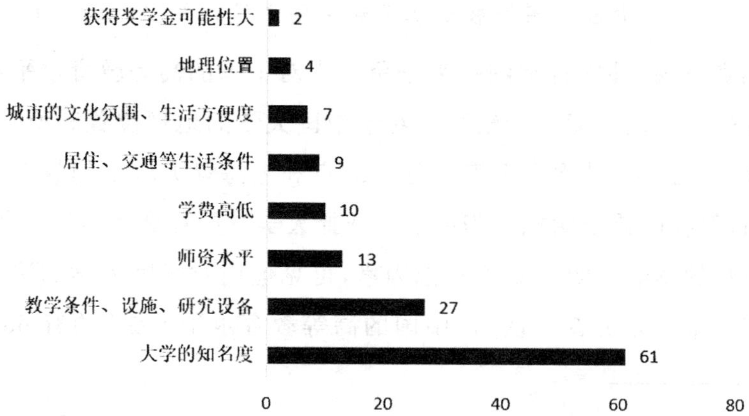

图 2　韩国首都圈拟来华留学生选择大学时看重的因素

1.1.2 2020年新冠肺炎疫情暴发后，选择不去中国留学的人比例较高

新冠肺炎疫情暴发后，超过一半的受访者不打算去中国留学的最大原因是，不清楚中国的疫情控制情况，不了解中国的医疗水平和留学生医疗保险政策。选择"不清楚中国的疫情控制情况"和"不了解中国的医疗水平和留学生医疗保险政策"的人数分别为58人、35人，各占43.61%、26.32%；选择"不了解中国"和"非常时期远离家人，担心得不到帮助"的各有30人，各占22.56%；选择"在家上网课，担心教学质量"和"在家上网课，学费不值得"的各有28人，分别占21.05%。从图3可见，韩国首都圈拟来华留学生不打算来中国留学的最大理由是不了解中国的防疫效果和医疗水平，担心出国后健康安全得不到保障。

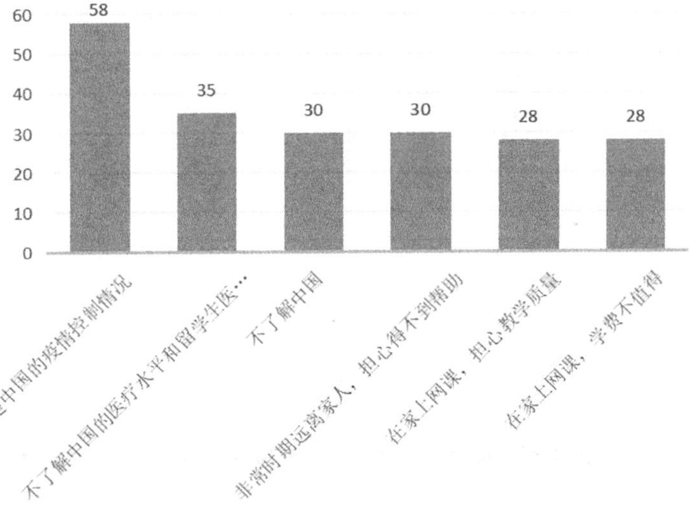

图3 韩国首都圈拟来华留学生不打算来中国留学的原因①

1.1.3 对疫情过后的中国经济发展持乐观态度

2020年新冠肺炎疫情暴发后，约有一半受访者还坚持打算来中国留学，通过调查我们发现，他们主要是觉得"中韩两国经贸交流广泛，就业机

① 此调查为多项选择，因此各选项人数之和大于133。

会多”，该选项有 45 人选择，占 33.83％，比例最高；选择“对中国有所了解”和“中国社会稳定安全，对外国人友好包容”的人数分别为 32 人、18 人，各占 24.06％、13.53％；选择“文化同质，比较熟悉”和“教育生活成本较低”的各有 17 人，各占 12.78％；选择“距离近，回国方便”和“疫情后，中国经济逐渐恢复，有潜力”的各有 14 人、7 人，分别占 10.53％、5.26％。具体如图 4 所示。显然，韩国首都圈拟来华留学生疫情后坚持到中国留学的最大原因是他们对中国经济发展持乐观态度，认为中韩贸易交流的机会仍然很多，且学习汉语有助于他们在本国激烈的就业竞争中胜出。在入学专业申请上，选择翻译、经贸的比较多，这与受访者对中国经济复苏、中韩贸易交流持乐观态度有关。

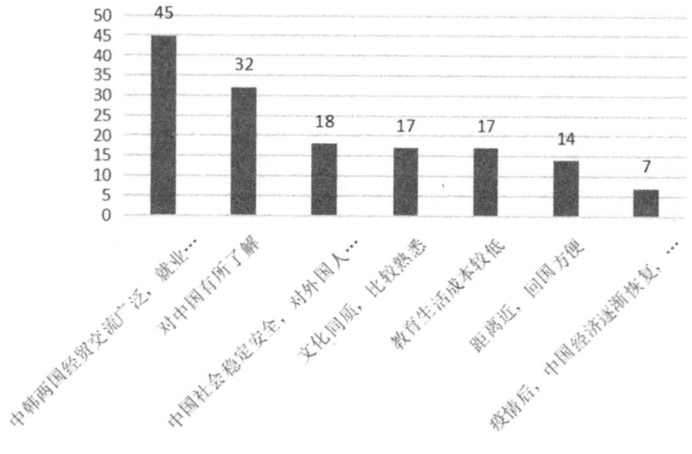

图 4　韩国首都圈拟来华留学生疫情后决定来中国留学的主要因素①

1.2　韩国庆尚道、釜山地区拟来华学生留学意向调查分析

新冠肺炎疫情暴发后，我们还利用韩国互联网平台，对庆尚道、釜山地区拟来华学生的留学意向进行了问卷调查和统计分析，共发放问卷 120 份，收回有效问卷 105 份。调查地点以韩国庆尚道、釜山地区为主。

---

① 此调查为多项选择，因此各选项人数之和大于 133。

庆尚道、釜山地区的新冠肺炎疫情余波没有首都圈大，但中韩两国的留学交流还没完全解除管制。调查发现，庆尚道、釜山地区18—28岁的高中生和大学生受访者，大部分有去中国留学的计划，主要原因是他们认为中韩两国的贸易交流机会仍然很多，去中国留学比较有利于就业；小部分受访者不愿意去中国留学的主要原因是不清楚中国目前的防疫效果，担心在家上网课，学费会贬值。在想去的大学中，选择北京大学、清华大学的最多，其次是人民大学、北京语言大学。在选择大学时看重的因素中，大学知名度是最重要的。在想去的城市中，排在第一位的是北京，第二位是上海，第三位是哈尔滨，基本都是大城市。在专业申请上，选择翻译的最多，其次是经贸、教育等。大部分受访者是通过家人或朋友介绍获得留学信息的，毕业后他们希望留在中国实习或回到韩国就业。

新冠病毒公共卫生危机事件使得世界秩序正在发生巨变。以美国为代表的西方发达国家因没有及时、谨慎地应对而遭受了巨大损失，经济、教育等社会系统无法正常运转；相反，亚洲的中国、韩国则通过有效的防疫政策积极控制疫情，保证社会生活的正常运行。留学的最终目的是提高人生价值，但因疫情放弃留学的人数也在持续增加。调查发现，庆尚道、釜山地区拟来华留学生对来中国留学持肯定态度，希望中韩之间能早日恢复正常交流，来华留学通道能早日打通。

二、对中国相关教育部门的建议

根据上述调查中发现的问题，我们对中国相关教育部门提出以下建议：

2.1　扩大医疗保险范围，加大宣传力度

新冠肺炎疫情暴发后，一半以上的受访者不打算来中国留学，最重要的原因是不清楚中国的疫情控制情况，不了解中国的医疗水平及留学生医疗保险政策，担心留学期间的健康安全得不到保障。因此，我们建议中

国相关机构或部门要扩大留学生医疗保险的覆盖范围并在招生时加大宣传力度，消除韩国拟来华留学生医疗方面的担忧。

2.2 扩大包括学士在内的中国各类奖学金的申请范围

目前孔子学院奖学金的资助对象以硕士、博士为主，中国政府的学士奖学金倾向于非亚洲圈学生。为吸引有可能减少的韩国留学生，中国的奖学金政策有必要向韩国留学生倾斜，向他们开放包括学士奖学金在内的各类奖学金的申请权限。

2.3 为留学生提供在中国当地实习、就业的机会

调查显示，无论是否打算来华留学，大多数受访者都对中国的经济发展持乐观态度，去中国留学选择的专业也偏向于好就业的经贸方向。中国相关教育机构应加强与中国当地企业的合作，为韩国留学生提供实习和就业的机会，以吸引更多的韩国学生来华留学。

三、结语

随着中国经济的发展和国际地位的提高，中韩两国各领域的交流日益频繁，韩国人学习汉语的需求与日俱增。韩国就业市场竞争激烈，疫情后的社会失业率只会更高，而韩国学生进入中国名牌大学学习汉语相对较容易，且有助于其增加就业竞争力。目前世界正面临前所未有之大变局，中国也面临西方世界的“脱钩”威胁。中国正积极加强与周边国家的经济合作交流，特别是随着《区域全面经济伙伴关系协定》(RCEP)的签署，中国不断加强与周边国家互联互通，持续加深经济融合，加快经贸合作，密切人文交流。《区域全面经济伙伴关系协定》定会促进中韩两国教育和文化方面的交流合作。鉴于韩国留学生一直是中国来华留学第一大自费生源群体，中国相关教育部门一定要充分了解韩国学生的来华留学

意向，采取有针对性的措施，以吸引更多韩国学生来华留学，彰显中国高等教育的国际竞争力，促进中韩经贸文化交流。

参考文献

金慧愍．新冠疫情下，韩国首都圈拟来华学生留学意向调查分析[D]．北京：北京语言大学，2020.

李小红，方晓田．近十年高等教育之来华留学教育：成绩与挑战[J]．国家教育行政学院学报，2018(4).

李秀珍．外国留学生来华留学动力分析——基于韩国留学生的实例分析[J]．江苏师范大学学报(哲学社会科学版)，2017(2).

李允载．新冠疫情下，韩国庆尚道(釜山)地区拟来华学生留学意向调查分析[D]．北京：北京语言大学，2020.

习近平．习近平在第十七届中国—东盟博览会和中国—东盟商务与投资峰会开幕式上的致辞[N/OL]．新华网，2020-11-27[2022-05-21]．http://www.xinhuanet.com/2020－11/27/c_1126792459.htm.

竺彩华．RCEP 为国际经贸治理体系提供新路径[N/OL]．经济参考报，2020-11-27[2020-05-21]．http://views.ce.cn/view/ent/202011/27/t20201127_36055175.shtml.

新冠肺炎疫情背景下高校国际学生管理者的素养能力探究

高美娟

（北京语言大学汉语国际教育学部）

摘　要　自新冠肺炎疫情暴发后，国际学生普遍在所在国家采取线上模式进行远程学习，高校国际学生管理者除了要承担教师应尽的责任之外，还因其管理者的身份，承担更多特殊责任。新冠肺炎疫情带来的教学模式的改变，也让高校国际学生管理者面临着新的问题和挑战。高校国际学生管理者必须全面提升自身综合素质，提高核心素养，对管理思路进行革新，这样才能更好地适应不断变化的环境，更好地服务师生。

关键词　疫情　高校　国际学生　管理者　素养

前　言

国际中文教育是促进民心相通的事业。语为桥，民相亲，心相通。语言是沟通的桥梁，国际中文教育就是要通过语言沟通培养对华态度友好，秉持共同生存、共同发展、共享未来理念的知华友华人士。培养国际学生首先是让他们对中国有基本的认知，进而认可中国文化，最后认同中国人的价值观和发展道路，使其认识到人类的共同价值以及需要共同奔赴的未来;同时还要提高他们包括语言能力、职业发展力和全球胜任力等在内的多种能力。要实现这样的国际人才培养目标,高校国际学生管理者在其中发挥着重要作用。

相较于疫情前的常规工作,疫情后高校国际学生管理者的工作有了明显的变化。目前线上教学的日常管理需要依托教学管理平台实现,但由于疫情突发,很多高校的教学管理平台并没有完全调整至线上管理模式,还依赖于大量的人工工作。例如,由于学生身处不同国家和时区,再加上不同网络条件的限制,因此选课以及开题答辩需要高校国际学生管理者根据不同的情况有针对性地提供教学服务,开展教学管理工作。而高校国际学生管理者本身也存在各种问题,如果处理不好,那势必会影响国际学生的培养。

一、高校国际学生管理者存在的问题表现

高校要发展必须提高管理者的水平,必须建设一支强有力的高校国际学生管理队伍。高校国际学生管理者管理能力的强弱直接影响国际学生的成长和培养。国际学生管理是高校发展的重要环节,只有提升高校国际学生管理者的执行力,才能使高校管理决策层的科学决策落到实处,收到实效,从而有效地促进高校的发展。然而,近年来在从事高校国际学生管理这一群体中,却有些管理者存在责任感不强的问题,影响了高校的发展和国际学生的培养。部分高校国际学生管理者对国际学生的管理缺乏科学性,不注重调查研究工作,不尊重国际学生的成才规律、国别特点和个性发展规律,在工作中缺乏社会责任感、持久性和稳定性,工作不得法。具体表现在以下两方面:

1.1 认识不到位,能力和态度有待提升和转变

高校国际学生管理的根本宗旨是使每一位学生得到全面发展,因此,高校国际学生管理者必须具备深厚而广博的学识,成为智慧型管理者。

但目前,部分高校国际学生管理者在工作中表现出解决和处理问题的能力不够,组织能力不强,知识结构不合理,专业学习不够系统、扎实,熟悉法律且具有丰富经验的高校国际学生管理者少之又少。高校国际学生管理者知识结构不合理,使得某些高校的学生管理工作处于应付状态,难以主动深入开展,这在一定程度上影响了高校工作的整体水平与质量。有些高校国际学生管理者对学生的思想教育只停留在下发文件和空洞的说教上,忽视了对学生综合能力的训练和培养,导致学生学历与能力很难画上等号。少数高校国际学生管理者不能踏踏实实地安下心来认真学习政治理论,不思进取,得过且过,说一套做一套,不讲政治讲条件,不干事业想仕途。

1.2 执行力不足,全局观念淡薄

有些高校国际学生管理者甘于平庸,满足于工作上的一般化,创先争优意识不强,理解上级指示精神不全面,执行上级决策部署不坚决。究其原因,是其对上级政策精神把握得不深入,理解得不透彻,执行办法不多,结合自身实际创新工作思路的积极性和主动性不足,习惯于用“老套路”或简单的行政手段解决学生工作中的问题和矛盾,习惯于靠文件落实文件,以会议贯彻会议。校党委的有些决策部署只是落实在纸上,停留在会上;关乎学生管理的决策,合意的就执行,不合意的就不执行或者晚执行、少执行;缺乏驾驭全局和处理复杂问题的能力,在执行上显得力不从心;对于解决学生关心的热点问题,缺乏工作上的积极性、主动性、创造性和预见性。这些不足既有责任心不强、思想不重视、执行力不足、全局观念淡薄、作风不过硬、方式方法不佳、相互不沟通、能力素质缺乏等表层原因,也有体制、机制等深层原因。面对今天的新形势、新要求,高校国际学生管理者要更加主动自觉地去迎接新的机遇与挑战,提高工作能力、执行能力、应对突发事件的能力,并不断提升分析问题、解决问题和驾驭全局的能力,进而发挥好高校国际学生管理者的作用,以适应高校又好又快发展的需要。

二、高校国际学生管理者的素养

高校国际学生管理者作为协同育人队伍的主力军，往往会在润物细无声中对国际学生的思想意识和言语行为产生持续影响，在将国际学生培养成“世界眼光、中国灵魂”的知华、识华、友华、爱华高素质国际化人才，实现课程教学和育人的双向功能中发挥着至关重要的作用。高校国际学生管理者要想围绕着高校建设发展、高水平知华友华人士的培养目标开展工作，必须具备以下三大素养：

2.1 遵章和守纪

在国际学生管理工作中，管理者不仅要时刻遵守相关的法律法规和规章制度，还要肩负起宣传和监督的责任；不仅要及时发现学院中出现的不合理现象，还要及时进行纠正和上报。与此同时，对于先进典型事例和人物，管理者也要做到及时宣传、表扬和奖励。在具体工作中，高校国际学生管理者要尽量避免自身工作中出现错误，时刻做到遵章和守纪，也要对学院教师的各项工作进展情况进行监督和检查，及时发现问题并给予纠正，从而保证学院各项工作能够按时完成。

2.2 耐心和细致

疫情将大部分师生阻隔两地，地域、时差的限制使得原本简单的沟通变得十分复杂，这就要求高校国际学生管理者要耐心和细致。高校国际学生管理工作本身就有一定的复杂性。随着高等院校的不断扩大，教师和学生不断增多，这不仅导致国际学生管理工作变得更加纷繁复杂，甚至还衍生出一些新的事务。这些都对高校国际学生管理者提出了更高的要求。高校国际学生管理者每天都要同时进行多项工作，而且每一项工作都不是一天就可以完成的，要持续许多天。因个别人员工作延误而导致一些工作迟迟无法完成也是经常发生的现象。这些工作虽然看起来没有多大的难度，但实际上却十分烦琐复杂，而且不允许出现差错。想要更好地完成这些工作，高校国际学生管理者首先要耐心和细致。例如：投入更多的热情来解答疑问，对一些共性问题进行详细分析和说明并对外张贴告知；确保重要的通知能够准确地传达给每一个人；在收集上交文件和资料前，给老师们预留出充分的时间。在具体工作开展中，高校国际学生管理者要尽可能地从教师和学生的角度思考问题，扎实地完成工作，促进工作水平进一步提高。

2.3 统筹和效率

新冠肺炎疫情发生以来，大多数高校为了促进国际学生管理水平和工作效率的提高都投入了大量的人力和物力，也取得了相应的效果。例如，许多高校引入现代信息技术，应用各类办公自动化系统，完成了电子成绩录入、电子学分计算、电子考勤、电子选课和电子排课的系统自动化操作。这不仅大大减轻了高校国际学生管理者的工作负担，也提高了教师工作的灵活性和便捷性。虽然办公自动化系统在一定程度上促进了工作效率的提高，但还有许多工作无法利用办公自动化系统完成，这要求高校国际学生管理者要不断提升自身的综合素质和专业技能，尤其要具备统筹的能力，这样才能高效地完成相关的管理工作。高校国际学生管理者首先要提高对各类办公软件的熟练操作能力；其次，要充分利用现代信息技术手段开展工作，更加便捷地发布通知、收集信息反馈以及传递电子文件资料，如建立微信工作群等；再次，要建立和完善标准化的工作流程，为教师和学生工作的开展提供便捷。这些工作都是基于高校国际学生管理者具备良好的统筹和效率素养开展的。除此之外，很多工作不是单纯依靠高校国际学生管理者就能够完成的，需要学校和学院各相关人员与国际学生管理者紧密配合，这样才能促进各项工作高效有序地开展。

三、高校国际学生管理者的能力提升

高校国际学生管理者除了要具备以上三种素养外,还需要具备信息处理能力、发展的眼光和高瞻远瞩的格局。管理工作不能停留在表面,必须有计划、有总结,这样才能保证执行的效果。执行过程中,管理者绝不能应付了事,要主动打破因循守旧的思路,树立大胆创新的观念,自觉运用创新思维。那么高校国际学生管理者如何提高自身的能力呢?

3.1 注重知识更新,加强责任引导

高校国际学生管理者不仅要明确自己的责任,还要把它升华为一种自觉的内心信念、一种义务感,形成强烈的社会责任感。高校国际学生管理者培养自身的管理能力,要把工作中所需具备的政治素质、业务能力等作为学习的主要内容,并根据高校国际学生管理工作的具体情况和需求,有针对性地加强学习与培训,保证获得工作急需的技能和方法。高校国际学生管理者作为教书育人的责任主体,既要具备公民的权利意识,也需具备国际传播的责任意识,正确认识个人与社会的关系,认清承担社会责任是实现自我价值的必由之路和构建和谐社会的思想基础。我们要发挥好高校国际学生管理者的主观能动性和创造性,使他们善于运用科学理性的思维去分析问题、解决问题,充分发挥自身优势,勇于创新。青年高校国际学生管理者接受新鲜事物快,上手能力强,创新思维活跃,但责任观念淡薄,我们可以通过以老带新、亲力亲为的方式,加强其社会责任感的引导,帮助青年高校国际学生管理者用理性思维处理纷繁复杂的日常事务与矛盾,在工作实践中提高其责任感。只有这样,高校才能培养出服务社会的人才,国际学生管理者的自身价值才会得到充分体现。

3.2 注重能力管理,拓展创新载体

高校国际学生管理者要养成健康的心理素质,锻炼出坚强的品质,增

强抗挫折能力。高校国际学生管理者在学生管理工作中常常会遇到不顺心的事情,会感到委屈、郁闷,这种心情在很大程度上会影响工作的效率和准确度,甚至使面临的情况愈加困窘,所以高校国际学生管理者平时一定要注重培养自身健康的心理素质。高校国际学生管理者要坚守职业精神,只有对自己的本职工作付出热情和心血,才能真正把事情做好。在繁重而枯燥的工作中,高校国际学生管理者只有做事耐心与细致,才能不折不扣地完成教书育人的任务。孔子云:"吾日三省吾身。"如果每一位高校国际学生管理者都能经常对自己的工作表现进行反思,不断克服自己身上的惰性和私心,那么高校的学生管理水平肯定能逐步提高。高校国际学生管理者面对"繁、急、难、重"的学生工作,要勇于创新载体,探索新方法,找出新程序,打破因循守旧的思路,树立大胆创新的观念,注重教育的实效性,从而实现个人价值与社会价值的统一。高校国际学生管理者的最终目的是为高校发展服务,为社会培养优秀合格的人才。只有具备了社会责任感,才能培养出社会需要的人才。

四、结语

说到高校,人们关注的往往是学校的建设,教师的学术水平、科研成果,以及国际学生的数量、取得的成绩和就业率,却忽视了国际学生管理和服务工作的重要性。新冠肺炎疫情暴发以来,很多国际学生被疫情阻断,不得不在所在国家进行线上学习,这就使得本就繁忙的高校国际学生管理者承担了更多的辅助管理工作。他们不仅要确保学校的教学工作能够正常运转,还要为教师和国际学生的沟通和交流提供强有力的保障。高校国际学生管理者不仅要贯彻习近平总书记提出的关于教育及教育对外开放的重要指示精神,落实立德树人的根本任务,以服务国际中文教育事业、推动世界互融互鉴互通为使命,还要努力提升自身的各项素养,同时把握工作要领,处理好各种矛盾关系,提升创新意识,强化团队观念,这样才能适应高校在新时期"双一流"建设中和疫情常态化下的发展,推动高校的进步。

参考文献

两言.打造更具国际竞争力的来华留学教育[J].神州学人,2019(8).

王燕芳.多元视阈下的高校学生事务管理[M].广州:中山大学出版社,2013.

徐嘉璐,窦道阳.高校来华留学管理的定位思考与实施路径[J].教育现代化,2019(34).

新时期孔子学院发展路径研究

张雯强

（北京语言大学）

摘　要　尽管部分西方国家还在持续打压，但孔子学院仍然在全世界范围内不断成长。在如今的自媒体时代，全球孔子学院有必要通过设立自己的海外社交媒体官方账号展现更全面、更真实、更权威的形象。目前，海外社交媒体主要包括Facebook等五大平台，通过分析其他主要国家语言教育机构的媒体传播情况，我们认为全球孔子学院也需要在五大主流社交媒体平台建立官方账号，设置优秀的特色栏目，采取多种方式有效运营，同时规避一定的风险，以便更好地传播孔子学院的声音，塑强孔子学院的品牌，助力讲好中国故事。

关键词　海外社交媒体　孔子学院（课堂）　品牌

前　言

作为我国最权威的海外中文教育推广机构，孔子学院自成立起便以高速的发展在世界范围内掀起一股“汉语热”。2020年，顺应新的形势，孔子学院在建立16年之际迎来新的管理模式，由中国国际中文教育基金会负责品牌运营管理。孔子学院要不断适应管理新模式，塑强品牌，打造更全面的海外社交媒体传播矩阵，传播好中国声音，讲好中国故事。

一、建立全球孔子学院海外社交媒体官方账号的必要性

在全球互联网已进入 Web2.0 时代的背景下，用户的交互作用日益凸显，信息传播的速度、深度和广度前所未有，社交媒体的作用更加重要，并已得到广大网民的认可。孙定宇(2021)提到，据统计，12 岁以上的美国人对 Facebook、Twitter 的认知度分别达到了 88%和 87%，二者成为美国社交媒体最主流的应用软件。随着发达国家网民数量增长率趋于稳定，发展中国家社交媒体用户量增长率开始变得迅猛。2017—2018 年，中亚和南亚的社交媒体用户量增长率分别达到 90%和 33%。社交媒体成为美英抢占的战略新高地。张豆豆(2020)认为，海外社交媒体是中国进行对外传播的重要通道，应用好海外社交媒体是抢占国际舆论优势，提升海外受众对中国的认知，讲好中国故事，增加国际话语权的一大关键。徐书宜(2018)认为，基于 Web2.0 信息技术的发展，拥有庞大粉丝群的海外社交媒体成为海外营销的新阵地。运营海外社交媒体能够聚合粉丝，通过持续性的产品推广，开发潜在客户，维系老客户，最终实现品牌形象深入人心和产品出口持续增长。

目前，部分孔子学院已设立自己的海外社交媒体账号，可是作为全球孔子学院运营者的中国国际中文教育基金会还没有在海外社交媒体上建立官方账号，不能及时发布关于全球孔子学院发展规划的全局性信息，难以满足社会、受众等的需要。建立全球孔子学院海外社交媒体官方账号的必要性不言而喻。

1.1 社会发展大势的需要

目前，全球绝大多数人都在使用社交媒体。截至 2021 年 1 月，全球手机用户数量为 52.2 亿，相当于世界总人口的 66.6%；互联网用户数量

为46.6亿，全球互联网普及率为59.5%；社交媒体用户数量为42亿，占全球总人口的53%以上，占所有网民的84.44%。[①] 习近平总书记曾指出，读者在哪里，受众在哪里，宣传报道的触角就要伸向哪里。海外孔子学院的运营也要顺应互联网发展大势，勇于创新，勇于变革。

同时，全球传播能力也存在较大差距。研究表明，西方媒体掌握着全球90%以上的新闻信息资源，近70%的海外受众是通过西方媒体了解中国的。相当多的西方媒体仍然戴着"有色眼镜"观察中国，报道中国。随着我国综合国力的不断提升和世界第二大经济体体量的逐渐增长，部分西方国家开始从多个方面对我国进行封锁堵截。海外孔子学院的形象被部分西方国家不断抹黑，其主要承担的中文教学、文化交流作用被故意歪曲，多所孔子学院甚至被迫关停。这也就导致西方舆论里的孔子学院与真实的情况相去甚远。所以，我们应顺应大势，尽快建立全球孔子学院海外社交媒体官方总账号，真实、全面、准确地传递孔子学院的声音，塑造孔子学院的形象。

1.2 广大海外受众的需要

孔子学院主要分布在海外，为海外民众提供学习中文和中国文化的机会。截至2020年底，全球范围内有506所孔子学院和1030个孔子课堂在正常运行，这些孔子学院和孔子课堂分布在160个国家（地区）。2020年，孔子学院共有注册学员120万人，通过广播、电视、网络等方式学习的学员达200多万人次[②]。据粗略统计，目前中国以外正在学习中文的人数约2500万，累计学习和使用中文的人数近2亿。这表明国际中文教育已拥有广泛而坚实的基础。鉴于国内社交媒体在部分国家使用不便，为了向广泛的海外受众传播更官方、全面的信息，塑造好孔子学院的形象，传播好中国声音，我们急需建立全球孔子学院海外社交媒体官方账号并充分发挥其引领作用。

---

① 数据引自《全球网民数量达46.6亿 中国人每天上网5小时22分》报告，https://m.c114.com.cn/w52-1151773.html，访问日期：2022年5月10日。

② 数据引自《孔子学院年度发展报告2020》。

1.3 精准营销推广的需要

目前,我们处于信息爆炸的时代,每天都会有大量的信息涌现,很多时候让人目不暇接。在这样的情况下,如何有效地开展精准推广便成为各相关机构的主要关注点。

社交媒体是一种基于用户关系进行信息分享、传播和获取的综合渠道。邬鑫(2017)认为,真正了解和分析用户的真实行为以及真实需求,才能利用社交媒体进行精准营销。社交媒体具有非常清晰的受众定位、极其广泛的渗透度和基本免费的受众圈层分享。斯文德·霍伦森等(2020)认为,由于 Facebook 收集了大量用户的数据,因此它是投放定向广告的最佳平台之一,其他平台也具有相似的功能。一些国家的语言教育机构,如英国文化教育协会、法语联盟、歌德学院等也都在这些平台上建立了社交媒体账号。全球孔子学院需要广泛展示总体形象,并不断向有了解需求和学习需求的海外民众精准发布相关信息,通过这些信息对用户进行人物画像,了解他们的精准需求和习惯等信息,然后进行有差别的精准营销推广。

二、主要海外社交媒体平台情况

目前,海外社交媒体平台主要包括 Facebook、YouTube、Instagram、Twitter、TikTok,其他的还包括 Snapchat(阅后即焚)、Linkedln(领英)。前五大平台具有较强的传播能力和较大的用户量。Facebook 是拥有最大用户量和最广泛用户人群的平台,月活约 24 亿;YouTube 是全球最大的视频社交网站,月活约 19 亿;Instagram 主要以照片分享为主,月活约 10 亿;Twitter 作为信息发布平台,类似于中国的新浪微博,用户中有不少各国政要、名人,月活约 3.3 亿;TikTok 受众年轻且未来有极大的发展潜力,海外月活约 6.9 亿。

表1　主要海外社交媒体平台分析

英文名	网站定位	发布内容类型	月活(约)
Facebook	社交网络服务及社会化媒体网站	文字消息、视频、文档、贴图和声音	24亿
YouTube	视频分享网站，也是目前全球最大的视频搜索和分享平台	制作精良的长视频	19亿
Instagram	免费提供在线图片及视频分享的社区应用软件	以图片为主，短视频为辅	10亿
Twitter	微博和社交网络服务平台，类似于中国的新浪微博	可配备图片或视频的"推文"(Tweet)	3.3亿
TikTok	以音乐为核心的短视频社交软件	UGC短视频	6.9亿(海外)

三、主要语言教育机构海外社交媒体账号开设现状

世界上其他主要国家运营得比较成熟的语言教育机构有英国文化教育协会、法语联盟、歌德学院、塞万提斯学院等，这些机构经过数十年乃至上百年的发展，已经在全球范围内形成较强的品牌效应。经过分析，这四家主要的跨国语言教育机构均在 Facebook、YouTube、Instagram、Twitter 等主要海外社交媒体平台上进行了布局①，发布内容以语言教育为主，并配合形式丰富的文化活动，形成了较强的品牌传播矩阵。

3.1　在社交媒体平台上的布局情况

这四家机构在主要海外社交媒体平台上基本都设有总账号，也有开

① 英国文化教育协会、法语联盟、歌德学院、塞万提斯学院在 Facebook、YouTube、Instagram、Twitter 上的账号分别是 British Council、Alliance Française、Goethe-Institut、Instituto Cervantes。

设以功能为主题或国家(地区)为主题的分账号,但法语联盟在Facebook、Instagram、Twitter上没有开设总账号,塞万提斯学院在Instagram上没有开设总账号。

Facebook上的传播内容具有多、杂、全的特点,YouTube上的传播内容具有视频制作精良、教学视频丰富、宣传视频较多的特点,Instagram上的传播内容具有美观精致、时尚潮流的特点。

这四家机构在不同社交媒体平台上发布的内容都采取了差异化传播策略。YouTube注重视频;Instagram注重图片;Facebook和Twitter上发布的内容更丰富和全面,会包含部分在Instagram上发布的内容,但总体来说,Facebook上的内容更多,更新也更频繁。

表2 其他国家主要语言教育机构账号开设情况

语言机构	Facebook	YouTube	Instagram	Twitter
歌德学院	账号设置:采用总账号+分账号的形式,总账号为Goethe-Institut,分账号以地区或国家为单位	账号设置:采用总账号+分账号的形式,总账号为Goethe-Institut,分账号以地区或国家为单位	账号设置:采用总账号+分账号的形式,分账号以地区或国家为单位	账号设置:采用总账号+分账号的形式,分账号以地区或国家为单位
英国文化教育协会	账号设置:采用总账号+分账号的形式,总账号为British Council,分账号以职能区分,或以地区或国家为单位	账号设置:采用总账号+分账号的形式,总账号为British Council,分账号以职能区分,或以地区或国家为单位	账号设置:采用总账号+分账号的形式,分账号以地区或国家为单位	账号设置:采用总账号+分账号的形式,分账号以地区或国家为单位

续表

语言机构	Facebook	YouTube	Instagram	Twitter
塞万提斯学院	账号设置:采用总账号+分账号的形式,总账号为Instituto Cervantes,分账号以地区或国家为单位	账号设置:采用总账号+分账号的形式,总账号为Instituto Cervantes,分账号以地区或国家为单位	账号设置:只有分账号,没有总账号,分账号以地区或国家为单位	账号设置:采用总账号+分账号的形式,分账号以地区或国家为单位
法语联盟	账号设置:没有设置总账号,分账号主要以地区或国家为单位	账号设置:采用总账号+分账号的形式,总账号为Alliance Française,分账号以地区或国家为单位	账号设置:没有总账号,分账号以地区或国家为单位	账号设置:没有总账号,分账号以地区或国家为单位

3.2 传播内容情况

在这四家机构的传播内容中,本国语言文化占据了绝大部分,且内容均与线下活动密切相关,文化是最吸引人也是最广泛传播的内容。例如,歌德学院经常发布关于德国现代艺术、现代科技的潮流文化内容,英国文化教育协会经常发布关于莎士比亚及其文学的文化内容,法语联盟经常发布关于法语电影、法国美食的文化内容。

其中,歌德学院和英国文化教育协会跳出了仅传播本国文化的框架,还关注关系全人类的热点议题,如发展中国家的发展、遗产保护、贫困、生态、科技、女性、卫生等话题。歌德学院在社交媒体平台上传播的内容与其他机构区别明显,具有明显的全球性、现代性和潮流感。

3.3 平台传播主要策略情况

这四家机构各个平台上的分账号与主账号之间均互动频繁，包括但不限于分账号与主账号之间互转内容，分账号将主账号活动信息本地化后发布等。各机构的分账号在不同平台上均采取了差异化传播策略，包括但不限于使用当地语言发布内容，由当地人物出镜，在当地节庆日发布针对性内容，等等。

四、全球孔子学院海外社交媒体传播主要策略

4.1 设立海外社交媒体官方账号

使用“Confucius Institute”作为官方账号，使目标群体了解机构身份，塑强孔子学院品牌，同时在 Facebook、Twitter 、YouTube 、Instagram、Tiktok 五个平台布局，建立主账号。根据运营的实际情况并参考相关机构账号开设情况，我们可以考虑对账号进行分期建设，建立多主题子账号，如中文学习主题的、中国文化介绍主题的，满足不同受众的学习需求。另外，我们也可以考虑按大洲、国家、地区等地域特点建立区域性账号，有针对性地搭建孔子学院传播矩阵。全球孔子学院账号应统一 logo 标识和视觉设计，打造一体化形象。

4.2 设置海外社交媒体官方账号栏目

孔子学院官方账号应充分针对海外受众的需求，以故事性的口吻强化社交特色，潜移默化地传播孔子学院的价值观和理念。我们建议开设以下几大栏目：《今日孔院》，主要呈现各孔子学院的最新动态；《中文学习》，旨在讲述外国人学中文的趣事，提供商务汉语、新闻汉语等“中文＋”精品课程；《文化精品》，以解读《孙子兵法》、历史人物、成语故事等为主；

《孔院故事会》,介绍各孔子学院老师的风采;《孔院达人秀》,介绍各孔子学院优秀学生的风采。

4.3 丰富海外社交媒体运营策略

KOL运营:寻找相应平台上与中文、教育、文化等相关的知名人士,互相关注,主动联系对方,请其帮忙转发孔子学院账号发布的内容,并持续合作策划更多活动。

社群运营:一是搭建矩阵,请各孔子学院师生用各自已有的账号关注官方账号,积极互动;同时,鼓励更多师生开设个人账号,与官方账号相互关注,形成互动规模效应。二是积极互动,建立讨论小组。斯文德·霍伦森等(2020)认为,对于各类组织而言,要保证感兴趣的利益相关者及时获得信息,让他们加入Facebook小组不失为一个好办法,其他社交平台同样如此。三是举办活动,如举行短视频大赛,品牌形象征集比赛,互动游戏、投票、竞猜等活动。

整合运营:充分发掘孔子学院的渠道优势,积极与世界其他语言推广机构、企业、社会组织、跨界品牌、中国风大博主等进行互动合作,扩大品牌影响力。

五、全球孔子学院海外社交媒体平台可能存在的风险及应对策略

"聪者听于无声,明者见于未形。"提前预判与评估风险,可以帮助我们找准难题并做好应对。全球孔子学院在海外社交媒体平台开通官方账号后可能遇到如下问题,我们需要提前研判并提出行之有效的应对策略。

5.1 政治方面

孔子学院账号在Facebook和Twitter等社交媒体平台上做官方认

证后有可能被直接打上政治标签抑或遭遇“特殊”对待。如果被错误认证，我们可以及时联系平台了解具体原因，并进行申诉处理。

5.2 舆论方面

孔子学院官方账号建立后，账号评论区可能出现负面评论过多，被威望人士、网红@或评论（主要指负面舆情），被境外反华势力恶意造谣等情况。我们可以提前在主页设置好屏蔽词，将一些负面关键词做屏蔽处理；也可以向各平台反馈并进行申诉，举报不实消息的发布者。

5.3 版权方面

孔子学院官方账号应杜绝版权抄袭，坚持内容原创，加强审核把关。若收到版权侵权的通知，我们应立即回复并停止使用侵权作品，保留曾经试图联系版权人的证据。

参考文献

斯文德·霍伦森，菲利普·科特勒，马克·奥利弗·奥普雷斯尼克．社交媒体营销实践指南（原书第3版）[M]．张寿峰，张长虎，译．北京：机械工业出版社，2020．

孙定宇．网络信息战——社交媒体武器化趋势及影响[J]．国防科技，2021(1)．

邬鑫．基于社交媒体下的精准营销研究[J]．今传媒，2017(2)．

徐书宜．海外社交媒体在对外营销中的应用[J]．对外经贸，2018(3)．

张豆豆．社交平台上中国对外传播的媒介话语建构分析——以2018—2019年中美贸易摩擦为例[D]．大连：大连理工大学，2020．